JN066232

学校における
メンタルヘルス教育の
進め方

水野雅文＋森 良一＋竹下君枝 ◉編著

大修館書店

はじめに

　本書は，2022（令和4）年4月から始まった高等学校科目保健の中の，「精神疾患の予防と回復」をはじめとして，様々な学校現場におけるメンタルヘルス教育の一助となることを目指して編纂されました。授業準備だけでなく，日頃の生徒指導や父母・関係者との関わりにおいても活かされる一書となることを願っています。

　精神疾患は誰でもかかる可能性があり，その多くが若年で発症し，時に長い年月にわたる治療を必要とすることがあります。一方，早期に，適切な治療を受ければ回復し，その人らしい人生を送ることも十分可能であることも知られてきています。

　しかし現実には，精神疾患のある人，あるいは精神障害者は，相変わらず英語でスティグマ（stigma）と呼ばれる偏見や差別の対象となっていることを忘れてはならないでしょう。そうしたスティグマを解消していくことこそ，精神疾患に関する教育の主たる目的の1つでもあります。

　正しく知って理解すること，そうした知識を共有すること，できれば精神疾患のある人に直接会って会話し交流することこそが，的外れな差別観を解消する上ではとても大事なこととされています。

　教室での授業においては，目の前の児童生徒が精神疾患の治療中であったり，あるいは家族の中に入院中の人がいるかもしれません。そうしたことに十分配慮し，集団での授業に加え，個別指導を上手に活かし，他の教員との，あるいは地域の専門家との連携によって，様々な角度から心の健康問題を児童生徒たちと共有していただければと思います。

　本書は教育現場で活用していただく実践的な書物なので，堅い科学的エビデンスを揃えた章ばかりではありません。学校現場での新しい学習内容である精神疾患に関する指導を行うために必要な知識を，社会や教育の視点から捉えた導入編，各疾患についての医学的な解説を，思春期・学校現場といった観点を交えて行った理論編，各校種における指導案や児童生徒への対応を具体的に示した実践編に加えて，精神疾患を経験した人や，身近で支援者として活躍している人等にコラムを書いていただきました。各執筆者の経験に基づいた記述も多く含まれています。現場の先生方にはぜひ参考としていただき，各環境において最も有用な授業を展開していただければ幸いです。

　末尾になりましたが，ご執筆くださった皆さま，たくさんの原稿を丁寧に読み編集してくださった大修館書店の佐々木綾子さんに，心から感謝申し上げます。

編著者代表　東京都立松沢病院

水野雅文

第3章　思春期に多い心のトラブル

第3部 / 実践編

第1章　各校種におけるメンタルヘルス教育の展開例

第2章　海外における中高生への精神保健教育

第3章　メンタルヘルス教育の評価

第4章　学校におけるメンタルヘルス支援の全体像

第4部　コラム編

第1章　メンタルヘルス教育に期待を寄せて

第1章
学校でメンタルヘルス教育を進めるために

① メンタルヘルスの現状

1. はじめに

　2018年告示の高等学校学習指導要領の改訂により，2022年4月から科目保健において「精神疾患の予防と回復」が扱われることになりました。本書は高校生に精神疾患を教える立場からのテキストですが，保健の時間は精神疾患という医学的な内容を教えるための時間ではありません。子どもたちが，心の健康問題を身近に感じ，各自の問題として取り組める力を身につけ，さらに社会における様々な課題にも注意を向け解決していく姿勢を身につけられるように指導することが求められます。

　精神疾患の話に入る前に，より身近なメンタルヘルスの話題から入りましょう。

　わが国における若い世代の自殺は深刻な状況にあります。2020年における年代別の死因順位をみると[i]，10～39歳の各年代の死因の第1位は自殺となっています。「自殺」による死亡は，10～14歳では全死亡の約29%を，15～29歳では全死亡の50%以上を占めています。このように，子ども・若者の自殺については，一般に考えられているよりもはるかに深刻です。15～19歳の自殺者は563名（うち男性は385名），また小学生・中学生・高校生の自殺者数は2022年に過去最多の514人という統計もあります[ii]。

　2018年の文部科学省の調査によれば，小学校・中学校における不登校児童生徒数は164,528人（前年度144,031人）であり，前年度から20,497人（約14%）増加しました。高等学校における不登校生徒数は，52,723人（前年度49,643人）であり，1,000人当たりの不登校生徒数は，16.3人（前年度15.1人）になります[1]。不登校の原因は精神疾患ばかりではありませんが，それまで登校していた子どもが不登校になるからには，原因の1つにメンタルヘルスが関わっていることは想像に難くありません。在籍児童生徒に占める不登校児童生徒の割合は1.7%（前年度1.5%）になります。過去5年間の傾向として，小学校・中学校ともに不登校児童生徒数及びその割合は増加している（2013年：小学校276人に1人，中学校37人に1人→2018年：小学校144人に1人，中学校27人に1人）とされ，不登校児童生徒数は6年連続で増加しています。

　いじめは子どもたちにとって大きなストレスとなり，成長の後に精神疾患発症の要因にもなるとされている依然として大きな課題です。2020年度における小学校・中学校・高等学校及び特別支援学校におけるいじめの認知件数は517,163件（前年度612,496件）であり，前年度に比べ95,333件（15.6%）減少し，特にいじめ重大事態の件数は514件（前年度723件）であり，前年度に比べ209件（28.9%）減少しました。2020年度は新型コロナウイルス感染症の影響により，生活環境が変化し児童生徒の間の物理的な距離が広がったこと，日常の授業におけるグループ活動や，学校行事，部活動など様々な活動が制限され，子どもたちが直接対面してやり取りをする機会やきっかけが減少したこと等により，いじめの認知件数が減少したとされています。生活環境や行動様式が大きく変化し，発見できていないいじめがある可能性にも考慮し，引き続きいじめの早期発見，積極的な認知，早期対応に取り組んでいくことが重要です[2]。

　以上のようなデータを概観しただけでも，子どもたちを取り巻く環境には心理的ストレスが過大に存在しており，メンタルヘルスの問題がすぐ身近にあることは想像できると思います。

2．精神疾患は誰でもかかる可能性がある

（1）精神疾患とは

　精神疾患には様々な症状や病態がありますが，精神科医が日々の臨床現場で参考にする「精神疾患の分類と診断の手引き（DSM-5）」[3]には，「精神疾患とは，精神機能の基盤となる心理学的，生物学的，または発達過程の機能障害によってもたらされた，個人の認知，情動制御，または行動における臨床的に意味のある障害によって特徴づけられる症候群である。精神疾患は通常，社会的，職業的，または他の重要な活動における著しい苦痛または機能低下と関連する。」と書かれています。ごく簡単に，一言で説明することは難しいですが，授業の中で生徒にわかりやすく伝えるならば，「心理的，生物的，身体的，社会的といった様々な原因により生じた不安や気分の落ち込みなどが，その人が普段感じるよりも強く，長引いて，生活に支障を来した状態」ともいえます。精神疾患を心の病ともいいますが，脳の機能としての心の不調の反映ともいえます。

　授業で扱う際には，精神疾患の定義を示し，普段から経験する精神的苦痛や一時的な精神不調と，精神疾患との違いを明確にすることが大切です。例えば，「やる気が出ない」とか「昨晩は眠れなかった」と思うことは誰にでもあると思います。多くの人の場合は1日だけ，長く続いても数日でいつの間にか忘れていたりします。しかし，そうした状態が，1日中変わらずに数日間も続いて，異常に疲れやすくなったり，眠れなかったり，もともと熱中していたことにも興味を失ってしまったりと，普段の自分とは明らかに違っていると思う，あるいは周囲からみえることがあります。こうした状態では精神疾患を疑い，専門家への相談や支援を求めるのがよいでしょう。

（2）精神疾患はごくありふれた病気

　国内外の調査から，精神疾患は，誰でもかかる可能性があり，若年で発病しやすいということがわかってきました。最近の調査によると，日本における精神疾患の生涯有病率（一生に1回でも何らかの精神疾患にかかる人の割合）は22.7％とされています[4]。これは精神疾患のうち，うつ病などの気分障害とパニック障害などの不安症，アルコール依存などの物質関連障害を対象とした調査です。統合失調

図1　精神疾患を有する総患者数の推移（厚生労働省「令和2年（2020）患者調査」）

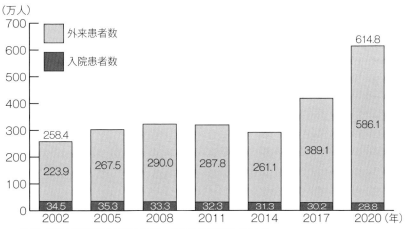

　　※1）2011年の調査では宮城県の一部と福島県を除いている。
　　※2）2020年から総患者数の推計方法を変更している。具体的には，外来患者数の推計に用いる平均診療間隔の算出において，前回診療日から調査日までの算定対象の上限を変更している（2017年までは31日以上を除外していたが，2020年からは99日以上を除外して算出）。

図2　20歳未満の精神疾患総患者数と疾患別内訳（厚生労働省「令和2年（2020）患者調査」）

※2011年の調査地域，2020年からの総患者数の推計方法については図1と同様。

症，摂食障害，認知症などは含まれていません。それらを合わせれば，5人に1人以上が，一生に1回は何らかの精神疾患にかかる可能性があるということです。また，米国における別の調査によると，成人の精神疾患全罹患者のうちおよそ半数は14歳までに，約75％が24歳までに発症していることも明らかになっています[5]。

　図1のわが国における精神疾患を有する総患者数の推移をみても，2020年には約615万人と推計され，増加の一途を辿っています。また，20歳未満の精神疾患総患者数も，同様に増え続けています（図2）。

（3）精神疾患の原因

　精神疾患といっても様々な種類があります。症状の出方には個人差も大きく，誰もが同じ発病や回復過程をたどるわけではありません。例えば同じ自然災害に遭遇するというストレスにさらされても，精神状態に不調を来す程度も状態も各人異なります。同じようにダイエットに取り組んでも，体重の減少幅が個人によって異なることと同様だといえます。脳の機能の解明は途上であり，精神疾患の原因には不明のことが多く，一概に説明することは困難です。

　共通していえることは，生物学的な要因・心理学的な要因・社会環境の要因が，複雑に絡み合って発病することです。これは，生物・心理・社会モデルと呼ばれ，多くの身体疾患にも適用されています。

　授業で扱う際には，生物・心理・社会モデルを，生徒が身近に感じられる例を具体的に示しながら説明します。例えば，「精神疾患には，体質といった『生物学的な要因』だけではなく，もともとの性格の特徴や身近な人の喪失体験等のような『心理的要因』，また結婚や就職などの環境変化や人間関係のトラブル等の『社会環境の要因』が複雑に絡んでいる」と説明することができます。さらに，生物学的な要因・心理学的な要因・社会環境の要因の相互作用の結果，精神状態の不調を招き，精神疾患に至る可能性が生じるという説明は，生まれつきの体質のみにより精神疾患を必ず発症するわけではないことの理解につながります。精神疾患のある家族を持つ生徒に対しても，適切な説明といえるでしょう。

　以上の内容は，精神疾患の予防と回復に関連する情報を発信するサイト「こころの健康教室　サニタ」の「アニメで理解する精神疾患の予防と回復—精神保健編—」で詳しく説明されています[6]。

　授業では，精神疾患はごくありふれたもので誰もがかかる可能性があること，思春期に発病しやすいことを理解させ，思春期の生徒たちが，精神疾患やその対処に対して，自身に関わる問題であることを認識し，精神疾患に関する正しい知識を身につける意義を感じさせることが大切です。

　精神疾患は生涯を通じていつでも誰でも罹患しうる疾患です。しかし，高校生たちがより我が事と

して捉えるには，同世代において発症する疾患や状態像を例にとることが有用かもしれません。深刻な疾患の名前や症状より，不眠，不安，抑うつ，意欲や集中力の低下など，誰もが日常的に体験しうる症状がじつは精神疾患の始まりかもしれないこと，しかし睡眠や生活リズム，身近な人への相談によって心身を整えることで，多くの場合は解消できるという体験を想起させることもよい導入になると思います。一方，普段のその人に比べて，その程度が重かったり，長く続く場合には専門家に相談することも提案してください。

（4）精神疾患における予防とは

　公衆衛生学では一般に，疾患の予防には一次予防（発症予防），二次予防（早期発見・早期治療），三次予防（リハビリテーションと再発予防）という視点が用いられています。精神疾患の予防においても，これらは連続性をもって理解し取り組まれるべき課題です。しかし精神疾患のほとんどは，上述したように未だ原因が特定されていません。

　従って，今日では精神疾患では一次予防は不可能であり，現時点で取り組まれるべきは発症後の二次予防になります。あるいは発症に先立つようなリスクの高い状態における支援や介入が注目されていますが，これらは"1.5次予防"といったところでしょうか。本格的な症状が出そろう前のより軽微で一般的な精神の不調（持続する不眠，不安，抑うつ気分など）に早く気づくことが大事です。初期の不調が重症化するのを阻止できるように運動，食事，睡眠の調整により体調を整えたり，誰かに相談することで不安や憂うつな気分，あるいは悩みを軽減するなどのストレスマネジメントを行うことが重視されています。

　精神疾患においても早期発見・早期介入（二次予防）は重要であり，明らかに発病してから専門的な治療が開始されるまでの期間が長い，すなわち治療開始が遅れると，疾患からの回復が遅れることはよく知られています。明らかな精神病症状を示してから専門家の受診に至るまでの期間を精神病未治療期間（Duration of Untreated Psychosis：DUP）と呼んでいます。より長いDUPはその未治療の期間中に体験される様々な心理的苦痛や社会的な不利にとどまらず，結果的には精神の機能低下や治療抵抗性，さらに再発率の上昇をもたらします。

3．精神疾患の早期発見と早期治療

（1）思春期に発病しやすい精神疾患（うつ病・統合失調症・不安症・摂食障害）

　精神疾患には様々ありますが，学習指導要領の中に疾患名が明記されているのは，うつ病，統合失調症，不安症，摂食障害の4疾患です。いずれも，思春期以降に発病しやすいものです。これらの疾患を学ぶ目的は，自分や周囲の人の不調にできるだけ早く気がつけるようにすることです。また，よりよい回復に向けた病気の理解にあります。精神疾患の症状について，学校の授業で扱う際には，ぜひ「こころの健康教室　サニタ」のアニメ教材（アニメで理解する精神疾患の予防と回復―うつ病編，統合失調症編，不安症編，摂食障害編―）等をお使いください。それぞれの特徴的な症状を4〜5分程のストーリーの中で紹介しています。授業では，このアニメを視聴させ，描かれている症状について補足説明をすることで，生徒たちは気をつけておくべき症状をイメージできるようになります。

　また精神疾患に罹患した経験のある人や支えた経験のある家族の話を伺い，回復する中で考えたこと，周囲の接し方への希望を聞いたりする体験は，何よりの勉強になると思われます。地域にある精神障害者家族会やスピーカーズビューローなどで，授業に参加してくださる方もいます。

（2）治療開始の遅れについて

　未治療，未受診の問題に加えて，受診にまつわるもう1つの課題は治療開始の遅れです。明らかに

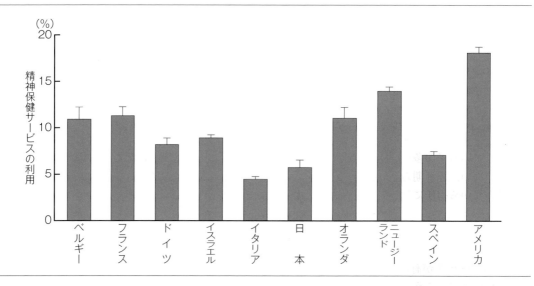

図3　主な精神疾患における精神保健サービスの利用割合（Nishi et al., 2019[iii]; Wang et al., 2007[7] より作成[8]）

精神に変調を来しても，なかなか専門家を受診しない。その長きにわたる治療のロスタイムが疾患の経過に悪影響を与えることは，専門家の間ではよく知られていることです。

　実際に統合失調症の場合には，半数以上の人が受診までに半年以上を要しています。しかしこれまでは一般にはそもそも精神保健，あるいは精神疾患に関して知識や情報を得る機会がなかったので，無理からぬところもありました。その長きにわたる治療のロスタイムが疾患の経過や結果に与える悪影響については，あまり知られていません。精神疾患は脳機能の障害によりますので，放置すれば次第に進行し，回復しにくくなります。つまり未治療の期間が長いほど元来の機能を取り戻しにくくなります。その意味では，一般的な身体疾患と同じく，早期発見，早期治療が大事なのです。

　統合失調症やうつ病などの治療の遅れもさることながら，不安や抑うつといったいわゆる一般的な精神不調における治療の遅れや未治療の問題も大きな社会課題になっています。かかりつけ医と精神科専門医の連携，精神疾患を疑った本人の受診のしづらさを解消する努力など，精神疾患に対するスティグマ（⇒参考p.9）など，多面的な切り口から検討されるべき課題です。

　近年特に大都市周辺においては，実数の把握もしづらいほどに精神科や心療内科を標榜する診療所は増えています。うつ病や不安症，アルコール依存症をはじめとする物質関連障害などのありふれた精神疾患については，約10年前のデータと比べると，精神科専門医の受診を中心に受診率が約1.5倍に増しています。それでも刊行されている最新のデータによれば何らかのサービスを利用した者の割合はベルギー，フランス，ドイツ，イスラエル，イタリア，日本，オランダ，ニュージーランド，スペイン，米国の先進10カ国中で，日本はイタリアについいで2番目に低く，1.5倍に改善されていても，依然として低位です[8]（図3）。

　このような受診へのアクセスを改善するためにも，保健の授業を通じていわゆるメンタルヘルスリテラシーを高め受診機会を増やすためにも，心理的にもスティグマ少なく，利用しやすい相談機関のような社会資源の増大が望まれます。

（3）心の健康に関する相談先

① 身近な相談先

　多くの生徒は，心の健康に関する相談先として，主に友だちや家族を選びます。精神疾患の前兆がみられるような状態では，本人は，判断力が落ちてしまっていて，どうしたらよいのかわからなくなっ

ているかもしれません。友だちや家族など身近な人に話を聞いてもらうことで，気持ちが整理され，心の負担が軽くなることもあります。また，友だちや家族に相談するだけでなく，学校の先生方やスクールカウンセラーのところに相談に来てもらうのも適切な対処の1つです。

　では，先生方が勤務している学校のカウンセリング室などは，有効に活用されているでしょうか。カウンセリング室はあっても利用が少なかったり，保護者に生徒の様子をどう伝えたらよいかわからなかったり，生徒指導について教えて欲しいけれども適切な先輩教師がいない学校はたくさんあります。そのような中で，悩みを抱えたままに過ごしている子どもも少なくありません。

　多くの悩める子どもたちは，カウンセリング室があっても，何を相談していいのかわからない，カウンセリング室に入るところを見られたくない，人と違っていると思われたくない，と感じて，相談を躊躇している子が多いのです。父母や保護者も，子どもの様子がいつもと違うが誰に相談してよいかわからない，思春期の専門家に話が聞きたい，学校と連携して子どもをサポートしたいが生徒は大勢いるのだから担任に頼んでいいかわからない，と悩んでいます。

　しかし精神疾患の病初期の患者の多くが若年者であることを考えると，若年者が自分から医療機関へ援助希求するのは難しく，教育機関との連携，父母への理解の促進も重要になります。相談の入り口としては，心身や経済，友人関係等の様々な若者の悩み全般をワンストップで相談に乗ってくれる多機能のサービスが有用だと思われます。海外ではオーストラリア政府によるHeadspace[9]がよく知られています。こうしたサービスは今日の若者の心性にマッチした相談機関のあり方が重要です。東邦大学医学部精神神経医学講座が中心となって東京足立病院との協働で足立区北千住の街中にカフェのようなスタイルで，若者が何でも気軽に相談できる早期相談・支援窓口「SODA」を開設しており，地域の若者などに好評を得ています[iv]（⇒参考 4-1-⑤ 学校以外の「居場所」でつながろう）。類似のサービスも誕生してきています。2022年からは埼玉県川口市にも川口市の主導でSODAが開設されましたが，こちらはショッピングモールの中に開設され好評を博しています。今後各地にこのような若者が持つ些細な悩みや相談事を受け，内容によっては専門機関を紹介できる機能を持つ相談施設が増えることが望まれます。

　このような機能を学校内で求めるとしたら，やはり校長，担任，保健体育教諭，養護教諭，スクールカウンセラーが挙げられるでしょう（⇒参考 3-4-② メンタルヘルス教育Q&A）。学校内における教員間のネットワークは極めて重要であるといえます。授業では，身近な相談先を改めて確認することも大切ですが，それ以外にも利用できる相談先があること，生徒たちの相談先の選択肢を増やすことが重要です。平素から，各学校から身近な地域の情報を集めておくことも重要です。学校外で利用できる相談先である精神医療の専門家について，それぞれの相談先としてのメリットや利用方法を説明するとよいでしょう。

②精神保健医療の専門家の利用──学校外で利用できる相談先

　学校外で利用できる相談先として，誰でも気軽に利用できる公的な相談窓口や心を専門に診る病院やクリニックなどがあります。「誰に相談していいかわからない」ということがあるかもしれません。その場合には，保健所・保健センター・精神保健福祉センターのような公的機関にも対応する窓口があり，精神保健医療の専門家が様々な相談に応えてくれます。

　心を専門に診る病院やクリニックには，もちろん精神保健医療の専門家である精神科医がいます。ここでは，心を専門に診る病院やクリニックで行われる治療について説明します。

● 精神科病院や精神科クリニック

　精神科病院や精神科クリニックには，精神科医がいます。精神科医は，心の健康問題を，その人の物事の捉え方（認知の仕方），社会環境，生活習慣，あるいは体質など様々な観点から，総合的に評価，診断し，状態に応じた合理的な支援（治療）を提供します。

　近年では，繁華街や駅の周辺等の目立つところに，「こころのクリニック」や「メンタルクリニック」をよく見かけます。それだけニーズが高いということです。「精神科に行くとよくわからない薬をた

くさん処方される」という不信感を持っている方がいるかもしれません。精神科を受診すると直ちに薬物療法が始まるわけではありません。初診では30分あるいはそれ以上の時間をかけてじっくりと問診し，様々な職種と協力して，適切な治療方法や生活方法を患者さんと一緒に考えます。

　薬剤を処方するとしても，最初は1種類のみの単剤投与が基本です。例えば，眠れないという患者さんには，まずは眠れない環境を探り，就寝環境の改善を勧めることなどをします。また，精神科の診察でも，はじめに血液，尿などの検査をすることがあります。本人が訴える心の問題が，じつは甲状腺機能低下などのホルモン異常など身体的な原因であることもありうるからです。また，薬物療法を行うには，心電図検査で予め心機能に異常がないことを確認する必要があります。

　いきなり医療機関を受診するのは抵抗がある，あるいはこのような状態は受診するべきなのかどうかがわからない，カウンセリングを受けたいが思春期の子どもに適したものはどこにあるのかわからない，という課題もあります。「Welcome to talk」のような学校単位で契約するオンラインによる心の健康相談などのサービスも始まってきています[10]。

● 精神科診療の実際

　では，精神科を受診すると，診察の際に医師からどのようなことを聞かれるのでしょうか。診察室は内科や小児科のような診察機器に囲まれた部屋ではなく，ゆっくりと心を開けるような温かみのあるスペースが工夫されています。診察室内に看護師がいることは少なく，たいてい1人の精神科医がじっくりと話を聞いてくれます。

　「今日はどんなことで困って来院しましたか」「それは，いつ頃から始まって，どのように対処してきたのですか」とか，さらに困っていることが精神症状であれば，それが起きる前にどのような生活背景があったのか，他に身体や気持ちの変調がないか，といったことなどです。また，「困っている問題を解決して，どのようになりたいのか」といった患者さん自身の希望や目標も必要な情報です。

　初めて診察をする時，精神科医が心がけることは，患者さんやご家族や付き添いの方との信頼関係を築くことです。その信頼関係が継続することで，少しずつ患者さんの生活史や日常生活スタイルが明らかになっていき，次第に患者さん自身が本当に「困っていること」を精神科医に話すようになっていきます。そうなると，どうすれば眠れるのか，疲労感が取れるのかを一緒に考えられるようになります。日本の精神科の外来は確かに混み合っていることもあり，1人ずつの診察にかけられる時間には限りがあります。しかしその中で，前回の診察とのつながりを考えて，まるでつい先ほどまでの話の続きをするように患者さんを引き込むことができるのかは，精神科医の腕の見せ所ともいえます。

● 薬物療法

　精神科医は，患者さんが抱えている心の健康問題の原因について，検査をしたり，本人やご家族から話を聞くことで，総合的に評価し，状態に応じた合理的な支援(治療)を提供しています。特に最初は，身体疾患が原因でないかを，丁寧に確認するために身体の診察や血液などの検査を行うこともあります。

　身体に異常がなく，脳や心の問題であると考えられれば，その方の課題の解決に薬物療法が助けになると考えられる場合には，本人の希望を踏まえながら薬物療法が開始されます。

　精神疾患の症状は，脳機能の低下や障害を反映していますので，脳内の神経伝達を回復させるような薬剤が治療に用いられます。もちろん薬物療法のみで，心の健康問題が解決するということはありません。薬物療法と同時に，その人の物事の捉え方(認知の仕方)，社会環境，生活習慣といった点にアプローチする治療も併行して行われます。

● 精神療法（認知行動療法など）

　精神科の治療として，現在世界的に注目されているのが，認知行動療法です。CBT（Cognitive Behavioral Therapy）ともいいます。思考や感情の動きとその結果としての行動を認知（ものの見方）という枠組みで整理して，「宿題」を通じて様々な場面を想定して練習を繰り返します。患者さんの思い込みや考え方のクセを修正して，自分に合ったやさしく現実的なものの見方や考え方があることを自ら感じとってもらう技法です。

　行動の仕方は，先天的な要因や環境的な要因によって長年の間に作り上げられてきたものです。認

知行動療法では自分の行動パターンや認知パターンの特徴に気づき，治療者との共同作業の中で問題点を明確にしていく過程が重視されます。思いつきを信じ込んでしまう傾向や，気になることだけを重大視する傾向，また「全か無か」「白か黒か」といった両極端な思考法，何でも自分と関連づけてしまうクセを具体的に取り上げるなどして，その修正を行っていきます。

医療機関だけでなく，学校現場におけるCBTの活用事例も増えてきています。実際に活用を検討される際には『しなやかなこころをはぐくむ　こころのスキルアップ教育の理論と実践』[11] などの書籍が参考になります。

● 環境調整

精神科の治療の中で，もう1つ重要な点が環境調整です。その人が生活してきた環境へのアプローチです。例えば，家庭，学校，職場です。薬物療法や認知行動療法を行って状態がよくなっても，無理な働き方を強いられるような環境がそのままでは再発してしまいます。

家庭の経済状況が困窮していることが原因の1つと考えられれば，必要な社会資源を利用できるよう，精神保健福祉士が調整に入り対策を講じます。例えば，児童生徒において再び登校することに課題がある場合には，スクールソーシャルワーカーが学校に受け入れ態勢を整えてもらうよう助言を行うこともあります。医療機関と家庭，学校・職場との間で，十分な情報共有や連携が必要になります。誰もが忙しく，様々なスケジュールで働いていますので，ウェブシステムなどの活用により，効果的な連携が築かれることが期待されます。

4. 精神疾患に関する社会課題

(1) 精神疾患に対するスティグマ（偏見）の存在とその影響

スティグマは，日本語の「差別」や「偏見」などに近い英語で，個人の持つ特徴や疾病などに対する否定的な意味づけのことです（⇒参考 1-1-④ 精神疾患の早期支援・回復のために）。精神疾患になる人は心が弱い人，特殊な人と考えてしまうこともスティグマの一種です。このため，自分だけは大丈夫という思い込みから，自身の精神的な不調に気づかなかったり，もし気づいていても，相談したり受診すると，周囲から弱い人間と思われるのではないか，差別されるのではないかと考えて，受診しないということもあります。

精神疾患に対するスティグマは，残念ながら広く社会に潜在しています。精神疾患そのものへの知識不足から，精神疾患のある人への差別感が生じます。さらには，自分がかかった時に「自分は心の弱い人間ではない」「そんなはずはない」と考えることも，内なるスティグマとして存在します。

そうした思いは他者への思いにも通じ，精神疾患から回復した人々，あるいは精神障害がありながらも社会生活を営む人々への，スティグマに通じる恐れがあります。これらの解消，早期の受診，より軽症なうちからの治療や支援が，回復を促進する上で重要な点となるのです。

スティグマには様々なレベルがあり，個々のスティグマが1人ひとりの社会生活に影響するということを知ってもらえればと思います。現在では，精神症状を来す脳機能障害の生物学的根拠が徐々に明らかになり，脳の機能的可塑性（自己調整・修復の可能性）も様々な研究で立証されています。

精神疾患に対する正しい知識を持ち，社会課題としてのスティグマやその影響をきちんと知り，自分の精神疾患に対する認識を見直すこと，自分が取るべき行動を考え直すことを1人ひとりが行うことで，悩みや心身の不調に関する相談行動の障壁となっているスティグマの軽減が期待できます。また，専門家への相談など早期治療を受けやすい社会環境を整えることにつながります。

社会における精神疾患に対するスティグマの存在は，病気の症状以上に，その人の生活に大きな影響を与えています。精神疾患の症状に気がついた時，精神疾患に対しスティグマ的な態度を示している人に相談できるでしょうか。専門家への相談をしたいのに，病気を隠そうとしなければいけないと感じ

ていたら，その人は積極的に治療に臨むことができるでしょうか。周囲の人に，治療中で生活への配慮が必要なことを言い出せるでしょうか。治療が必要な病気なのに，周囲の人の態度を感じて，必要な相談を妨げてしまいます。精神疾患も身体疾患など他の病気と同様に，早期発見と早期治療が回復に影響を与えます。精神疾患は発症から治療につながるまでに，身体疾患と比べて長い時間がかかっています。

　自身の内なるスティグマに気がついた時は，態度や行動を変えるタイミングです。学校の授業の中では，ごく一般的な話をあげて（例えば，「普段話さないクラスメイトと話してみたらイメージが大きく変わった」など），誤解の解消やスティグマの是正について話をすることも１つの方法です。「精神疾患のある人と実際に会って話すこと」が，精神疾患に対するスティグマの軽減に最も効果的な方法といわれています。授業では，精神疾患を経験し回復過程を歩みながら，充実した生活を送っている若者のインタビュー等を用いて，社会課題である精神疾患に対するスティグマの問題について考えさせるようにします。

　また，よい精神状態の維持や悪い精神状態の改善のためにできることを考える際には，自分の心の健康のために自分自身でできることと，他者（友だちや家族）の心の健康のために自分ができることに分けると整理されやすいでしょう。具体的に整理することで実際の行動に結びつきやすいと思われます。これに関係して，個々の行動が１人ひとりの社会生活に影響することも合わせて伝えられるとよいでしょう。

（2）精神疾患における回復（リカバリー）の概念

　運動，食事，休養及び睡眠など調和のとれた生活を実践しよい精神状態を維持すること，自分なりのストレス緩和方法を実施して精神疾患の予防に努めることは大切なことです。また，精神疾患の前兆にできるだけ早くに気がついて適切な対処を行うことも大切です。もう１つ大切なことが，回復（リカバリー）です（⇒参考 1-1-④ 精神疾患の早期支援・回復のために）。最近では日本語でもリカバリーと言い習わしています。精神疾患は残念ながら再発することも多いので，なかなか「治癒」という言葉を使えません。その代わりに「寛解（かんかい）」という言葉を使います。「寛解」とは，精神症状が軽くなって落ち着いている状態です。普段の生活に向けたリハビリを開始するタイミングです。リハビリを通じて，なりたい自分の姿に回復していくこと，この過程で自己効力感を高めて自分らしく生活できるようになること，これを回復（リカバリー）と呼んでいます。この回復（リカバリー）に向けた状態になることが，精神科での治療目標です。自分自身で「回復している」と実感できることが大切です。病気になる前に想定していた数年後の姿に追いつくことだけが目標ではなく，「今の自分が望むように生きられる」という本人の成長が感じられるようなリカバリーを目指したいものです。

　治療によって症状を和らげることはもちろん必要なことですが，何よりも大切なことは，本人が「こんな自分になりたい」「こんな生活がしたい」といった夢や希望を持ち，生活の意義・人生の意味を持って歩むことです。そこには本来，病気があるかないかは関係ありません。自分のよいところ（恵まれているところ，強み［ストレングス］）に目を向け，自分が求める生き方を主体的に追求することが大切です。従って，精神疾患における回復は，人それぞれ形が違います。

　また，回復（リカバリー）は，夢や希望に辿り着いた結果というよりも，結果に辿り着くまでのプロセス（過程）です。そのプロセス（過程）は，必ずしも右肩上がりの直線ではないかもしれません。希望する自分になるための「プロセス（過程）」とその自分になった「アウトカム（結果）」の両方を振り返った時，そのプロセス（過程）にこそ生活の意義・人生の意味を感じとれることと思います。

　精神疾患における回復は，右肩上がりの一直線ではなく，山と谷を繰り返す波線を描きながら上昇（成長）していくイメージといわれます。精神疾患のあるなしに関わらず，よい精神状態（山の部分）と悪い精神状態（谷の部分）を繰り返し，その中で，精神状態を維持できるように，悪い精神状態を改善できるような生活を心がけることは，誰にとっても大切な考え方です。そうした精神状態の変化への対処のコツは，精神疾患を経験した当事者だからこそ，深く語ることができる内容といえます。

〈水野雅文〉

② なぜ今メンタルヘルス教育が求められているのか

1.「メンタルヘルス教育」に関する学習指導要領及び解説の位置づけ

　これまで，学校における健康教育の一環として，メンタルヘルス教育が行われてきました。教育課程上，メンタルヘルス教育は学習指導要領総則の「学校における体育・健康に関する指導」に位置づ

資料1　学習指導要領総則「学校における体育・健康に関する指導」（抜粋）

（文部科学省「高等学校学習指導要領（平成30年告示）解説総則編」より抜粋）

(3)健やかな体（第1章総則第1款2(3)）

> (3)学校における体育・健康に関する指導を，生徒の発達の段階を考慮して，学校の教育活動全体を通じて適切に行うことにより，健康で安全な生活と豊かなスポーツライフの実現を目指した教育の充実に努めること。特に，学校における食育の推進並びに体力の向上に関する指導，安全に関する指導及び心身の健康の保持増進に関する指導については，保健体育科，家庭科及び特別活動の時間はもとより，各教科・科目及び総合的な探究の時間などにおいてもそれぞれの特質に応じて適切に行うよう努めること。また，それらの指導を通して，家庭や地域社会との連携を図りながら，日常生活において適切な体育・健康に関する活動の実践を促し，生涯を通じて健康・安全で活力ある生活を送るための基礎が培われるよう配慮すること。

図1　体育，保健体育の内容項目一覧（保健の知識及び技能）

（公益財団法人日本学校保健会「保健教育の指導と評価─令和4年度版─」，p.7図5を一部改変）

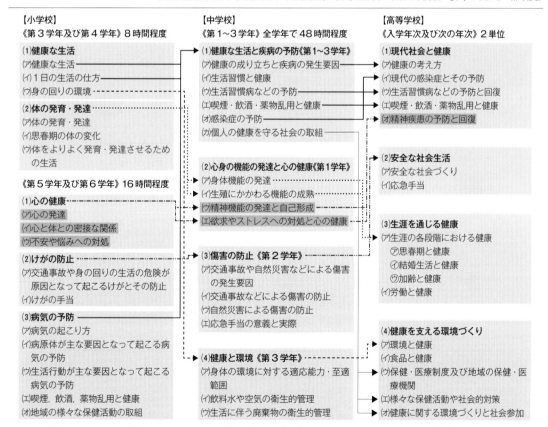

いています[1]（資料1）。

　教科では，メンタルヘルス教育は，体育，保健体育を中心に位置づけられてきており，過去の学習指導要領において，小学校では30年余り「心の発達」「心の健康」「心の健康と不安や悩みへの対処」という内容のまとまり（以下大単元）として扱われています。中学校でも，「精神衛生」「精神の健康」「心身の発達」「心身の機能の発達と心の健康」（以降3回，同一）と大単元で扱われています。高等学校では「精神衛生」「精神の健康」「心身の機能」と大単元で扱われていましたが，近年の3回は大単元での扱いではなく，「現代社会と健康」の1つの内容として「精神の健康」が取り上げられています。このことから，大単元の扱いでない高等学校においてメンタルヘルス教育をさらに充実する必要があることがわかります。なお，精神疾患については1972年の高等学校学習指導要領に記載がありましたが，近年はどの校種においても扱われていませんでした。

　新しい学習指導要領では，大単元の構成はこれまでと同様ですが，内容が大きく変わっています。体育，保健体育の全体構造を図1に示したので確認していただきたいと思います[2]。

　全体の健康・安全に関する内容は，小学校では「身近な生活に関する内容」，中学校では「個人生活に関する内容」，高等学校では「個人及び社会に関する内容」の枠組みで構成されており，系統的な指導が行われています。メンタルヘルス教育の内容も同様な枠組みの中で配置されています。具体的には，小学校，中学校では学習指導要領とその解説において，資料2・3のとおり示されています[3][4][5][6]。

　このように，小学校・中学校においては精神疾患に関する内容は示されていませんが，発達段階に応じたメンタルヘルス教育の内容が位置づいており，精神機能の発達，心身相関，不安や悩み・ストレス対処の内容は，小学校・中学校で学習します。今回の学習指導要領では，不安や悩みの対処やストレス対処の技能が位置づくとともに，心の健康について「課題を発見し，その解決に向けて思考し判断するとともに，それらを表現する」という思考力，判断力，表現力等の内容が位置づいたことに

資料2　小学校〔第5学年及び第6学年〕（文部科学省「小学校学習指導要領及び解説　平成29年告示」より抜粋）
教科：体育（保健領域）

【学習指導要領】
⑴心の健康について，課題を見付け，その解決を目指した活動を通して，次の事項を身に付けることができるよう指導する。
　ア　心の発達及び不安や悩みへの対処について理解するとともに，簡単な対処をすること。
　　㋐心は，いろいろな生活経験を通して，年齢に伴って発達すること。
　　㋑心と体には，密接な関係があること。
　　㋒不安や悩みへの対処には，大人や友達に相談する，仲間と遊ぶ，運動をするなどいろいろな方法があること。
　イ　心の健康について，課題を見付け，その解決に向けて思考し判断するとともに，それらを表現すること。

【学習指導要領解説】
　ア　知識及び技能
　㋐心の発達
　　　心は人との関わり，あるいは自然とのふれあいなど様々な生活経験や学習を通して，年齢に伴って発達することを理解できるようにする。その際，家族，友達，地域の人々など人との関わりを中心として取り扱うようにし，心が発達することによって，自己の感情をコントロールしたり，相手の気持ちを理解したりすることができるようになることにも触れるようにする。また，自己の気持ちを上手に伝えるなど，よりよいコミュニケーションが大切であることにも触れるようにする。
　㋑心と体との密接な関係
　　　不安や緊張時には，動悸が激しくなったり，腹痛を起こしたりすること，体調が悪いときには，集中できなかったり，落ち込んだ気持ちになったり，体調がよいときには，気持ちが明るくなったり，集中できるようになったりすることなど，心と体は深く影響し合っていることを理解できるようにする。
　㋒不安や悩みへの対処
　　　不安や悩みがあるということは誰もが経験することであり，そうした場合には，家族や先生，友達などと話したり，相談したりすること，仲間と遊ぶこと，運動をしたり音楽を聴いたりすること，呼吸法を行うなどによって気持ちを楽にしたり，気分を変えたりすることなど様々な方法があり，自分に合った適切な方法で対処できることを理解できるようにする。その際，自己の心に不安や悩みがあるという状態に気付くことや不安や悩みに対処するために様々な経験をすることは，心の発達のために大切であることにも触れるようにする。
　　　不安や悩みへの対処として，体ほぐしの運動や深呼吸を取り入れた呼吸法などを行うことができるようにする。

資料3　中学校〔第1学年〕（文部科学省「中学校学習指導要領及び解説　平成29年告示」より抜粋）
教科：保健体育（保健分野）

【学習指導要領】
(2)心身の機能の発達と心の健康について，課題を発見し，その解決を目指した活動を通して，次の事項を身に付けることができるよう指導する。
ア　心身の機能の発達と心の健康について理解を深めるとともに，ストレスへの対処をすること。
(ウ)知的機能，情意機能，社会性などの精神機能は，生活経験などの影響を受けて発達すること。また，思春期においては，自己の認識が深まり，自己形成がなされること。
(エ)精神と身体は，相互に影響を与え，関わっていること。欲求やストレスは，心身に影響を与えることがあること。また，心の健康を保つには，欲求やストレスに適切に対処する必要があること。
イ　心身の機能の発達と心の健康について，課題を発見し，その解決に向けて思考し判断するとともに，それらを表現すること。

【学習指導要領解説】
(ウ)精神機能の発達と自己形成
㋐　知的機能，情意機能，社会性の発達
心は，知的機能，情意機能，社会性等の精神機能の総体として捉えられ，それらは生活経験や学習などの影響を受けながら，脳の発達とともに発達することを理解できるようにする。
その際，知的機能については認知，記憶，言語，判断など，情意機能については感情や意思などがあり，それらは人や社会との様々な関わりなどの生活経験や学習などにより発達することを理解できるようにする。また，社会性については，家族関係や友人関係などを取り上げ，それらへの依存の状態は，生活経験や学習などの影響を受けながら変化し，自立しようとする傾向が強くなることを理解できるようにする。
㋑　自己形成
自己形成については，思春期になると，自己を客観的に見つめたり，他人の立場や考え方を理解できるようになったりするとともに，物の考え方や興味・関心を広げ，次第に自己を認識し自分なりの価値観をもてるようになるなど自己の形成がなされることを理解できるようにする。
その際，自己は，様々な経験から学び，悩んだり，試行錯誤を繰り返したりしながら社会性の発達とともに確立していくことにも触れるようにする。
(エ)欲求やストレスへの対処と心の健康
㋐　精神と身体の関わり
精神と身体には，密接な関係があり，互いに様々な影響を与え合っていることを理解できるようにする。また，心の状態が体にあらわれたり，体の状態が心にあらわれたりするのは，神経などの働きによることを理解できるようにする。例えば，人前に出て緊張したときに脈拍が速くなったり口が渇いたりすること，身体に痛みがあるときに集中できなかったりすることなどを適宜取り上げる。
㋑　欲求やストレスとその対処
心の健康を保つには，適切な生活習慣を身に付けるとともに，欲求やストレスに適切に対処することが必要であることを理解できるようにする。
欲求には，生理的な欲求と心理的，社会的な欲求があること，また，精神的な安定を図るには，日常生活に充実感をもてたり，欲求の実現に向けて取り組んだり，欲求が満たされないときに自分や周囲の状況からよりよい方法を見付けたりすることなどがあることを理解できるようにする。
ここでいうストレスとは，外界からの様々な刺激により心身に負担がかかった状態であることを意味し，ストレスの影響は原因そのものの大きさとそれを受け止める人の心や身体の状態によって異なること，個人にとって適度なストレスは，精神発達上必要なものであることを理解できるようにする。
その際，過度なストレスは，心身の健康や生命に深刻な影響を与える場合があることに触れるようにする。
ストレスへの対処にはストレスの原因となる事柄に対処すること，ストレスの原因についての受け止め方を見直すこと，友達や家族，教員，医師などの専門家などに話を聞いてもらったり，相談したりすること，コミュニケーションの方法を身に付けること，規則正しい生活をすることなどいろいろな方法があり，それらの中からストレスの原因，自分や周囲の状況に応じた対処の仕方を選ぶことが大切であることを理解できるようにする。
また，リラクセーションの方法等を取り上げ，ストレスによる心身の負担を軽くするような対処の方法ができるようにする。

注目する必要があります。これまで重視されてきた知識だけではなく，新しく位置づいた資質・能力を育成するためにメンタルヘルス教育の授業が変わっていかなければならないのです。
精神疾患に関していうと，小学校では特に扱われていませんが，中学校では，「過度なストレスは，心身の健康や生命に深刻な影響を与える場合があること」に触れ，精神疾患に関する学習につながる工夫もされています。そのため，小学校や中学校での心の健康についての基礎的な理解を基盤として，高等学校の精神疾患に関する内容を学習することを理解しておくことが重要です。
高等学校においては，高等学校学習指導要領（平成30年告示）及び解説において，これまで示され

資料4　高等学校　教科：保健体育（保健）（文部科学省「高等学校学習指導要領及び解説　平成30年告示」より抜粋）

【学習指導要領】
(1)現代社会と健康について，自他や社会の課題を発見し，その解決を目指した活動を通して，次の事項を身に付けることができるよう指導する。
　ア　現代社会と健康について理解を深めること。
　　(オ)精神疾患の予防と回復
　　　　精神疾患の予防と回復には，運動，食事，休養及び睡眠の調和のとれた生活を実践するとともに，心身の不調に気付くことが重要であること。また，疾病の早期発見及び社会的な対策が必要であること。
　イ　現代社会と健康について，課題を発見し，健康や安全に関する原則や概念に着目して解決の方法を思考し判断するとともに，それらを表現すること。

【学習指導要領解説】
　ア　知識
　　(オ)精神疾患の予防と回復
　　　㋐　精神疾患の特徴
　　　　　精神疾患は，精神機能の基盤となる心理的，生物的，または社会的な機能の障害などが原因となり，認知，情動，行動などの不調により，精神活動が不全になった状態であることを理解できるようにする。
　　　　　また，うつ病，統合失調症，不安症，摂食障害などを適宜取り上げ，誰もが罹患しうること，若年で発症する疾患が多いこと，適切な対処により回復し生活の質の向上が可能であることなどを理解できるようにする。
　　　　　その際，アルコール，薬物などの物質への依存症に加えて，ギャンブル等への過剰な参加は習慣化すると嗜癖行動になる危険性があり，日常生活にも悪影響を及ぼすことに触れるようにする。
　　　㋑　精神疾患への対処
　　　　　精神疾患の予防と回復には，身体の健康と同じく，適切な運動，食事，休養及び睡眠など，調和のとれた生活を実践すること，早期に心身の不調に気付くこと，心身に起こった反応については体ほぐしの運動などのリラクセーションの方法でストレスを緩和することなどが重要であることを理解できるようにする。
　　　　　また，心身の不調時には，不安，抑うつ，焦燥，不眠などの精神活動の変化が，通常時より強く，持続的に生じること，心身の不調の早期発見と治療や支援の早期の開始によって回復可能性が高まることを理解できるようにする。その際，自殺の背景にはうつ病をはじめとする精神疾患が存在することもあることを理解し，できるだけ早期に専門家に援助を求めることが有効であることにも触れるようにする。
　　　　　さらに，人々が精神疾患について正しく理解するとともに，専門家への相談や早期の治療などを受けやすい社会環境を整えることが重要であること，偏見や差別の対象ではないことなどを理解できるようにする。

資料5　保健の目標（文部科学省「高等学校学習指導要領及び解説　平成30年告示」より抜粋）

　保健の見方・考え方を働かせ，合理的，計画的な解決に向けた学習過程を通して，生涯を通じて人々が自らの健康や環境を適切に管理し，改善していくための資質・能力を次のとおり育成する。
(1)個人及び社会生活における健康・安全について理解を深めるとともに，技能を身に付けるようにする。
(2)健康についての自他や社会の課題を発見し，合理的，計画的な解決に向けて思考し判断するとともに，目的や状況に応じて他者に伝える力を養う。
(3)生涯を通じて自他の健康の保持増進やそれを支える環境づくりを目指し，明るく豊かで活力ある生活を営む態度を養う。

ていた「精神の健康」の内容が大幅に変更され，精神疾患に関して資料4のような内容が新しく位置づきました[7]。

　このように，これまでの「精神と健康」の内容を改善し，「精神疾患の予防と回復」の内容を新しく示し，より現代における健康課題に対応することができるようになっています。具体的には，精神疾患の特徴及び，その予防と回復に関する個人の取り組みと社会的な対策について示されています。授業をする際には，これらの内容を踏まえるとともに，小学校・中学校と同様に思考力，判断力，表現力等の内容も加えて考える必要があります。解説では，この内容に関して，「精神疾患の予防と回復について，習得した知識を基に，心身の健康を保ち，不調に早く気付くために必要な個人の取組や社会的な対策を整理すること」が例示されています。

　また，高等学校学習指導要領（平成30年告示）においては，保健では，生徒が保健の見方・考え方を働かせて，課題を発見し，その解決を図る主体的・協働的な学習過程を通して，心と体を一体として捉え，生涯を通じて心身の健康を保持増進するための資質・能力を育成することを目指して，資料

> (1)精神疾患について理解を深めるようにする。
> (2)精神疾患の課題を発見し，それらの解決に向けて思考し判断するとともに，目的や状況に応じて他者に伝える力を養う。
> (3)生涯を通じて自他の精神の健康の保持増進やそれを支える環境づくりを目指し，明るく豊かで活力ある生活を営む態度を養う。

5のように保健の知識及び技能，思考力，判断力，表現力等，学びに向かう力，人間性等の3つの柱で目標を設定しています。

　精神疾患の予防と回復については，科目保健の内容の1つであることから，目標についても同じ方向性で設定することで科目としての統一性が図られます。例えば，資料6のような目標を設定し，精神疾患に関して3つの資質・能力の育成を目指すことが重要です。

2. 精神疾患の予防と回復が学習指導要領及び解説に位置づいた経緯

　社会の急激な変化により現代社会における健康課題が多様化，複雑化してきており，特にメンタルヘルスの課題が顕著になっています。このような状況の中で，精神疾患を含めた現代的な健康課題の解決に対して学校教育への期待が高まってきています。また，現代的な課題の1つとして精神疾患等が学習指導要領に取り上げられるなど，精神保健教育を含めた健康教育の充実が一層求められるようになってきました。

　学校における健康教育においては，生涯を通じて自らの健康を管理し改善していく資質や能力を育成することが重要です。近年，疾病構造の変化や少子高齢化など，児童生徒を取り巻く社会環境や生活環境が大きく変化してきています。特に，心の健康については，心の不調，精神疾患，インターネット依存，災害時のストレス障害など，問題が多様化し，増大しつつあると指摘されており，児童生徒が心の健康について関心を持ち，正しく理解し，適切な対処や行動選択ができるようにすることが求められています。

　これまで，学校においては，学習指導要領に基づき，学校教育活動全体で精神保健を含めた健康教育を実施しており，各教科，特別活動，総合的な学習の時間等の様々な時間で心の健康に関わる学習が行われてきました。その中で，中心的な役割を担っているのが体育，保健体育です。今回，保健体育に精神疾患に関する内容が位置づきましたが，そこに至る経緯について述べ，これからの学校における精神疾患に関する指導を充実するための方向性について考えてみたいと思います。

(1)現代的な健康課題対応委員会（心の健康に関する教育）での検討

　精神疾患を含めた心の健康に関する教育の方向性を検討するため，2014年に文部科学省の補助事業として公益財団法人日本学校保健会において「現代的な健康課題対応委員会（心の健康に関する教育）」が設置されました[8]。最終的には2015年3月に報告書が公表されましたが，そこでは，「心の健康に関する教育」の目標を資料7のように提案されました[9]。

　また，「心の健康に関する教育」の具体的な内容については，心の健康の基礎，精神疾患の予防，インターネット依存について取り扱われました。その中で「精神疾患の予防」については，資料8のように示されました。

　さらに，「心の健康に関する教育」を位置づける教科等については，心の健康に関することが，身体，行動，精神，発達などの各側面と密接に関わっているので，特定の教科のみですべてを扱うことは困難であることが共有されました。しかし，学校の教育課程全体での取り組みが不可欠ではありますが，これまでの教育課程編成から考えるならば，従来どおり体育・保健体育が中核の教科となることが適切であるとの考えに落ち着いています。

　今回の中央教育委員会答申にも示されたことでもありますが，ここでは，「心の健康に関する教育」

資料7　「心の健康に関する教育」の目標（公益財団法人日本学校保健会「平成27年度事業報告書」より抜粋）

1）心の健康について正しく理解できるようにする。
　　心の健康は，発育・発達，心身の相関，ストレスへの対処，自己実現，社会生活に関わるメンタルヘルスなどの視点があり，これらについての正しい知識やそれに基づく適切な対処や行動選択について理解できるようにする。
2）心の健康の保持増進のための適切な対処や行動選択ができる資質や能力を育成する。
　　心の健康について学ぶことや，その保持増進，欲求やストレスに対する適切な対処や行動選択ができる資質や能力を育成する。

資料8　精神疾患の予防についての具体的内容（公益財団法人日本学校保健会「平成27年度事業報告書」より抜粋）

【教育内容として必要なこと】
　　精神疾患には好発年齢すなわち罹患しやすい年齢層が存在する。超高齢社会において認知症は深刻な問題であるが，中学・高校生の健康課題としては喫緊のものではない。むしろうつ病，躁うつ病などの気分障害，統合失調症，摂食障害など，10代での発病が多い疾患について正しく理解し，自らもそれに備え行動する力を育成する。
　　世界保健機関（WHO）と国際早期精神病学会（International Early Psychosis Association, IEPA）は，2004年に共同宣言をまとめ，15歳のすべての若者が，精神病に対処しうる知識を身に付けるべきだと述べている。特に若年で発症し，生涯にわたり人生に影響する統合失調症や躁うつ病などは，疾患名を明示し，その存在や特徴，回復可能性を正しく理解できるようにすることが重要である。
　　精神疾患の予防，早期発見，早期治療は医療関係者だけで成し遂げられるものではない。歯科検診や結核予防と同じく，学校保健における取組が重要である。とりわけ個別的な保健指導では，養護教諭やスクールカウンセラーとの連携・協力が必要である。また学校へ訪問する精神科医も制度化され，現場の教員が相談しやすい環境を整えるべきである。そのような取り組みそのものが精神疾患予防につながるものである。
　　精神疾患，精神障害者に対する根拠のない差別，偏見を解消するためにも，精神疾患に関する科学的で今日的な正しい知識と情報を啓発することが重要である。その結果，早期受診が進み，慢性化を防ぐことができる。

について，一次予防の観点だけでなく二次予防，三次予防の内容も含むと考えらえるため，どの大単元に含むべきかの検討や，他の大単元の教育内容との関連の在り方についての検討も触れられています。その上で，「心の健康に関する教育」を教科等に位置づけるためには，実際に授業実践を通して，内容が適切であるか，どのような指導法が効果的であるか等について，検証を行う必要があることが指摘されています。特に高等学校において精神疾患に関する内容を取り上げ，授業実践を行うことが求められており，実際にこれらの内容が学校で行われるのか慎重に検討していく必要性が示されたわけです。

（2）精神保健に関する指導参考資料作成委員会での実践

　　上述したように，新しい教育内容を教科等に位置づけるためには，実際に授業実践を通して，内容が適切であるか，どのような指導法が効果的であるか等について，検証を行う必要があります。特に，高等学校において精神疾患に関する内容を取り上げ，実際に研究授業を行い，内容や指導方法が対象に対して適切かどうか実証しなければなりません。公益財団法人日本学校保健会では，精神保健に関する指導参考資料作成委員会を2015年度に設置し，中学校，高等学校において授業研究を実施していますが，残念ながら報告書等にまとめられることはなく，成果が公表はされていません。

（3）中央教育審議会での検討

　　中央教育審議会は，文部科学大臣の諮問に応じて教育に関する重要事項を調査審議し，文部科学大臣に意見を述べる組織であり，学習指導要領についてもその内容に含まれます。中央教育審議会内の部会やワーキング・グループでの議論を踏まえて，最終的に「幼稚園，小学校，中学校，高等学校及び特別支援学校の学習指導要領等の改善及び必要な方策等について（答申）（平成28年12月21日）」が出されました[10]。そこに学習指導要領に位置づける何らかの根拠が示されるかが鍵となるわけです。実際は，体育・保健体育・健康・安全ワーキング・グループで前述の（1）（2）を踏まえた検討がなされ，最終的に答申に「○科目保健については，個人及び社会生活における健康・安全についての総合的な『知識・技能』，『思考力・判断力・表現力等』，『学びに向かう力・人間性等』の育成を重視す

る観点から内容等の改善を図る。その際，少子高齢化や疾病構造の変化による現代的な健康課題の解決に関わる内容や，ライフステージにおける健康の保持増進や回復に関わる内容及び一次予防のみならず，二次予防や三次予防に関する内容を改善するとともに，人々の健康を支える環境づくりに関する内容の充実を図る。また，科目体育と一層の関連を図り，心身の健康の保持増進や回復とスポーツとの関連等の内容等について改善を図る」と示された。この「現代的な健康課題」の注釈に「死因として最多はがんで，第2位が心疾患であり，これらの生活習慣病などは，死因の約6割，国民医療費の約3割を占めている。また，20代の死因の半数は自殺で，その動機や原因の約4割が仕事関連の悩みとうつ病によるものと指摘されている。少子高齢化については，若い世代の出産・子育てや高齢化に伴う健康寿命の延伸などの課題が指摘されている」（下線は筆者）が示されました。この「現代的な健康課題」の具体として説明された下線部分が，精神疾患に関する内容を学習指導要領に位置づける根拠となったのです。また，この答申内容は「科目保健」で示されていることから，文部科学省で高等学校の保健体育科目保健の学習指導要領に位置づけるかどうかが検討されることとなりました。つまり，（1）（2）の委員会において現代的な健康課題の重要なテーマの1つとして，精神疾患を含む心の健康の内容が検討されてきたことが，ここに結びつくことになるわけです。

（4）学習指導要領への位置づけ

　中央教育審議会の答申を踏まえて，文部科学省内で学習指導要領及び解説が検討され，精神疾患に関する内容が示されました。高等学校の科目保健の内容が「ウ　精神の健康　人間の欲求と適応機制には，様々な種類があること。精神と身体には，密接な関連があること。また，精神の健康を保持増進するには，欲求やストレスに適切に対処するとともに，自己実現を図るよう努力していくことが重要であること。」（2009年3月告示）から，「（オ）精神疾患の予防と回復　精神疾患の予防と回復には，運動，食事，休養及び睡眠の調和のとれた生活を実践するとともに，心身の不調に気付くことが重要であること。また，疾病の早期発見及び社会的な対策が必要であること。」（2018年3月告示）へと変更されたわけです。その際，これまでの高等学校の内容は整理されて，例えばストレス対処などが中学校のストレス対処に追加して示されています。ここでは，「精神疾患の予防と回復」というタイトルやコアになる指導内容について，また，高等学校の科目保健としての目標や「現代社会と健康」（「（ア）健康の考え方」「（イ）現代の感染症とその予防」「（ウ）生活習慣病などの予防と回復」「（エ）喫煙，飲酒，薬物乱用と健康」「（オ）精神疾患の予防と回復」で構成）という内容のまとまりに位置づくことでよいか，中学校「心の健康」との系統性が踏まえられているかなどについても検討され，示されました。

（5）本内容で授業を実施する上での配慮事項について

　本内容の指導が実施される高等学校においては，少なからず心の不調を持つ生徒や精神疾患に罹患している生徒が存在します。がんなどの他の内容とも共通しますが，特に精神に関わる内容は個別指導との連携が欠かせません。

　また，メンタルヘルス教育を含む生徒が心身の成長発達に関して適切に理解し，行動することができるようにする指導に当たっては，高等学校学習指導要領第1章総則第5款1（1）に資料9のように示されています。

　このように，生徒の発達の特性や教育活動の特性を踏まえて，あらかじめ適切な時期や機会を設定し，主に集団の場面で必要な指導や援助を行うガイダンスと，個々の生徒が抱える課題を受け止めながら，その解決に向けて，主に個別の会話・面談や言葉がけを通して指導や援助を行うカウンセリングの双方により，生徒の発達を支援することが望まれます。

　メンタルヘルスについていうと，心の健康の授業を充実させるとともに，カウンセリングの機能を充実させることによって，生徒1人ひとりの教育上や健康上の問題等について，本人またはその保護者などにその望ましい在り方や適切な対応についての助言を通して，生徒の持つ悩みや困難の解決を援助します。つまり，メンタルヘルスの教育を授業だけで進めるのではなく，生徒の置かれている状

資料9　ホームルーム経営，生徒の発達の支援〔文部科学省「高等学校学習指導要領　平成30年告示」第1章総則第5款1（1）〕

> (1)学習や生活の基盤として，教師と生徒との信頼関係及び生徒相互のよりよい人間関係を育てるため，日頃からホームルーム経営の
> 充実を図ること。また，主に集団の場面で必要な指導や援助を行うガイダンスと，個々の生徒の多様な実態を踏まえ，一人一人が
> 抱える課題に個別に対応した指導を行うカウンセリングの双方により，生徒の発達を支援すること。

資料10　がんに関する授業で求められる配慮
〔文部科学省「『外部講師を活用したがん教育ガイドライン』平成28年4月　令和3年3月一部改訂」より抜粋〕

> ・小児がんの当事者，小児がんにかかったことのある児童生徒がいる場合
> ・家族にがん患者がいる児童生徒や，家族をがんで亡くした児童生徒がいる場合
> ・生活習慣が主な原因とならないがんもあり，特に，これらのがん患者が身近にいる場合
> ・がんに限らず，重病・難病等にかかったことのある児童生徒や，家族に該当患者がいたり家族を亡くしたりした児童生徒がいる場合
> 　なお，具体的な配慮の方法については，児童生徒の状況を最もよく把握している教職員（学校）が，学校全体の共通理解のもと，
> 個別の状況に応じて検討を行う。その際，外部講師にも必要な情報を共有し，連携を図ることが大切である。

資料11　精神疾患に関する教育における配慮事項の具体例

> ・精神疾患の当事者，精神疾患にかかったことのある生徒がいる場合
> ・精神疾患と診断されてはいないが，心の不調等が見受けられる生徒がいる場合
> ・家族等に精神疾患の患者がいる生徒がいる場合
> ・精神疾患に限らず，重病・難病等にかかったことのある生徒や，家族等に該当患者がいる場合
> 　なお，具体的な配慮の方法については，生徒の状況を最もよく把握している教職員（学校）が，学校全体の共通理解のもと，個別
> の状況に応じて検討を行う。その際，精神科医等にも必要な情報を共有し，連携を図ることが大切である。

況に応じて，カウンセリング等の個別指導と連動して取り組んでいくことが求められるのです。カウンセリングの実施に当たっては，個々の生徒の多様な実態や1人ひとりが抱える課題やその背景などを把握すること，生徒の心の不調や精神疾患の兆候等の早期発見・早期対応に留意すること，スクールカウンセラー等の活用や精神科医等の専門医や関係機関等との連携などに配慮することが必要です。

　また，精神疾患の患者とその家族に対する誤解や偏見を生じさせないための工夫が必要です。がんの内容を扱う，いわゆるがん教育では，実施に当たっては，資料10のような事例に該当する児童生徒が把握できる場合はもとより，把握できない場合でも授業を展開する上で配慮が求められる4つの事項を挙げています[11]。

　精神疾患に関する教育においても，このような具体的な配慮事項を検討することが必要となるでしょう。例えば，資料11のような事項を参考にしていただきたいと思います。

〈森良一〉

③ 精神疾患とは

1. そもそも精神疾患とは何か

（1）精神疾患は「脳の病気」

　「精神」という言葉からイメージするものは何でしょうか。左胸の辺りを指して「心」と答える方は案外多くいます。ヒトが生命を維持する上で心臓という臓器が欠かせないように，精神も非常に重要なものであることを象徴しているのかもしれません。もちろん，ヒトの精神の働きを司っている臓器は心臓ではなく，それは「脳」です。脳による精神の働きには，感情，思考，知覚，意思決定など様々な機能があります。これらの他，記憶力や集中力といった認知機能と呼ばれるものも含まれます。さらには，対人関係を築く時に必要となる力，例えば相手の感情や意図を推測して理解をするコミュニケーションの能力や「空気を読む」というようなことも，社会認知と呼ばれる脳の機能の1つです。これらの脳の様々な機能を総称して，精神，あるいは心と呼んでいます。そして，精神の健康のことを「メンタルヘルス」と呼びます。時々誤解をされることがありますが，メンタルヘルスとは根性や心の強さという意味ではありません。メンタルヘルスは，鍛えるのではなく「よい状態に保つ」ということが重要であり，それが精神疾患を予防することにつながります。

　精神疾患は心が弱いから発病するわけではありません。精神疾患とは，脳の機能不全により精神の働きに不調を生じ，症状という形で表れ，日常生活に支障を来している状態を指します。この時脳内では，セロトニンやドーパミンといった神経伝達物質や神経細胞の異常が生じていると考えられています。つまり，精神疾患は「脳の病気」であり，発病にはこのような生物学的要因が関連しています。ただし，発病に至る背景には生物学的要因のみならず，個人の物事の捉え方や考え方のクセ，ストレスへの対処能力などの心理的要因，学校や職場，家庭，さらには文化的背景などの個人を取り巻く環境による社会的要因が複雑に絡み合います。これらの個人を取り巻く複雑な要因を整理して捉える考え方は，生物・心理・社会モデルと呼ばれています。さらには，甲状腺機能障害や自己免疫疾患，気管支喘息などの身体疾患，アルコールや薬物などの物質も，脳の機能に影響することがあり，身体的要因も重要です。一般的な病気としてイメージするものとは少し異なるかもしれませんが，精神疾患はこのように多角的に理解することが必要となります。

（2）精神疾患の治療～その他の病気治療との違い～

　次に，精神疾患の診断や治療の概要を説明します。身体疾患の場合，例えば糖尿病は，血液検査により血糖値などを測定することで，診断をすることができます。しかし，多くの精神疾患では現在のところ，発症の有無や原因を1つに断定できる客観的な検査方法や指標が十分に確立しているわけではありません。そのため，精神科の診療場面では一般的に，先ほど挙げた複雑な要因やその影響を考慮に入れながら，現在表れている自覚的・他覚的な症状に基づいて診断を行います。さらに一時点の様子だけでなく，症状や生活などの経時的な変化を踏まえて，診断や治療の方針を決定していきます。つまり，単に「気持ちが落ち込む」という一言があったら診断をするわけではなく，症状の経過に加えて，その人が歩んできた人生や現在置かれている環境を詳しく聞き，さらに同様の症状を引き起こす身体疾患を除外した上で，精神疾患は診断されます。そのため，「1度の診察のみで診断が確定しない」ことや，「診断名が途中で変更になる」こともしばしばあります。また，精神疾患の経過や予

後は非常に様々です。適切な休養や治療により症状や生活への影響が完全になくなることもあれば，症状に波があり再発をすることや，中には長期にわたり疾患が持続することもあります。そのため，精神疾患の治療の目標としては，「病気が完治する」ということのみにとらわれ過ぎず，精神疾患を抱えたとしてもその人が自分らしく安心して生活を送ることができる状態を目指していきます。これは，原因を特定してそれを取り除くことを治療のゴールとするタイプの病気（例えば，インフルエンザでは，インフルエンザウイルスを特定し，抗ウイルス薬を投与するなどして完治を目指します）と精神疾患では大きく異なる点です。ただし，精神疾患も他の身体疾患と同じように，早期に発見をして，適切な治療を受けることは，回復の可能性を高めることが知られています。

（3）若者にとって身近な病気

　精神疾患は，誰でも発病する可能性があります。統計的には，5人に1人以上が生涯に1度は何らかの精神疾患を経験します。ただし，全年齢で一律に認められるわけではなく，精神疾患全体の約50％は14歳までに，約75％は24歳までに発病します。つまり，精神疾患は若者にとって非常に身近な病気であるといえます。発病のピークは14，15歳とされているため，中学生や高校生世代の若者がメンタルヘルスの不調を認めた際には，特に注意が必要です。若者に起こりやすい代表的な精神疾患には，うつ病，統合失調症，不安症，摂食障害などが挙げられ，それぞれの疾患で特徴的な症状が表れます（⇒参考 2-1-① うつ病，2-1-② 統合失調症，2-1-③ 社交不安症，2-1-④ パニック症・強迫症，2-1-⑤ 摂食障害）。しかし，病気の初期や発病前には共通する症状も多くみられます。例えば，夜寝つけない，途中で目が覚めてしまう，朝起きられないなど睡眠に関する症状や，気持ちの落ち込み（抑うつ気分），不安などは多くみられます。これらのメンタルヘルスの不調は，病気でなくとも誰でも体験するものですが，注意するべきサインといえます。時には，腹痛や頭痛といった体の症状として表れる場合もあります。さらに，日常生活における変化は，病気を発病して深刻になってから明らかになるのではなく，明確な発病前の段階から「授業に集中できない」「保健室で休みがちとなる」「遅刻が増える」など行動面で表れていることは多くあります。過度な心配をする必要はありませんが，何かしらの不調を認めた際に，「精神疾患は誰に起きてもおかしくはない」ということは覚えておきたい点です。

2. 若者における多種の課題

（1）不登校，ひきこもり，自殺について

　若者における様々な課題は，多くの要因が複合的に合わさった結果であることがほとんどです。例えば，不登校の小学生・中学生・高校生は，全国で20万人以上いるとされ，2021年度では小学校で1.3％，中学校で5.0％，高等学校で1.7％の生徒が不登校であるとされています[1]。不登校に至る様々な要因のうち，学校での要因としては学業や部活，友人や教員との対人関係など，家庭での要因としては親子関係や経済状況などが挙げられます。そして，個人の要因としては，メンタルヘルスの不調や発達の偏りなどが重要です。原因がはっきりしないということも多くありますが，これらの中でも，中学生・高校生における不登校の原因として，無気力や不安などメンタルヘルスの不調が最多であるという報告があります。さらに，中途退学となった際も，多くの生徒がメンタルヘルスの不調を訴えています。必ずしもこれらの生徒全員が精神疾患を発病しているわけではありませんが，不登校の原因を考える際は，表面的な問題のみにとらわれず，慎重に整理していく必要があります。近年では学びの機会も多様化し，不登校自体は学校復帰が前提となる問題行動というわけではありませんが，精神疾患やメンタルヘルスの不調に対して早期に適切な支援や治療を受けることで，登校の再開や継続につながる生徒も少なからずいることが推測されます。

不登校となった生徒が後に，ひきこもり状態となることも珍しくありません。ひきこもりのイメージとして，自室からほとんど出ずに過ごしている状態を挙げる人も多いのではないでしょうか。しかし，ひきこもりの一般的な定義である「自宅にひきこもって学校や仕事に行かずに，家族以外との親密な対人関係がない状態が，原則6ヵ月以上続いている状態」を満たす人のうち，自室からほとんど出ないという状態の人は，数パーセントのみであるとされています。大半は，趣味の用事や近所のコンビニエンスストア等への外出はできるものの，社会参加はできず孤立している社会的ひきこもりの状態とされています。さらに近年では，オンラインゲームやソーシャル・ネットワーク・サービス(SNS)などでインターネット上のつながりを作りやすくなった一方で，現実社会との接点は希薄となり，集団に対する帰属意識は多様化していて，問題は複雑化しています。ひきこもり自体は精神疾患ではなく，あくまで複合的な要因に伴う結果であり，状態像のことを指しています。しかし，不登校と同様に，背景には精神疾患やメンタルヘルスの不調が重なることが多くあります。また，ある日突然ひきこもりになるという場合よりも，様々な要因が重なり徐々に社会とのつながりが途絶え，ひきこもるようになることは多くあります。そのため，問題が深刻になる前にサインに気づき，適切な対処をしていく必要があります（⇒参考　2-3-③　不登校・ひきこもり）。

　世界の中でも日本は，自殺者数が極めて多い国です。その数は実に交通事故による死亡の4倍近くともいわれており，決して他人事ではなくとても身近な問題です。年代順にみると，1998年に日本の自殺者数は3万人を超えましたが，2010年以降は減少傾向を認めました[2]。しかし若年層に限ると，20歳未満の自殺死亡率は，1998年以降ほとんど減少しておらず，むしろ増加傾向にあります。そして残念ながら，日本では10〜39歳の若者における死因の第1位が自殺であるという深刻な状況にあり[i]，2022年度の小学生・中学生・高校生の自殺者数は514人と過去最多でした[ii]。これらの数値は自殺により死亡に至った数の統計ですが，一般的に自殺者数の10倍以上の人が自殺未遂をしているといわれています。また，過去に1度でも自傷行為や自殺未遂をしたことがある人は，そうでない人に比べて，その後はるかに高い確率で自殺によって死亡しているといわれています。リストカットや市販薬を常用量以上に服薬するなど，たとえその時は命を落とすことのない行為にみえたとしても，適切な支援を受けられないと，実際に死亡する行為に発展していく危険があります。自殺の原因は精神疾患だけではありませんが，自殺に至る前には精神疾患を発病していることが稀ならずあります。

　若者を取りまく課題の例として，不登校，ひきこもり，自殺を挙げました。残念ながら，これらの課題を抱えた若者の支援や対応として画一的な正解はなく，実際はケースバイケースとならざるを得ません。繰り返しになりますが，これらの課題の背景には複雑な要因が重なっています。その複雑な要因に対する苦痛や困り感の表れとしてこのような行動に至っていることがほとんどです。そのため，これらの表面的に目立つ行動のみを捉えて，問題行動であるとして非難することや無理やり抑え込もうとすることは，結果として解決から遠ざかってしまいます。このような時は，行動の背景にある生物学的要因，心理的要因，社会的要因に目を向けることこそが解決の一歩となります。しかし，既に背景の問題が複雑化していることは稀ではありませんので，例えば学校の教員が1人で若者の問題を抱え込む必要はありませんし，一方で，医療機関を1度受診しただけでは解決しないことも多くあります。誰か1人が若者を支援すれば解決できるわけではなく，若者に関わる人々が協働して支援をすることが重要です。

（2）大人ができること〜若者の立場に立って〜

　次に，若者の視点からも考えてみたいと思います。困り事を抱えた時に，誰かに助けを求める，相談をする，つまりSOSを出すことを「援助希求」と呼びます。一言で援助希求というと簡単に感じるかもしれませんが，メンタルヘルスに関することで実際に援助希求の行動を取るに至るまでには，いくつものハードルを越えなくてはなりません。まず，適切な知識や理解がない中で，自身に起きたメンタルヘルスの不調を自覚することはとても難しいことです。次に，不調を自覚できた場合でも，「自

分のことをわかってもらえないのではないか」「秘密を守ってもらえないのではないか」と自分の気持ちや状況を誰かに伝えることに不安を感じることや，「自分1人で解決しなくてはいけない」と1人で抱え込んでしまうことも少なくありません。さらに，「自分は病気になるはずがない」「相談をすることで病気と診断されてしまうのではないか」といった思いもあるでしょう。また，いざ助けを求めたいと思ったとしても，「誰に（どこに）相談をしたらよいかわからない」ということも多くあります。この他，専門の機関に相談する場合には，経済的な負担や物理的なアクセスのしにくさも妨げとなります。一方で，援助希求しやすくする要因も知られています。自分のことをありのままに受け入れられる感覚（自己肯定感）が高いほど援助希求をしやすいとされています。

　大人にとっても援助希求をすることが難しい場面は多くありますが，思春期や青年期の若者たちはなおさらです。若者にとって，自分1人では解決できないような困り事や人生で初めて経験するメンタルヘルスの不調を抱えた時，うまく言葉にできないことの方が自然かもしれません。時に，恥ずかしさや悔しさを感じてふさぎ込むことや，甘えや弱さと考えて自分を責めることもあるでしょう。そのような時，周囲の大人からみると「声をかけても無言のまま」「イライラしているばかり」「死にたいとしかいわない」といった場面はよく経験します。

　このような時は，具体的な解決策を考える前に，若者が安心できる環境が必要です。そのためには，若者の立場になって，もう一歩，その心に寄り添ってみることが重要です。身近な大人の存在は，若者にとって非常に大きいものです。周囲の大人に認めてもらうという経験は，援助希求を増やす重要な要素であるとされています。これは若者の周りにいる人々が，日頃から実践できることです。若者自身がメンタルヘルスや精神疾患について適切な知識を持ち，解決に向けた具体的な援助希求に関する方法を身につけていくだけでなく，周囲の大人を含め，社会全体で援助希求をしやすくする環境づくりが重要です。そして若者が口を開いた時にはまず，「いいづらいことを打ち明けてくれて，ありがとう」と応えられるようになりたいものです。

（3）最近の若者は心が弱い？

　ところで，「最近の若者には精神疾患が増えている」というような言葉を耳にすることもありますが，果たして本当にそうでしょうか？　統計として，精神疾患のために医療機関を受診する人が増えているのは事実です。数としては，2002年は258.4万人であったものが，2017年には419.3万人となり，この15年で約1.6倍となっています[3]。主に増加している疾患はうつ病などの気分障害です。この背景には，長引く経済不況の影響や，複雑化する社会構造の変化などによる様々なストレスとの関連が指摘されています。しかし，この数値はあくまで医療機関を受診した人の数のみであり，発病をしていながら医療機関を受診していない人は含まれていません。最近の日本の疫学調査では，精神疾患の有病率自体は大きくは変わっていないことが指摘されています[iii]。精神疾患に関する正しい知識の普及啓発や精神科医療機関の増加により，治療を受ける人が増えているために数が増えているということが考えられています。もちろん，何でもかんでも疾患として過剰に診断や治療をすることは避けるべきです。しかし，先ほどの疫学調査では，実際に精神疾患を発病した人の7割近くは，医療機関を受診していないという結果も報告されており，本来の数はもっと多いことが推測されています。そのため，最近の若者は特別に心が弱いとはいえません。

　これは一例ですが，精神疾患とも関連が深いひきこもりに関して，近年では，「8050問題」「9060問題」といった言葉が度々聞かれます。これは，当時10〜20代の若者がひきこもり状態となり，数十年を経て親も高齢化し，家族全体が深刻な機能不全に陥って初めて問題が明らかになることを指しています。つまり，メンタルヘルスの不調や精神疾患は，最近の問題ではないことを表しています。

3. 精神疾患の予防のために

(1)調和のとれた規則的な生活

　精神疾患を未然に防ぐという観点は非常に重要です。そのために，日常生活で実践できることは多くあります。まず基本的なことですが，規則正しい生活を送るということが重要です。そのためには，適切な運動，栄養を考慮したバランスのよい食事，夜更かしをせず十分な睡眠をとることが必要です。

　運動は，体力の維持や向上に役立つだけではなく，生活習慣病の予防，発育・発達の促進，老化の防止などによい影響を及ぼします。さらに，スポーツとして楽しみながら，家族や仲間との交流を図ることができ，ストレスの解消などにつながり，メンタルヘルスにも効果的です。また，激しい運動だけでなく，散歩やウォーキングなどといった軽い全身運動も有効です。

　食事は，健康に生きていくために必要な様々な栄養素をとり入れるだけではなく，人と人との大切なコミュニケーションの場にもなります。食事を楽しむことは，心豊かな生活を送ることにつながり，心身両面の健康に重要です。また，朝，昼，夜の食事を規則的にとることで，生活リズムがつくられます。特に朝食をとらないことは，午前中の活力を低下させてしまいます。

　睡眠は，体や脳の疲労を回復したり，発育・発達を促したりする役割だけではなく，健康の保持増進にも重要な働きをしています[4]。必要な睡眠時間には個人差がありますが，日中の眠気で困らない程度の睡眠が必要です。一般的な睡眠時間は，10歳代前半までは8時間以上，25歳で約7時間，45歳で約6.5時間と加齢とともに減少します。適切な睡眠をとるために気をつけるべきことはたくさんあります。スマートフォンやパソコン，テレビなどのデジタル機器の液晶画面の光には，ブルーライトが多く含まれているものがあります。ブルーライトなどの強い光を夜に浴びると，体内時計のリズムが後ろにずれて，なかなか眠れなくなったり，朝起きるのがつらくなったりします。眠れないからといって，布団に入ったあともスマートフォンを見続けていると，さらに眠れなくなってしまいます。寝る前にコーヒーや緑茶などでカフェインをとると覚醒作用があるため，避ける方が望ましいです。また，夜になると身体は自然に眠りに入る準備をしていきます。その時，体温，心拍，血圧などは低下します。しかし，寝る直前に激しい運動をしたり，熱いお風呂で身体を温め過ぎたりすると，寝ようとしてもなかなか体温が下がらず，眠りにくくなります。そのため，運動は夕方までにして，入浴は寝る3，4時間前にするか，寝る直前の場合はぬるめのお湯につかる方がよいとされています。さらに，平日と休日で就寝時刻と起床時刻がばらばらであると体内時計が整いません。毎朝決まった時間に起きて，目が覚めたら太陽の光を浴びて体内時計をリセットすることで，夜に快適な睡眠をとることができます。なかなか睡眠のリズムが整わないという場合は，朝にカーテンを開けるという手軽なことから習慣づけていくとよいでしょう。

(2)ストレスへの適切な対応

　次に，ストレスを緩和することも大切です。メンタルヘルスの不調は，ストレスと強く関わります。耐えられる限界を超えた強いストレスは，脳の機能不全を引き起こします。ストレスには，日々の悩みや学校や家庭環境などによる日常的ストレスと，進学や就職，身近な人の死などのライフイベントによるストレスの2種類があります。日頃から日常的ストレスを軽減することや，ライフイベントによるストレスが生じた際は，適切な休養をとったり，自分なりの対処をとったりする必要があります。

　しかし休養をとるといっても，例えば，ゲームやSNSなどのため昼夜逆転し，食事も気が向いた時にとるという生活は，逆効果となってしまいます。適切な休養とは，生活リズムを乱さず規則正しい生活をした上で，日中の活動は心身に負荷をかけ過ぎず適度な範囲にとどめて休みをとるということです。

　また，ストレスの感じ方は人それぞれ異なりますが，大人からみたらそれほどのことではないと思

えるようなことでも，若者にとっては大きなストレスとなっていることが多く注意が必要です。

　ただし，ストレスはマイナスの面だけでなく，プラスの面もあります。よいストレスは何かを達成させる原動力となります。例えば，大事な試験前や大会前に緊張することは当然で，だからこそ本番で頑張ろうという活力になります。強いストレスに対しては適切な対処をするとともに，生活をする上でゼロにはできないものですので，ストレスをあるがままに受け入れながらうまくつき合っていくことも重要です。

4. 精神疾患からの回復

(1) 早期発見・治療のために

　実際に精神疾患を発病した場合には，早期に発見し，治療や支援を開始することが回復可能性を高めます。「早く治療を開始すれば予後がよい」ということは，身体疾患であれば当然のことです。例えば，がん（悪性腫瘍）をイメージすると，多くの人が早期発見・治療の重要性を認識しています。精神疾患も脳の病気ですので同様です。しかし残念ながら，精神疾患の場合，明らかな症状が出始めてから専門家による治療が開始されるまでの治療の遅れ（未治療期間）は非常に長いことがわかっています。例えば統合失調症では，幻覚や妄想といった明らかな症状が始まってから治療が開始されるまでに，半数の人は約6ヵ月以上経過していると報告されています[5]。治療開始が遅れ，病気が進行するほど，症状が悪化するだけではなく脳の機能や構造にも悪影響を及ぼします。しかし，この未治療期間が短ければ短いほど，発病してから5年後，10年後の予後がよくなるということがわかっています。ここでいう予後というのは，症状がよくなるということだけでなく，脳の機能自体も改善し，さらには社会生活の状況も向上します[6]。精神疾患の発病のピークは14，15歳頃ですが，この大事な時期に精神疾患を見逃さないことは，10代後半，さらには20代の社会に広く羽ばたき始める若者の未来に直結するということは忘れてはなりません。

　精神疾患は急激に症状が表れて発病するという場合もありますが，発病前には様々なメンタルヘルスの不調がサインとして表れていることも多くあります。不安や気持ちの落ち込みは健康な状態であっても誰にでも生じます。しかし，思い当たる原因がない，あるいは普段よりも強い症状が続くようであれば，医師などの専門家に相談することが有効です。学校内で身近なところとしては，保健室での相談やスクールカウンセラーなどへの相談が挙げられます。最近では，スクールソーシャルワーカーが配置されている学校もあり，地域の様々な機関との橋渡しを担っています。

　また，問題が深刻になる前に，学校の中だけでなく外部の精神科医や精神保健医療福祉の専門家に援助を求めることも有効です。例えば，精神疾患を専門に診る診療所や病院以外にも，各地域には保健所，保健センター，精神保健福祉センターなどの公的機関があります。これらの機関では，医療機関を受診する前の段階でも，電話や面接での相談を受けつけています。状況によっては，訪問により相談を受けることもできます。また，対象となる本人だけでなく，家族のみでの相談も受けつけています。救急の場合であれば，夜間や休日でも受けつけている電話相談の窓口は各都道府県に設置されていて，受診についての相談や受け入れ可能な医療機関の紹介を受けることができます。他にも地方自治体によっては，専門家へアクセスしやすい相談窓口を独自に設置していることもあります。自分の住んでいる地域，あるいは学校や職場のある地域にどのような窓口があるか，事前に具体的な情報を確認しておくとよいでしょう[iv]（⇒参考　3-4-②　メンタルヘルス教育Q&A　Q30）。

(2) 精神疾患の治療

　精神疾患の治療は，一般的な身体疾患の治療とはイメージが異なるところがあります。例えば，「薬を1週間服用したら完治する」というわけではありません。精神疾患の発病には，生物学的要因，心

理的要因，社会的要因，身体的要因と様々な要因が複雑に絡み合っています。そのため，これらを適切に見極めて，その人それぞれの回復を目指して治療や支援の方針を検討していきます。

① 薬物療法

　まず生物学的な治療としては，主に薬物療法が挙げられます。精神疾患は脳の病気であるため，脳に作用して精神の働きに影響する向精神薬と呼ばれる薬物が用いられます。代表的な向精神薬の種類として，抗うつ薬や抗不安薬などがあります。抗うつ薬は，脳のセロトニンやノルアドレナリンといった神経伝達物質を増加させる作用があり，これにより抑うつ気分や意欲低下を改善させる効果があります。抗不安薬はGABAの作用を増強し，不安や緊張を軽減します。これらの向精神薬の効果や副作用の表れ方は，個人によって差が大きいことや，その見極めにはしばらく服用を続けることが必要な場合もあります。また副作用の軽減や必要最小限の処方量とするために，少量から服用して徐々に増量をしていくことが多く，すぐに効果を感じられないこともあります。そのため，症状改善のための最適な薬物療法が決定するまでに一定期間を要することがあります。また，短期間で症状が改善する場合もありますが，時に薬物療法を長期に継続する必要がある場合もあります。いずれの場合も，薬物療法についてはこれまでの経過を把握している担当の精神科医とよく相談して決定する必要があります。

② カウンセリング，身体的コンディションの調整など

　次に，心理的な治療としては，主に言語を介して心理的な支援を行うカウンセリングや精神療法が挙げられます。これらには幅広いものが含まれます。代表的なものとして，認知行動療法があります。個人のものの受け取り方や考え方のクセである認知に対して働きかけて，思考のバランスをとり，ストレスに対して適切に対応できることを目指す治療法です。1回30〜60分のセッションを10〜20回ほど行うことが一般的です。他には，日々の身体的コンディションや生活リズムの整え方を学んだり，病気についての理解を深めたりといった心理教育も含まれます。

　また，精神疾患を抱えた方と治療者や支援者など周囲の人々が安心できる人間関係を築くということは，心理的な治療の大きな柱となります。苦痛や困り事を抱えた際に，それを受け止めて共感し，さらにはお互いを一個人としてあるがままに尊重できる関係というのは，それだけで大きな心理的な効果を生み出します。これは決して，精神科医などの専門家だけが行うものではなく，周囲の人々がいつでも実践できるものです。

③ 社会環境の整備

　そして，社会的な治療や支援も欠かせません。精神疾患は誰もがかかりえます。そのため，一部の精神疾患を抱えた人とその身近な人だけの他人事ではなく，社会全体が関わることです。そこには，教育，保健，医療，福祉などの多領域にわたる機関だけでなく，家族や地域の住民なども含まれ，皆が協働して精神疾患を抱えた人を支えることができます。以前の精神疾患の治療は，専門病院での入院治療が中心でした。しかし近年では，精神疾患に対して早期の治療や適切な支援を受けることで，十分に社会復帰や社会参加ができるようになっています。

　また，重度の精神疾患を抱えた方も，地域生活の中でそれぞれの回復に向けた道を歩んでいます。地域において生活を送るために，様々なサービスを利用することができます。身体疾患でも時にリハビリテーションを受けることが必要なように，脳の病気である精神疾患にもリハビリテーションは有効です。例えば，デイケアや自立訓練と呼ばれる施設では，生活リズムを整えたり，対人関係の練習をしたり，さらには認知機能と呼ばれる脳機能の向上を目指したプログラムがあります。精神科訪問看護では，専門の看護師などが自宅に訪問し，身体的，心理的なケアを受けることができます。

　就労に関しては，精神疾患を抱えていても多くの人が一般企業で働いています。うつ病や適応障害などの精神疾患を発病し休職を余儀なくされてしまった人を対象に，復職に向けたリワークプログラ

ムを提供している施設もあります。また，障害や特性に合わせて障害者雇用にて働くこともでき，全国のハローワークや障害者就業・生活支援センターなどで相談を受けつけています。その他，就労移行支援，就労継続支援，就労定着支援などの就労に向けた訓練などを受けることもできます。これらの多くのサービスは手続きをすることで，無料あるいは所得に応じた費用負担の軽減があります。

このように，精神疾患の治療は，診察室の中で精神科医だけが行うものではなく，地域全体で様々な人々や機関が連携して行うものです。特に，精神疾患を抱えた方でも就学や就労などの社会参加が十分にできる現在では，地域における連携は単に医療や福祉のサービスにとどまりません。学校や職場など多領域の人々もチームの一員として連携をすることが，精神疾患からの回復につながる場面は増えています。なお現在日本では，精神疾患を有するか否かによらず，誰もが地域の一員として自分らしい暮らしをすることができるよう「精神障害にも対応した地域包括ケアシステム」の構築が推進されています。厚生労働省が主導し，各地方自治体が地域特性に応じたそのあり方を検討しています[7]。

（3）偏見のない社会に向けて

精神疾患に対して様々な印象や考えを持つことは自然ですが，しかし残念なことに，精神疾患に対する差別や偏見（スティグマ）は広く社会にあり，それが精神疾患の予防や回復を妨げています。スティグマには，自分自身に対して感じるもの，人々全体が持つもの，社会構造によるものなど色々な種類があります。人々全体が持つスティグマは，自分自身に対するスティグマを強めてしまい，行動や意思決定に影響を与えていることが知られています。

例えば，メンタルヘルスの不調を抱えた際に，「人に助けを求めてはいけない」と感じて他者に相談ができなくなってしまいます。他にも，本当は十分な能力があるにも関わらず，「自分は精神疾患を持つから挑戦できない」と行動することをためらってしまうこともあります。

この根底の1つには，人々の間で精神疾患に関する知識が乏しいことや誤った認識を持っていることが挙げられます。精神疾患は誰もがかかりうるということを認識し，予防や回復に向けた正しい知識を身につけていくことが必要です。また，精神疾患を体験した当事者と対等な関係で触れ合うことは，スティグマを軽減するということが知られています[8]。

例えば学校や職場において，精神疾患を抱えた人もそうでない人も皆が対等な関係性で，何か1つの目標に向かって協力して取り組むということは有効です。これを実現するためには，所属している集団がこのような良好な関係性を重要視して保証をすることが必要であり，学校や職場など組織における環境づくりが求められます。途方もないように感じるかもしれませんが，1人ひとりが精神疾患に対して正しい知識を身につけてスティグマを減らしていくことは，身近な人々にもよい影響をもたらし，社会全体に波及していきます。今，この本を手にして読まれているあなたも，精神疾患に向き合う人々にとって大きな支えとなるでしょう。

〈内野敬〉

④ 精神疾患の早期支援・回復のために

　小学校高学年から高校生の年代は思春期と呼ばれ，社会に出ていくために必要なことを学ぶ大切な時期です。思春期には第二次性徴に始まる大きな身体的な変化を経験し，精神的には，社会や学校，家庭からの影響を受けながらアイデンティティを確立する，つまり自分で自身の道を切り開こうとする時期です。このため様々な悩みにも直面し，メンタルが不安定になりがちです。多くの場合は，自分自身で解決の糸口をみつけたり，周りに相談したりすることなどで不安定な時期を乗り越えていきますが，思春期は精神疾患にかかりやすい時期でもあります。

　もし精神疾患にかかった場合，自然に治ることを期待して待つだけでは，回復が遅れてしまうことがあります。精神疾患も身体疾患と同じように，早く適切な支援や治療を開始するほど，よく回復するといわれています。早期支援・回復のためには，メンタルヘルス不調のサインを見逃さないこと，どこに相談すればよいかを知ること，精神疾患に対する正しい知識を持つこと，そして，精神疾患からのよりよい回復のために重要な考え方である「リカバリー」について理解することが大切です。

1. 精神疾患の早期発見と対処

（1）メンタルヘルス不調に早めに気づく

　精神疾患を未然に防ぐために大切なことについては， 1-1-③ 精神疾患とはの「3．精神疾患の予防のために」をご参照ください。精神疾患にかからないために日常生活で実践できることは色々ありますが，いかに気をつけていても，精神疾患を完全に防ぐことは難しいものです。精神疾患にかかった場合，早めに適切な支援や治療につなげることが望ましいと考えられます。そのために，自分でメンタルヘルス不調のサインに早めに気づいて，助けを求めることができればよいのですが，思春期の若者は，自分のメンタルヘルス不調に気づかなかったり，自ら助けを求めることをためらったりすることも多いものです。そのため，周囲の人が本人のメンタルヘルス不調に早めに気づき，声をかけることが大切です。

表1　メンタルヘルス不調のサイン

自分で気づくサイン	周囲が気づきやすいサイン
・気分が沈む，憂うつ	・服装が乱れてきた
・何をするのにも元気が出ない	・急にやせた，太った
・イライラする，怒りっぽい	・感情の変化が激しくなった
・理由もないのに，不安な気持ちになる	・表情が暗くなった
・気持ちが落ち着かない	・1人になりたがる
・胸がドキドキする，息苦しい	・不満，トラブルが増えた
・何度も確かめないと気が済まない	・独り言が増えた
・周りに誰もいないのに，人の声が聞こえてくる	・他人の視線を気にするようになった
・誰かが自分の悪口をいっている	・遅刻や休みが増えた
・何も食べたくない，食事がおいしくない	・ぼんやりしていることが多い
・なかなか寝つけない，熟睡できない	・ミスや物忘れが多い
・夜中に何度も目が覚める	・体に不自然な傷がある

主な精神疾患の特徴は，第2部で詳しく解説されていますが，精神疾患に共通する特徴として，「いつもと違う様子」がみられることが挙げられます（表1）。

　精神疾患では，気分が落ち込む，不安になるといった精神的な不調だけではなく，身体や行動に変化が起きることも少なくありません。例えば，身体的な検査では異常がみつからないのに，身体の不調が続く場合には，精神疾患が隠れていることがあります。大勢の人がいるところで不安になるという症状がある場合，学校に行けなくなったり，電車に乗れなくなったりという行動の変化として気づかれるかもしれません。

　普段の本人の様子をよく知っている人が，本人の「いつもと違う様子」に気づいたとき，ただ様子をみるのではなく，相手を気遣う声かけをすることで，精神疾患の早期発見につながるかもしれません。しかし，心の状態について話すことには，抵抗を感じる人も少なくないものです。そのため，いきなり心の話をするのではなく，食事や睡眠，体調などに気遣いつつ，相手を心配していると伝えるといった工夫も推奨されます。

（2）治療や支援につなぐ

　メンタルヘルス不調のすべてに治療や専門的な支援が必要というわけではありません。メンタルヘルス不調に気づいて休養をとったり，ストレスへの対処をしたり，友人や家族に相談することで回復する場合も少なくありません。しかし，そのような対処で回復しない場合や，表1のような状態が長く続いているような場合には，医療機関を受診するなど，専門的な支援を受けることも考慮する必要があります。相談先としては，医療機関（精神科，心療内科など）や保健所，保健センター，スクールカウンセラー，スクールソーシャルワーカー，精神保健福祉センターなどが考えられます。

　1-1-③　精神疾患とはの「4．精神疾患からの回復」もご参照ください。

2．精神疾患を正しく知る～スティグマへの対応～

（1）スティグマとは

　精神疾患の予防と対処を考える上で，精神疾患に対するスティグマについて知ることは重要です（⇒参考　1-1-①　メンタルヘルスの現状）。スティグマはもともと，古代ギリシャで，奴隷や犯罪者などを識別するために身体に刻印された「しるし」を意味する言葉でした。そのため「不名誉」「汚名」「負の烙印」といった意味を持ちますが，現在は通常「差別」や「偏見」に近い言葉として使われています。スティグマは，障害や病気など個人の持つ特徴に対して，ネガティブな認識や態度を向けることを指し，精神疾患の早期支援や回復に大きな影響を及ぼすことがあります。以下はその例です。

● 治療の遅れ：スティグマにより，人々は自分が精神疾患の症状を経験していることを認識したり，それを他人に明らかにしたりすることを避ける可能性があります。その結果，必要な治療や支援を得るために必要な一歩を踏み出すことが遅れることがあります。

● トリートメントギャップ：スティグマの存在により，精神疾患があることを理由に身体疾患の治療を断られることがあります。それによりトリートメントギャップ（治療が必要な人と実際に治療を受けている人の間のギャップ）が生じます。

● 社会的孤立：精神疾患に対するスティグマは，当事者が自分の状況を他人に共有することを難しくします。これは社会的孤立を引き起こし，その人のメンタルヘルスをさらに悪化させる可能性があります。

● 自尊心の低下：スティグマが自尊心や自己効力感を低下させ，回復のプロセスを妨げる可能性があります。

（2）様々なスティグマ

　スティグマには，周囲の人が当事者に対して抱く「パブリックスティグマ」，当事者が自分自身に対して抱く「セルフスティグマ」といった個人レベルのスティグマの他，社会構造レベルのスティグマなどが知られています[1) 2) 3)]。

　パブリックスティグマには，①知識の欠如，②否定的な考え方や感情（偏見），③偏見から生じる行動（差別）といった問題が含まれます[3)]。知識の欠如は，「精神疾患は治らない」「精神疾患にかかるのは心が弱い人」といった誤った理解につながるという点で問題があります。否定的な考え方や感情（偏見）の例としては，「精神疾患は怖い」といった偏った感覚や，精神疾患を持つ人に否定的な感情を抱くことなどが考えられます。偏見から生じる行動（差別）としては，精神疾患を持った人を雇用しない，友だちづきあいをしない，偏見が態度に表れるなど，その人を排除するような行動などがあります。

　セルフスティグマとは，「自らにレッテルを貼る」ことです。実際に差別や偏見を受けているのか，どの程度受けているのかは別として，精神疾患に関する誤った情報を自分自身に当てはめて，「精神疾患を持っている自分には価値がない」などと思い込んでしまう状態をいいます[4)]。

　社会構造レベルのスティグマとしては，メンタルヘルス対策への国や自治体の予算が少ないといったことが例として挙げられます。

　精神疾患を持つ人は，病気の症状でつらい思いをするだけでなく，このスティグマによる困難にも向き合うことになりかねないということを，私たち個人，そして社会全体で認識する必要があります。

（3）スティグマを減らすために

　スティグマを減らすための試みは，これまで世界中で様々な形で行われてきましたが，次のような取り組みが効果的であるとされています[5)]。こうした取り組みを参考に，適切かどうか十分に検討を重ねた上で，学校現場での教育や指導に「スティグマを減らすための試み」を取り入れることが重要です。

①正しい知識を伝えること

　スティグマを減らすことを目的とする教育では，精神疾患に関する正しい知識，すなわち「精神疾患は誰もが経験しうること（疫学的な情報）」「精神疾患は回復可能であること」「誰もが地域生活を続けるために支援を受ける権利があること」などを伝えることが推奨されています。

　スティグマは，「自分たちとは異なる特性を持つ集団に属している人たち」に向けられるものです。したがって，5人に1人以上が生涯に1度は何らかの精神疾患を経験するということや，精神疾患は特に若者によくある病気であるといった疫学的な情報を伝えることで，精神疾患にかかることは自分に無関係なことではないという理解につながり，精神疾患を持つ人は「自分たちとは違う人」という考えを改めることが期待されます。

　また，一部の人々は，精神疾患を持つ人は社会的，職業的に機能することができないと誤解しています。精神疾患にかかったとしても，病気から回復したり，症状や障害とうまくつき合う方法を身につけて社会生活を送ったりしている人も多いということを示すことで，考え方が修正されることが期待できます。このような誤解の修正により，メンタルヘルス不調に対する治療や支援を求めることへの抵抗感が少なくなる可能性もあります。

　そして，誰もが地域生活を続けるために支援を受ける権利があること，つまりソーシャルインクルージョン（社会的包摂）の視点を含むメッセージやキャンペーンも，スティグマを減らす上で効果的であることが知られています。精神疾患の有無やその程度に関わらず，同じ地域で共に生活していくという考え方を浸透させることが大切です。

②精神疾患を持つ当事者との交流

　精神疾患を経験した当事者と交流することや，当事者の生活に接することは，スティグマを減らすために非常に効果的であると考えられています。精神疾患を経験した人と直接接することが，スティグマを減らす上で最も効果的であるといわれていますが，当事者と直接会えない場合には，インタビュー映像などを通じて話を聞くことでも，スティグマを減らす効果があることも示唆されています[6]。高校生に当たる年代の若者に対しては，よく練られた授業計画の中で，当事者と生徒が一緒に能動的な活動をすることや，十分に検討された内容の動画をみることによって，スティグマが減る可能性が示されています[7][8]。

　スティグマは，相手を自分たちと異なる集団に属する人とみなすことから生じるといわれています。そのため，当事者の実際の姿や生活を知ることで，精神障害を持つ人を自分たちの身近な存在として感じることができ，誤解から生じている恐怖や抵抗感が和らぐものと考えられています。

　ただし，ただ交流する機会を持てば精神疾患に対するスティグマが減るわけではないことにも注意が必要です。例えば，精神疾患を持つ人を支援する立場の人は，日常的に当事者と接触する経験を持っていますが，一般の人と比較してより強いスティグマを持っているとの指摘もあります[9][10]。スティグマの低減に効果的な交流の例としては，「共通の目標」を持って一緒に何かをする場合が挙げられます[11]。先に挙げた，「当事者と生徒が一緒に能動的な活動をすること」もこれに当たります。こうした観点から，教育や指導の内容が適切か，よく検討する必要があるでしょう。

　他には，同じ職場で同僚として一緒に働くことや，一緒に研究を行うことなども考えられます。近年，研究の領域では，研究者が患者・市民の知見を参考にする「研究への患者・市民参画（Patient and Public Involvement：PPI）」の重要性が注目されています。PPIにより精神疾患を持つ人との協働を推進することも，スティグマを減らすことにつながるかもしれません。

3.「リカバリー」の考え方

(1)精神疾患からの回復過程

　精神疾患からの回復のプロセスは人それぞれですが，多くの場合は治療や支援により回復し，社会の中で安定した生活を送ることができるようになります。身体疾患と同じように，精神疾患も，短期間で回復する場合もあれば，長くつき合っていく場合もあります。

　どのような治療や支援をすれば回復に近づくかについても人それぞれで，身体の治療をすることでメンタルヘルス不調が改善することもあれば，仕事や学校を一定期間休むことで回復する場合もあります。生活環境の調整や，人との関わり方を変えることが役立つかもしれませんし，薬物療法がよく効く場合もあれば，物事の捉え方を見つめ直すことで回復していく場合もあります。どのような方法がその人にとっての回復の助けになるかについては，精神疾患の治療を専門とする医師や，その他のメンタルヘルスの専門家に相談しながらその人に合った方法をみつけていくのがよい場合もあります。そのため，回復のためには，こうした専門家による治療・支援・様々なサポートの選択肢についての情報が，メンタルヘルス不調を持つ人や，その周囲の人に届くこと，そしてその情報を元に自分に合ったサポートを選べることが重要です。

　できるだけ早くよくしたいという気持ちから，焦って無理をすると回復が遅れることがありますので，本人も，周囲の人も，焦らずにじっくりと治すという気持ちを持つことが大切です。誰しも，症状や障害は完全になくしたいと願うものですが，症状が完全になくなり，障害を残さない場合もあれば，何らかの症状や障害が残る場合もあります。

　では，症状や障害が残った場合は，充実した人生を送ることをあきらめなければならないのでしょ

うか。そうではありません。身体疾患でも，精神疾患でも，すぐには完治が難しい病気を持つ人が，希望に満ちた生き生きとした生活を送ることは十分に可能です。それが，「リカバリー」の考え方です。

（2）リカバリーとは

リカバリーに相当する日本語は「回復」ですが，リカバリーとは，単に症状や障害が回復するというだけの意味ではなく，たとえ病気の症状や障害があったとしても自分らしく充実した人生を送ることであり，個人の態度や価値観，感情や目標，スキルや役割などが変化していく過程のことを指します[12]（⇒参考 1-1-① メンタルヘルスの現状）。

ある人にとっては，リカバリーとは，仕事をみつけて一人暮らしができることを意味しているかもしれませんし，別の人にとっては，家族と一緒に穏やかに暮らすことがリカバリーを意味するかもしれません。つまりリカバリーとは，精神疾患を持つ本人固有のものであり，家族や支援者が「こうあるべき」と決めるようなものではありません。支援者には，本人の症状や悩みを取り除くことばかりではなく，本人が自分自身で生活を組み立てていくプロセス，つまりその人の人生を主体とした支援をする姿勢が望まれます。

（3）ストレングスをみつける

精神疾患を持つ本人も，その周囲の人も，精神疾患を持ったことによる「困った症状」「できなくなったこと」など，マイナスの側面に目が向きがちです。そのような状態に早めに気づいて対処することは大切なことですが，リカバリーを支援する上ではそればかりに着目するのではなく，本人の持つストレングス（強み）に目を向けることも大切です。なぜなら，病気や障害があったとしても，その人のよい部分が無くなってしまっているわけではないからです。

ストレングスは，性格や趣味，知識や技能などの個人が持っている能力だけに限らず，家族の力，頼ることのできる人脈，地域の社会資源なども含まれます。また，一見ストレングスにみえないようなことでも，見方を変えればストレングスといえる場合もあります。例えば，優しい，思いやりがある，頑張り屋である，といった性格は，好ましい性格としてのわかりやすい例です。しかし，一見，好ましくない性格のようにみえても，見方を変えれば好ましい性格といえる場合も少なくありません。例えば，「傷つきやすい」という性格傾向は，「感受性が豊か」ということかもしれません。また，「小さなことにこだわりすぎる」性格傾向は，「几帳面で緻密」ともいえます。

このようなストレングス，すなわち「肯定的な部分や健康的な面」を生かすような関わりをすることは，本人のリカバリーの後押しになると考えられます。

（4）他者との関わりの重要性

人は，他の人々との関わりの中で，自分と他者との情緒的・感情的なつながりを深めながら，生涯にわたって成長を続けます。そして，相互に支え合う家族や友人のネットワークを通じて，自分の居場所をみつけていきます。

精神疾患のリカバリーにおいても，家族や友人などの身近な他者との関わりがプラスに働くことが知られています[13]。サポーティブな（専門家ではない）他者が，本人と地域の様々な資源や専門家との重要な橋渡し役となることにより，本人が必要とする支援につながりやすくなることも期待されます。

精神疾患を持つ人々を正しく理解し，温かく見守ることのできる社会が，精神疾患のリカバリーにおいて最も必要なことなのかもしれません。

〈藤井千代〉

第1部 文献

〈第1部共通〉
ⅰ）厚生労働省：令和4年版自殺対策白書．令和2年における年齢階級別にみた主な死因の構成割合（男女計）
https://www.mhlw.go.jp/content/r4h-2-3.pdf（2023年6月9日確認）
ⅱ）自殺の統計：地域における自殺の基礎資料（令和4年）令和4年確定値その2　https://www.mhlw.go.jp/
stf/seisakunitsuite/bunya/0000197204_00008.html（2023年5月12日確認）
ⅲ）Nishi, D., Ishikawa, H., Kawakami, N.: Prevalence of mental disorders and mental health service
use in Japan. Psychiatry and Clinical Neurosciences, 73: 458-465. 2019
ⅳ）内野敬，小辻有美，飯田さとみ他：若年者に向けたワンストップ相談センター「SODA」の試み―これまでの
精神科早期介入から地域における早期相談・支援へ―．精神神経学雑誌123：126-137，2021

〈第1章〉
①メンタルヘルスの現状
1）文部科学省：平成30年度児童生徒の問題行動・不登校等生徒指導上の諸課題に関する調査結果の概要
https://www.mext.go.jp/content/20191217_mxt_syoto02-000003300_8.pdf（2023年3月23日確認）
2）文部科学省：児童生徒の問題行動・不登校等生徒指導上の諸課題に関する調査結果の概要　https://www.
mext.go.jp/content/20201015-mext_jidou02-100002753_01.pdf（2023年3月23日確認）
3）アメリカ精神医学会，日本精神神経学会日本語版用語監修，髙橋三郎，大野裕監訳：DSM-5 精神疾患の診断・
統計マニュアル．医学書院，2014
4）川上憲人ら：精神疾患の有病率等に関する大規模疫学調査研究：世界精神保健日本調査セカンド，2016
5）Kessler, R. C., G. P. Amminger, S. Aguilar-Gaxiola, J. Alonso, S. Lee, and T. B. Ustun.: Age of onset
of mental disorders: A review of recent literature. Current Opinion in Psychiatry, 20(4): 359-364.
2007
6）こころの健康教室　サニタ　https://sanita-mentale.jp/（2023年3月23日確認）
7）Wang, P. S., Aguilar-Gaxiola, S., Alonso, J., et al.: Worldwide use of mental health services for anx-
iety, mood, and substance disorders: Results from 17 countries in the WHO World Mental Health
(WMH) surveys. Lancet, 370(9509): 841-850. 2007
8）水野雅文：地域精神医療の現状と動向．齋藤正彦編：講座 精神疾患の臨床7　地域精神医療　リエゾン精神医
療　精神科救急医療．27．中山書店，2022
9）Headspace. National Youth Mental Health Foundation　https://headspace.org.au/（2021年12月
13日確認）
10）Welcome to talk 精神科医・心理士によるオンライン健康相談　https://welcometotalk.co.jp/（2023年3
月23日確認）
11）大野裕，中野有美，認知行動療法教育研究会：しなやかなこころをはぐくむ　こころのスキルアップ教育の理
論と実践．大修館書店，2015

②なぜ今メンタルヘルス教育が求められているのか
1）文部科学省：高等学校学習指導要領，2018
2）公益財団法人日本学校保健会：保健教育の指導と評価―令和4年度版―，2023
3）文部科学省：小学校学習指導要領，2017
4）文部科学省：小学校学習指導要領解説　体育編，2017
5）文部科学省：中学校学習指導要領，2017
6）文部科学省：中学校学習指導要領解説　保健体育編，2017
7）文部科学省：高等学校学習指導要領解説　保健体育編　体育編，2018
8）公益財団法人日本学校保健会：現代的な健康課題対応委員会（心の健康に関する教育）報告書，2015
9）公益財団法人日本学校保健会：平成27年度事業報告書，2016
10）中央教育審議会：幼稚園，小学校，中学校，高等学校及び特別支援学校の学習指導要領等の改善及び必要な方
策等について（答申），2016
11）文部科学省：外部講師を活用したがん教育ガイドライン．平成28年　令和3年3月一部改訂，2021

③精神疾患とは

1) 文部科学省：令和3年度児童生徒の問題行動・不登校等生徒指導上の諸課題に関する調査結果，2022

2) 厚生労働省：令和3年版自殺対策白書，2021

3) 厚生労働省：平成29年（2017）患者調査，2019

4) 文部科学省：早寝早起き朝ごはんで輝く君の未来〜睡眠リズムを整えよう！〜（中学生・高校生等向け普及啓発資料）（令和3年度改定），2021

5) Ito, S., Nemoto, T., Tsujino, N., et al.: Differential impacts of duration of untreated psychosis (DUP) on cognitive function in first-episode schizophrenia according to mode of onset. Eur Psychiatry 30: 995-1001, 2015

6) 水野雅文：精神疾患の早期発見と早期治療．精神神経学雑誌110：501-506，2008

7) 根本隆洋，清水徹男，田中邦明他：精神科早期相談・支援の社会実装—MEICISプロジェクト—．日本社会精神医学会雑誌31：272-277，2022

8) 小塩靖崇：学校における保健教育とスティグマの改善，そこでの当事者の果たす役割について．日本社会精神医学会雑誌29：152-160，2020

④精神疾患の早期支援・回復のために

1) Corrigan PW and Watson AC: Understanding the impact of stigma on people with mental illness. World Psychiatry. 1(1): 16-20, 2002

2) Rüsch N, Angermeyer MC and Corrigan PW: Mental illness stigma: concepts, consequences, and initiatives to reduce stigma. Eur Psychiatry. 20(8): 529-539, 2005

3) Thornicroft G, Rose D, Kassam A, et al.: Stigma: ignorance, prejudice or discrimination? Br J Psychiatry. 190: 192-193, 2007

4) Brohan E, Slade M, Clement S, Thornicroft G.: Experiences of mental illness stigma, prejudice and discrimination: a review of measures. BMC Health Serv Res, 10: 80, 2010

5) Clement S, Jarrett M, Henderson C, et al: Messages to use in population-level campaigns to reduce mental health-related stigma: consensus development study. Epidemiologia e psichiatria sociale, 19: 72-79, 2010

6) Yamaguchi S, Ojio Y, Ando S, et al.: Long-term effects of filmed social contact or internet-based self-study on mental health-related stigma: a 2-year follow-up of a randomised controlled trial. Soc Psychiatry Psychiatr Epidemiol. 54: 33-42, 2019

7) Gaiha SM, Salisbury TT, Usmani S, et al.: Effectiveness of arts interventions to reduce mental-health-related stigma among youth: a systematic review and meta-analysis. BMC Psychiatry 21: 364-364, 2021

8) Goodwin J, Saab MM, Dillon CB, et al.: The use of film-based interventions in adolescent mental health education: A systematic review. J Psychiatr Res, 137: 158-172, 2021

9) Schulze B: Stigma and mental health professionals: A review of the evidence on an intricate relationship. International Review of Psychiatry, 19: 137-155, 2007

10) Corrigan PW, & Shapiro JR: Measuring the impact of programs that challenge the public stigma of mental illness. Clinical Psychology Review, 30: 907-922, 2010

11) Cook SW: Experimenting on social issues: The case of school desegregation. American Psychologist, 40: 452-460, 1985

12) Anthony WA: Recovery from mental illness: the guiding vision of the mental health service system in the 1990s. Psychosoc Rehabil J 16: 11-23, 1993

13) Nelson G, Lord J, & Ochocka J: Empowerment and mental health in community: Narratives of psychiatric consumer/survivors. Journal of Community & Applied Social Psychology, 11: 125-142, 2001

① うつ病

　うつ病は非常に多くの方がかかる精神疾患です。一生のうちに1度でもかかる人（生涯有病率）は全人口の15％という研究報告もあります。WHO（世界保健機関）は，2004年時点での，人類が健康で長生きな生活を送ることを阻害する疾患は，1位が肺炎，2位が下痢，3位がうつ病であると発表しました。そして2030年の予測では，発展途上国での衛生環境や医療の発展により，肺炎と下痢は順位を下げて，うつ病が1位になるとしています。

　このようにうつ病は，人類が健康で長生きな生活を送るのを最も阻害する疾患の1つです[1]。また，現代の日本では，うつ病はもはや大人だけの病気ではなく，10代での発症も増えています。うつ病をはじめとする精神疾患について正しい知識を身につける必要が，生徒だけでなく保護者や学校関係者にもあるといえます[2]。

1.　うつ病はどんな病気？

　うつ病を発症すると，気分がひどく落ち込み，楽しいと感じることがなくなります。これを「抑うつ気分」といいます。そしてうつ病では，この抑うつ気分がほぼ1日中続くのが特徴です。「うつ」という言葉そのものは，日常でもよく使われます。「最近，親が勉強しろとうるさくて，憂うつなんだよね」というようにです。この何となくの気分の落ち込みや元気が出ない感じは，時間が経過したり，楽しいことがあったりするとよくなることが大半でしょう。ところがうつ病は単なる気分ではなく病気です。何もしないで，先ほど述べた「抑うつ気分」がよくなることはほぼありません。

　では，うつ病の抑うつ気分とちょっとした気分の落ち込みは何が違うのでしょうか。1つの特徴としては，うつ病の抑うつ気分は2週間以上続くということです。また，医療機関がうつ病と診断する時には，感情や意欲などの精神症状と睡眠や食欲，疲れやすさなどの身体症状をあわせてチェックします。うつ病も含めた心の健康についてのチェックリストを図示しました（図1）。当てはまる＝うつ病というわけではありませんが，自分の心の健康状態を知る目安になります。

図1　心の不調チェックリスト（うつ病含む）

　この2週間に，何日も次のようなことに当てはまる場合は注意が必要。ただし，当てはまったとしても病気とは限りません。

□寝つきが悪くなったり，早く目覚めてしまったりする

□食欲がなかったり，反対に食べ過ぎてしまうことがある

□腹痛，便秘，下痢，吐き気，頭痛，めまい，疲れがなかなかよくならない

□気分が晴れない，悲しい気持ち，落ち着かなさやイライラ感が続く

□何かをするのが面倒になった。好きなことに興味が持てなくなった

□日常生活の小さな出来事に悩んでしまうことが多い

□集中して本を読んだり，TVをみたりすることができない。忘れ物が増えた

□将来について「生きる価値がない」「すべて終わりにしたい」と思うことがある

2. うつ病の症状

(1) 感情面での症状

うつ病になると，感情面では「抑うつ気分」「興味や喜びの消失」といった症状が表れます。
- 「抑うつ気分」…憂うつになる，気分が落ち込む，悲しい気持ちになる
- 「興味や喜びの消失」…今まで楽しめていた活動が楽しめずに興味がなくなる

このどちらかが該当するとうつ病の可能性があります。

他の症状としては，むなしい，寂しい，急に涙が出てくる，不安になる，イライラするなどがあります。また状態が悪化すると，興味や喜びだけでなく，怒りや悲しみといったネガティブな気持ちさえも感じられなくなってしまうことがあります。

(2) 意欲や行動，思考面での症状

うつ病は感情面だけでなく，意欲や行動，思考にも影響が出ます。意欲が出ない，集中できない，考えがまとまらないなどの症状が表れて，普段の生活に支障が出てきます。この生活への支障もまた，うつ病と診断する上での大事な基準です。学校生活では，授業中にぼーっとしている，成績が低下する，話を聞いていないことが増える，会話量が減るなどの変化には要注意です。

思考面では，自分を責めてしまう，悲観的になる，マイナス思考からなかなか抜け出せなくなるのもうつ病の症状です。特に注意する必要があるのが，うつ病の症状として死にたくなってしまうことがあるということです。これを「希死念慮」といいます。これはあくまでもうつ病の症状の1つで，積極的に死にたいわけではなく，「今の辛さから逃れたい」「楽になりたい」「消えてしまいたい」といった気持ちの方が本心に近いです。実際に行動に移すことはさほど多くないですが，中には衝動的に実行してしまう人もいます。症状が重い場合は，行動を起こす気力すらないので，初期や改善してきている時期が危険です。

(3) 身体面での症状

うつ病の症状というと，精神面での不調が注目されがちですが，身体面の不調も頻繁に表れます。典型的なのは，睡眠障害と食欲不振です。睡眠障害には色々なタイプがありますが，共通するのは睡眠の質が悪化することで，翌日の生活に支障が生じることです。学校という場面では頻繁に遅刻や欠席をする，朝の準備時間が足らないことで身だしなみがだらしなくなる，忘れ物が増えるなどがあります。

また，うつ病では，人によって様々な身体面での不調が表れます。例としては，頭痛，肩こり，腹痛，便秘や下痢，吐き気，疲労感，だるさ，立ちくらみ，めまい，生理不順，性欲の低下などです。精神面での不調が自覚しづらい，また身体面での不調だけが表れる人もいるため，早期発見が難しい場合もあり，治療開始が遅れがちになります。

3. うつ病の治療

うつ病を含む心の不調の治療は，精神科の医療機関で行います。心療内科やメンタルヘルス科といった名称のこともあります。似た名前の科としては神経内科がありますが，こちらは脳や神経の病気を診察する内科になります。いきなり精神科を受診するのは敷居が高いと感じることもあるため，まずは身近な専門家，例えば養護教諭やスクールカウンセラー，学校医に相談することで適切な医療機関につなげてもらえるでしょう。

図2　脳内の神経伝達物質

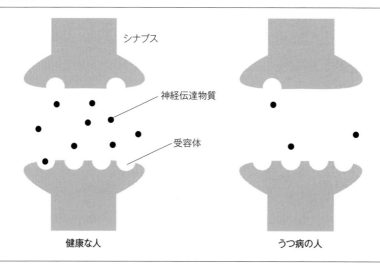

　うつ病の治療方針を決めるに当たって，医療機関では，まず問診が行われます。問診では先ほどの精神面，身体面での症状や生活への支障の程度，またどういう経緯でこのような状態に至ったかなどを聞き取ります。医師はこれらの情報をもとに，診断や見立てを行い治療方針の決定をします。うつ病の治療には3本柱があります。(1) 精神療法，(2) 生活指導，(3) 薬物療法です。状態の重さに関わらず，治療として行われるのが精神療法と生活指導です。軽症でない方に対しては薬物療法が必要になります。

（1）精神療法

　精神療法とは，対話を通して患者さんの心に働きかける治療法です。社会復帰のためのサポートやトレーニングも含めて「心理社会的治療」とも呼ばれます。代表的な精神療法には，患者さんの気持ちに共感しながら話を聞き，不安感を和らげる「支持的精神療法」と，患者さんの考え方のクセに注目して，悲観的な捉え方や考え方を徐々に変えていく「認知行動療法」があります。また「マインドフルネス」という自分の心身の不調に気づく力を伸ばす考え方や行動があり，うつ病の治療や心の健康を保つのに有用です。

（2）生活指導

　生活指導では睡眠や食事，運動や気分転換，休養や周囲のサポートを得られるような働きかけなどがあります。特に休養は自分でもできる治療法として，有効です。精神療法と生活指導は明確に区別されるものではありません。医師が，精神療法的な関わりを交えた生活指導を行うなど，何気ない会話の中でこれらの治療法をちりばめています。

（3）薬物療法

　うつ病の人は，脳内の神経伝達物質（モノアミン）が減少しています（図2）。代表的なモノアミンには，セロトニン，ノルアドレナリン，ドーパミンがあります。「抗うつ薬」は，このモノアミンの働きを促進して，バランスを整える作用があります。大部分の人には効果がありますが，副作用もあるので注意が必要です。抗うつ薬によって，脳の機能不全は徐々に改善しますが，うつ病を根本的に治すものではありません。月単位，年単位でじっくりと治療を行っていきます。また症状によっては不安感を和らげる「抗不安薬」や，睡眠を整える「睡眠薬」が使われます。こちらもうつ病そのものを治療するというよりは，困っている症状を和らげるという目的で使われます。

（4）その他の治療

　以上の代表的な３つの治療法以外にも，電気療法，磁気刺激療法，運動療法など，様々な治療法があります。症状が重い場合，治療効果が思わしくない場合，薬物療法が副作用で続けられない場合などに選択肢として検討されますが，どの医療機関でも受けられるというものではありません。

4.　うつ病の経過

　うつ病の治療を開始すると，個人差はありますがゆっくりと改善していきます。まず症状が改善し，苦痛が取れてくるのに１〜３ヵ月かかります。これを「寛解」といいます。その後，治療を続けながら寛解状態が４〜６ヵ月以上続き，日常生活への支障がほぼなくなった状態を「回復」といいます。この経過は，よくなったり，悪くなったりしながら段々とよくなるのが特徴なので，一喜一憂せず，ゆっくり焦らず治療をするのが大事です。

　また，うつ病は治療経過中にまた具合が悪くなることがある病気です。特に治療を早期に中断してしまうと，再燃（寛解した後にうつ病をぶりかえす）や再発（回復した後にうつ病をぶりかえす）をしてしまいます（図3）。

　また再燃や再発を繰り返すとうつ病は慢性化し，治療効果が得られにくくなったり，なかなか元の生活に戻れなかったりします。そのため，うつ病の治療では，症状が改善した後も治療を継続する必要があります。ただし，必ずしもうつ病の薬を一生飲み続けないといけないというわけではありません。しばらく回復状態が継続できていれば，薬物療法以外の治療法をしっかりと続けることで薬をやめても再発しないで生活を送ることは可能です。ただ，これまでに再燃や再発をしたことがある場合には先ほど述べた慢性化を防ぐことが何より大事なので，長期間の服薬が必要になることは珍しくありません。これは，高血圧や糖尿病などの内科疾患の治療と同様です。

図3　うつ病の経過

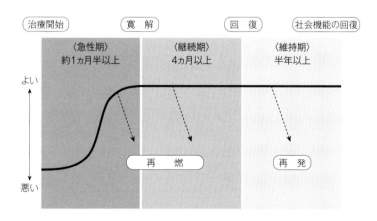

5. 躁うつ病

　うつ病と似た名称を持つ精神疾患に「躁うつ病」があります。現在は「双極性障害」という診断名を用います。双極性障害は，抑うつ気分や意欲低下などの症状を呈する「抑うつ状態」と，極端に調子がよい，ハイテンションで活動的になる，気分が高ぶってイライラする，怒りっぽいなどの症状を呈する「躁状態」を交互に繰り返す精神疾患です。抑うつ状態は，うつ病と共通するところも多いですが，一部は統合失調症の陰性症状とも共通します。また躁状態は，統合失調症の陽性症状でみられるものと共通するところがあります。

　双極性障害はうつ病と間違えられやすい病気です。これは，躁状態の時は本人に病気だという認識がなく，抑うつ状態の時に医療機関を訪れることが大半だからです。また，本人に話を聞いても，調子のよい時期という認識なので，注意深く医師が問診をしても過去の躁状態を特定できないこともあります。症状としてはうつ症状の中でも過眠や過食が双極性障害を示唆するという報告もあります[3]。また，双極性障害は70%が25歳までに発症する若年発症の精神疾患であり，全体の25%～40%が20歳未満に発症するという報告もあります[4]。

　双極性障害は，うつ病とは治療方針，特に薬物療法の治療方針が異なります。最大の違いは，抗うつ薬についてです。うつ病の人には，抗うつ薬が効果的ですが，双極性障害の人に抗うつ薬を処方すると，よくならないか，躁転（躁状態になってしまう）する可能性が高いので，現在はあまり使われなくなりました。双極性障害の場合には，躁状態と抑うつ状態の両方を和らげる気分安定薬や抗精神病薬などの薬を使用します。

6. 思春期のうつ病～学校において気をつけたいこと～

　思春期は成長過程にあるため，精神状態や気分，感情が変わりやすく，自分を客観視する，言葉で表現する能力が成人に比べて未成熟な部分もあります。そのため普段の生活の様子を把握（学校・家庭）し，会話の内容や話し方，振る舞い，表情，服装などの変化に気づけるかどうかが鍵になります。イライラや気性の激しさは，若年の精神疾患全体に共通する症状です。特に，うつ病の主な症状とされる抑うつ気分は思春期の場合，イライラした気分として表れることが多い点にも注意が必要でしょう[i]。

　また，うつ病なのか躁うつ病なのか，あるいは別の病気なのかという診断は医療機関で専門医が行います。そのため学校関係者の役割としては，まずはうつ病も含めた精神疾患の可能性を考慮しながら心や体の不調に気づくこと，何か具体的な相談があれば，話を聞き，相談してきた生徒の助けになることを保証し安心感をもたらすこと，そして不調が一時的でない場合には身近な専門家につなげることが大事です。

　そして，うつ病の診断がつき，治療を受けることができた人に対しては，心理社会的治療の一員として，決してその人の行動や発言を「甘え」やサボりと決めつけずに，病気の症状だと理解することや，否定せずに無理のない範囲で話を聞き，受け止めることが大事です。ただし，何から何までを1人の教員が無理に抱えこむ必要はありません。教員自身の健康も大切にして，周囲や専門家とチームで共有しながら生徒と接することも大切です（⇒参考 3-4-① 学校でのメンタルヘルス対応の基本，3-4-② メンタルヘルス教育Q&A　全学校関係者（チーム学校）編）。

〈多田光宏・仁王進太郎〉

② 統合失調症

1. 統合失調症とは

　統合失調症は120人に1人が罹患する（発症危険率が約0.8%）といわれる，精神科における代表的な疾患であり，10歳代後半から30歳代の若者に好発します。わが国の調査（2017年）では，精神疾患患者総数419.3万人のうち，統合失調者圏の患者が79.2万人を占めます[1]。入院患者においては，総数30.2万人のうち15.4万人と，半数以上を占めます[2]。かつては非常に治りにくいというイメージがありましたが，心の働きの多くは保たれ，様々な治療法の開発により予後が改善されつつあります。

　原因については，脳内の神経伝達物質であるドーパミンの異常などが仮説として提唱されていますが，依然として明確な病因や発症過程は明らかではありません。双生児や養子の調査において，一卵性双生児で2人とも統合失調症を発症するのは約50%にとどまります[2]。よって，遺伝的な影響はあるものの，その関与は部分的であることがわかります。進学・就職・独立・結婚などの人生の進路における変化が発症の契機（誘因）となることも多く，統合失調症の原因には素因と環境の両方が関係しているといえます。

2. 症状

　模擬症例の中に代表的な症状を示します（資料1）。

　統合失調症の症状は，通常では体験しないような陽性症状（精神病症状）と，通常よりも低下した状態にある陰性症状に分けられます。

　陽性症状として，幻覚，妄想，精神運動興奮などがみられます。幻覚とは，実際にはないものが感覚として感じられることで，統合失調症で最も多いのは，誰もいないのに人の声が聞こえてくる，他の音に混じって声が聞こえてくるという幻聴（幻声）です。声の内容は，「お前は馬鹿だ」などと本人を批判・批評する内容，「あっちへ行け」などと命令する内容，「今トイレに入りました」などと本人を監視しているようなものが代表的です。普通の声のように耳に聞こえて実際の声と区別できないものや,頭の中に直接聞こえる感じのものがあります。周囲の人からは,幻聴に聴き入ってニヤニヤ笑っている（空笑），幻聴との対話でブツブツいっている（独語）とみえることが少なくありません。

　妄想とは，明らかに誤った内容であるのに固く信じ，周囲が訂正しようとしても受け入れられない考えのことです。例として，「街ですれ違う人に紛れて，敵が自分を襲おうとしている」（迫害妄想），「あの人の咳払いは自分への警告だ」（関係妄想），「道を歩くと皆がチラチラと自分をみる」（注察妄想），「警

資料1　統合失調症の模擬症例

・17歳の男性。高校2年生，両親に伴われて来院した。
・両親と同居している。1年ほど前から次第に無口になり，自室に閉じこもることが多くなった。高校へもほとんど行かなくなった。
・最近，まるで誰かと会話している調子で独り言をいうが，小声で，何といっているかは聞き取れない。ときどきニヤニヤと笑ったりもするが，なぜ笑うのかと聞いても，別に何でもないという。
・窓を開けて外を見回し，誰も来ないのに「今，外にいたのは誰？」と家族に聞いたりする。
・数日前，突然家からいなくなり，2日後に戻ってきたが，どこにいたかは語らない。昨日，テレビのアンテナを工具で切断してしまった。

察が自分を尾行している」（追跡妄想）などがあり，これらを総称して被害妄想と呼びます。「自分は高貴で世界を動かす力がある」といった誇大妄想を認める場合もあります。

妄想に近い症状として，思考や行動を自分自身が行っているという感覚が損なわれてしまうことから生じる自我障害があります。「考えていることが声となって聞こえてくる」（考想化声），「自分の意思に反して誰かに考えや体を操られてしまう」（作為体験），「自分の考えが周囲に知れわたっている」（考想伝播）などが代表的なものです。

幻覚や妄想の内容は，大切にしていることや劣等感を抱いていることなど，患者本人の価値観や関心と関連していることが多いのですが，もともとは自分の気持ちや考えに由来するものであるからといえます。幻覚や妄想の多くは，患者にとっては真実のことと体験され，不安で恐ろしい気分を引き起こします。無視したり，放っておいたりすることができず，否応なくその世界に引きずり込まれてしまいます。幻聴や妄想に従って支配されてしまうこともあります。周囲から「本当の声ではない」「正しい考えではない」と説明されても，信じることができない状態に陥っています。

陰性症状として，感情の障害や意欲の低下がみられます。感情の動きが少ない，物事に適切な感情がわきにくい（感情鈍麻），感情を適切に表せずに表情が乏しく硬いなどが表れます。また，他人の感情や表情についての理解が苦手になり，相手の気持ちに気づかなかったり，相手を誤解したりすることも増えます。対人関係において自分を理解してもらったり，相手と気持ちの交流をもったりすることが苦手になってしまいます。

意欲の障害として，仕事や勉強をしようとする意欲が出ずにゴロゴロばかりしてしまう（無為），部屋が乱雑でも整理整頓する気になれない，入浴や洗面などの身辺の清潔にも構わないなどがみられ，無口で閉じこもった生活となることも少なくありません（自閉）。

陽性・陰性症状に加えて，注意力，記憶力，計画・実行力，対人関係などに関する脳の情報処理能力（認知機能）の低下もみられます。それらは円滑な日常生活や社会参加における困難（社会機能障害）に深く関与します。近年は，合併する対人恐怖症状（社交不安症状）が社会機能に及ぼす影響も注目されてきています。また，病識（自分の病的体験に対する洞察）が障害されるため，自身の体験が異常であると認識することが困難です。

---

3. 診断

統合失調症の診断は，患者本人の診察や家族の報告を踏まえて，主に症状とそれまでの経過に基づきなされます。現在のところ，実用できる生物学的な検査法は確立されていません。合致する項目やその数などから判定する操作的な診断基準として，世界保健機関（WHO）によるICD-11[iii]と，アメリカ精神医学会によるDSM-5[i]がよく知られています。これらに基づき，統合失調症のチェックリストを図1に示します。

図1　統合失調症チェックリスト（文献 i, iiiを参考に作成）
次の複数の項目が1ヵ月間ほとんどいつもみられるような場合は注意が必要。ただし，当てはまったとしても病気とは限りません。

□明らかに誤った内容を固く信じて疑わない
□実際には聞こえない，みえないものを感じている
□つながりに欠け，まとまりのない会話を続ける
□ひどくまとまりのない行動が目立つ
□奇異な行動がみられる
□喜怒哀楽の感情の変化が乏しい
□意欲が著しく低下している

4．治療

　なるべく速やかに抗精神病薬（統合失調症の薬）による治療を開始して支援の充実を図り，症状の改善と生活機能の維持に努めることが重要です。発症から3〜5年間は治療の成否を決定づけ，予後を左右するといわれます。良好な予後を目指して初回エピソード（発症間もない時期）の段階に統合的かつ集中的な治療を行い，病態の進行を阻止することが極めて重要です。

　発症から治療開始までのタイムラグを表す「精神病未治療期間（duration of untreated psychosis, DUP）」が，転帰を予測する指標の1つとされています。早期に不調を発見し遅滞なく治療を開始しDUPを短縮することは，治療反応性や改善の程度，再発率などに良好な影響を及ぼすことが示されています[3]。

　このように，速やかな抗精神病薬の投与を要するものの，一方で，病識の欠如や精神医療に対するスティグマ（偏見）のために，治療導入が困難なことが少なくありません。そのため，メンタルヘルスや精神疾患に関する学校教育は，速やかな治療の開始に導き，良好な予後を達成すると期待されます。

　治療は薬物療法と心理社会的療法（非薬物療法）が両輪となり，双方とも欠かせません。薬物については，副作用の軽減された新規抗精神病薬を低用量から開始するのが原則となります。薬剤選択は，患者の臨床的な特徴や副作用のリスクを考慮してなされます。病初期は心理的及び環境的な影響を受けやすく，特に発症後2〜3年以内は自殺のリスクが高いため細心の注意を要します[4]。

5．再発の予防

　統合失調症は再発（再燃）と寛解を繰り返し，慢性化することが少なくありません。再発を繰り返すほどに，生活機能がさらに低下するともいわれ，再発の防止は最重要事項といえます。再発の原因は，主に怠薬（服薬が不規則になる，もしくはやめてしまう）と過度なストレスといえます。

　初回エピソードの患者の1年後の再発率について，抗精神病薬を服用していた患者群の再発率は26％であったのに対して，偽薬（有効成分が含まれていない薬）を服用していた群では61％にのぼったとのメタ解析（多くの研究結果を総合的に解析すること）の報告がみられます。抗精神病薬の定期的な服薬が欠かせないわけですが，服薬を適切に継続することは決して容易ではなく，服薬や病気に関する指導や教育が必須といえます。継続的な服薬が難しい場合は，効果が長続きする持効性注射製剤の使用が検討されることもあります[5]。

　また，ストレスの管理（マネジメント）や再発徴候である「早期警告サイン」について学ぶことも，再発防止に極めて有効です。日頃のストレスとその対応を記録し，それに基づき有効な対処方法を見出していくといった，認知行動療法的な手法が有用です。明確な再発の前に，不眠などの徴候（サイン）がみられることが知られています。患者ごとに特徴がみられ，家族とともにそれらを同定し，対応を予め計画し共有しておくことは，再発リスクの高まりに対する迅速な介入につながります。よくみられる早期警告サインの例を示します（表1）。

　さらに，家族（介護者）のストレスが高まると，病状や再発率に負の影響を及ぼすことが知られて

表1　早期警告サイン

行動の変容	ひきこもり傾向，周囲への関心の低下，役割を果たせない
気分の変調	気分の落ち込み，不安感，イライラ感，怒りっぽい
知覚の変化	自分や周囲に対する過敏な感覚
身体的症候	不眠，食欲低下，疲れやすい

います。家族が患者に対して「批判的コメント」「敵意」「情緒的巻き込まれ過ぎ」を強く表出している状況は，患者の再発率を高めることが研究の中で明らかにされています。心理教育的家族療法を受けたり家族会を利用したりすることを促し，家族が知識を習得し，患者と家族の双方がストレスの軽減に努めることが大切です。

6. 社会復帰・社会参加を目指したリハビリテーション

　統合失調症においては，日常生活や社会生活における様々な支障や困難さがみられます。それらの要因を整理することが，治療や支援には重要です。その際，国際生活機能分類 (International Classification of Functioning, Disability and Health : ICF) に準じて考えるのがよいとされています。

　ICFでは人間の生活機能を「心身機能・身体構造」「活動」「参加」の3つの次元に区分し，それぞれの次元において困難な状態 (障害, disability) を「機能障害」「活動の制限」「参加の制約」とします。統合失調症においては，「機能障害」は認知機能障害と精神症状，「活動の制限」は身の回りの困難さ，「参加の制約」は社会と関わる際の困難さに当たります。こうした各次元における困難さを評価することで問題点を整理し，それぞれに応じた治療や支援方法を検討していきます。そして，適宜それらを組み合わせて統合的な治療・リハビリテーションを行うことが，社会復帰・社会参加へとつながるのです。

7. 学校において気をつけたいこと

　身体の病気と同じように，統合失調症も早期発見と早期治療がとても重要です。学校教育の現場で発症につながりうるようなサイン（徴候）に気づき，適切な相談や治療に結びつけることができれば，発症を予防したり，発症したとしても良好な予後に導いたりすることが期待できます。前述の「早期警告サイン」は，再発時のみならず初発時にもみられるものなので，発症リスクの早期発見に有用です。

　また，統合失調症を発症した児童生徒や学生への学校関係者の理解とサポートも欠かせません。精神疾患は身体の変化などが目にみえるわけではないので，周囲の人にとってなかなか理解しにくいところがあります。周囲の人々は「わからない」，そして本人は「わかってもらえない」というストレスを抱えることになります。病気についての理解が進むと，そうしたお互いのストレスが減り，病状や経過によい影響を与えます。症状や行動の変化を目の当たりにすると，別人になってしまった，すべて病気に支配されてしまっている，というように感じてしまうことがあるかもしれませんが，患者は不調な部分と元来の正常な心の部分とを併せ持っている状態であり，病気や症状は本人の一部分にしか過ぎないということを，いつも気に留めておいてください。

〈根本隆洋〉

③ 社交不安症

1. 不安症の概要

（1）不安とは

　不安は，誰もが生活の中でしばしば経験する感情です。試験の前や試合の時に，「大丈夫だろうか」「失敗しないだろうか」と不安になることがあります。あるいは，財布をなくしたり，友だちに冷たくされたりすると，不安になると思います。このような不安は，理由のある不安で自然な心の動きです。しかし，不安がずっと消えずに長く続いたり，不安のために勉強が手につかなくなったり，学校に行けなくなったりすると，生活していく上で困ります。

　不安とは，対象のはっきりしない恐れの感情（将来の脅威に対する予期）です。恐怖とは，対象のはっきりとした恐れ（現実の差し迫った脅威に対する情動反応）です。そもそも人が不安を感じるのは，生存のために必要なことです。危険を察知しそれを「不安」と感じることで，生命を脅かすような事態を回避しようとするのです。

　一方，病的な不安は，通常の不安とは異なり，原因が些細であるのに不安の程度が強く，ずっと強い不安を感じている状態で，過剰な不安です。電車や人混みなど不安を感じる状況を避けることを回避行動といいます。また，不安を生じた状況を想像すると不安になることを予期不安といいます。病的不安のため回避行動や予期不安が生じ，日常生活が困難になっている場合は，不安症である可能性があります。

（2）不安症の種類

　不安症には，いくつかの種類があります。不安や恐怖の特徴によって，表1のように分類されます（⇒参考 2-1-④ パニック症・強迫症）。

（3）不安症の原因

　不安症の原因ははっきりとはわかっていませんが，生まれつきの性格と，生育環境，きっかけとなる体験などが重なって発症すると考えられています。不安症を発症しやすい性格は，内向的（「人前は恥ずかしい」），心配性（「ミスしたらどうしよう」），傷つきやすい（「何かいわれたらどうしよう」），真面目（「ちゃんとしなくちゃ」），完璧主義（「絶対に失敗したくない」）といったものです。つまり「上手にやって皆に認められたいけど，失敗が怖い」という心理が背景にあるのです。生育環境では，幼少期からの周囲の人（特に親［保護者］）との関わりの影響が大きいといわれています。これらの要因に加えて，不安や恐

表1　不安症の種類

疾　患	特　徴
社交不安症	人から注目される状況や人との交流が不安
限局性恐怖症	飛行機に乗る，高所，注射など特定の状況・対象が怖い
パニック症	パニック発作（突然生じる激しい不安，過呼吸などの身体症状）を繰り返す⇒参考 2-1-④ パニック症・強迫症
広場恐怖症	逃げられない状況（電車・映画館・人混みなど）が怖い
全般不安症	仕事，経済状態，健康など様々なことが不安

怖を感じた体験が引き金となって，不安症を発症することが多いようです。

（4）不安症のメカニズムと診断

　人間の脳の中で不安や恐怖に大きく関わっているのは，大脳辺縁系にある扁桃体という部分です。不安や恐怖を感じると，扁桃体が反応し，危険に備えて体の活動を活発にするように指令が出ます。不安症の人の脳は，扁桃体の働きが過剰になっているため，通常であれば不安と感じないような状況であっても，扁桃体が反応してしまいます。その結果，血圧上昇，心拍数増加，発汗といった身体反応が起こります。

　ただし，不安症の人の脳をCTやMRI，脳波などで検査しても，はっきりとした異常は認められません。血液検査でも，不安症かどうかを判断することはできません。不安症の診断は，不安症の症状があるかどうかで行います。

（5）不安症の身体症状

　不安症に伴う身体症状として，動悸，血圧上昇，発汗，過呼吸，呼吸困難（感），ふるえ，めまい，胃部不快感，下痢，頻尿などの症状が表れることがあります。これは自律神経という神経の働きによるものです。自律神経とは，人間が意識してコントロールできない内臓や血管などの働きを自動的に調整する神経です。心身を活動的にする交感神経とリラックスさせる副交感神経があります。恐怖や不安を感じた時は，交感神経が活発になり，危険に備えます。不安症の身体症状は，脳からの指令により，危険な状態ではないのに交感神経が活発になり，身体が戦闘モードになるために起こるのです。

---

2. 社交不安症

　ここでは，思春期に発症しやすい病気である「社交不安症」について解説します。

　人前で緊張してしまうのは珍しいことではありません。しかし，人前で失敗したり恥をかいたりすることを極端に恐れ，皆の前で何かをすることや人との交流を避けてしまい，通常の生活が送れない状態になると，社交不安症と診断される可能性があります。

　社交不安症の人は，「人前で発表，朗読，演奏などをする」「人と一緒に食事をする」「初めての人と会って話をする」「あまり親しくない知り合いと雑談する」など，人から注目される状況や人との交流が苦手です。そのため，以前は「対人恐怖症」「視線恐怖症」などと呼ばれていました。社交不安症は，小学生・中学生の時（8歳〜15歳）に発症することが大半で，人前で恥ずかしい思いをしたことをきっかけに発症することも多いとされます（資料1）。

　人から注目される場面で，動悸，発汗，赤面，手足のふるえなどの身体症状が出ます。本人は，このような症状を気にしていて，相手に知られてしまうことを恐れていますが，他の人には意外にわかりません。本人が苦痛を感じていても，学校や仕事に行けないほど重症でなければ，病気と気づかれ

資料1　学校現場で想定される具体例（社交不安症）

　A君は，もともと引っ込み思案で，内気な子どもでした。授業中に先生に当てられて，質問に答えるのが恥ずかしいと思っていました。中学1年生の時に，英語の授業で，教科書の英文を音読するよう指名されましたが，緊張のあまり声が上ずってしまい，うまく読むことができませんでした。クスクスと同級生の笑い声が起こるのを聞いて，頭がぼーっとなり，顔が真っ赤になるのを感じました。それ以降，A君は，人前で話すと上がるようになってしまいました。友だちと話していても，「変なヤツと思われるのではないか」と心配になり，友だちと話すことも避けるようになりました。

　高等学校入学後，休み時間に話をする友だちもできず，やがて教室で弁当を食べることができなくなりました。授業中は，「当てられたらどうしよう」と常に緊張しています。赤面，手の震え，発汗などもあり，学校が終わるとどっと疲れてしまいます。赤面などの症状が，周りに気づかれているのではないかと不安になり，徐々に授業に出られなくなりました。留年の可能性も出てきたため，親が担任の先生，スクールカウンセラーと相談して，メンタルクリニックを受診することになりました。

ないことが多いでしょう。

　社交不安症の人は，「失敗して恥ずかしい思いをしたくない」という気持ちが強いものの，他人と交流したくないわけではありません。人から認められたいという気持ちが強過ぎるために，過剰に失敗を恐れてしまうのです。

3. 治療法

（1）まずは相談・日常生活における予防

　まずは，家族あるいは養護教諭，スクールカウンセラーに相談しましょう。また，規則正しい生活やストレス解消法も役に立つでしょう。昼夜逆転しないように，朝起きて太陽の光を浴び，夜は早めにスマートフォンの画面から目を離して自然に眠くなるように心がけましょう。十分な睡眠と休息，適切な食事，適度な運動をしましょう。ストレスを感じた時に，好きな音楽を聞く，漫画を読む，友だちとおしゃべりする，ストレッチをする，お風呂に入る，よく寝るなど，自分なりのストレス解消法を行うことも大切です。

（2）不安症の治療

　それでも解決できず苦痛が強い場合や，学校に行けない，電車に乗れないなど，日常生活を送ることが困難になっている場合は，クリニックや病院を受診するとよいでしょう。不安症の治療を行っている医療機関は，「メンタルクリニック」「精神科」「精神神経科」「心療内科」などです。

　不安症は，風邪やすり傷のように，治療や休養によって完全に治る病気とは違って，治療を受けても，不安が全くない状態になるわけではありません。多くの人は，何らかの小さな不安を抱えて生活しています。不安な気持ちを抱くことは，おかしいことでも悪いことでもありません。不安があるからこそ，人は危険を避けることができるし，適度な不安があるから，ここぞという時に頑張ることができるのです。適度な不安は人が生きていく上で，不可欠なものといえます。不安症に対する治療は，不安をゼロにすることを目指すというよりも，病気による過剰な不安を少しずつ減らしていくものです。耐えがたい不安を通常の不安に近づけていき，生活する上で困らないようにするのが不安症の治療なのです。

（3）不安症の治療法

　不安症の治療法としては，薬物療法と精神療法が中心です。ただし，いきなり治療を行うのではなく，まずは相談に乗ってもらい，アドバイスを受けるとよいでしょう。「他の人は，じつは自分のことをそれほど気にしていない」と気づいて改善することも多く，その場合，薬物療法や精神療法は不要です。

　本格的な治療が必要な場合は，症状や状況に応じて薬物療法や精神療法を行います。

①薬物療法

　不安症の人の脳の中では，情報伝達に必要な神経伝達物質の量が不安定になっています。不安症の治療に用いる薬（抗うつ薬や抗不安薬）は，神経伝達物質の働きを調整することによって，不安を和らげる効果があります。しかし，薬は根本的に病気を治すものではありません。薬を服用することで不安や恐怖を軽減すると，それまで回避してきた行動が可能になり，自信がついてくると，薬なしでも同じ行動ができるようになる，ということを目指しているのです。

②精神療法

精神療法は，治療者が患者さんの話を聞き，話し合うことで，心に働きかける治療法です。1回受ければ治るというものではなく，1ヵ月に1〜4回程度の通院を続け，数ヵ月かかります。すべての医療機関で精神療法を行っているわけではないので，医療機関を選ぶ時に確認しましょう。

---

4. 社交不安症のチェックリスト

図1のような不安があり，その場面を避けているため，普段どおりの生活ができず，とても困っているという場合は，社交不安症の可能性が高いと考えられます。

図1　社交不安症チェックリスト

次のようなことに当てはまる場合は注意が必要。ただし，当てはまったとしても病気とは限りません。

□人から注目されるのが不安	□電車に乗るのが不安
□人前で話すと緊張する・発表するのが不安	□お店の人と話すのが不安
□雑談するのが苦手	□よく知らない人や初めての人と会うのが不安
□休み時間が不安	□人と一緒に食事をするのが不安

---

5. 学校において気をつけたいこと

不安症の人は，「つらい」「困った」と思っていても，病気だと自覚することはあまりありません。周囲の人が，「病的不安ではないか」と思ったら，問いつめたり否定したりせずに，まずは，本人の気持ちを聞きましょう。スクールカウンセラーへの相談を勧めてもよいでしょう。学校に行けない，電車に乗れないなど，日常生活に支障が出ている場合は，医療機関への受診を勧めた方がよいでしょう。

また，「気の持ちよう」「気にしなければいい」などという言葉は，アドバイスにはなりません。本人は，気にしないようにしようとすればするほど気になってしまうのです。まずは，気にしてしまうつらさを受け止めてあげてください。

さらに，不安症の人は，不安や恐怖心が強くなってくると，「学校に行きたくない」などといい，日常的な行為やしなければならないことを避けるようになります（回避行動）。しかし，不安症は，休めばよくなる病気ではありません（休養が治療法として有効なうつ病とは異なります）。不安症になる前に日常的に行っていたことや本来すべきことは止めずに，それまでどおりの生活習慣を維持することが大切です。ただし，不安に圧倒されている場合は，登校を強要してはいけません。少し休ませて様子をみてください。不登校の状態が長引く場合は，医療機関の受診を勧めた方がよいでしょう。

〈新村秀人〉

④ パニック症・強迫症

1. パニック症

(1)パニック症とは

　パニック症は、不安症と総称されるカテゴリーに含まれる精神疾患です[1]（⇒参考　2-1-③　社交不安症）。

　不安は、楽しみや喜び、あるいは悲しみや怒りといった感情と同じく正常にみられる心理ですが、それが何らかの原因でとても強まり、日常生活にも支障を来すような状態になると、不安症の診断がつく可能性があります。パニック症は呼吸の苦しさや過呼吸、めまい、動悸、発汗、震えなどの様々な身体症状が組み合わさり突発的に出現する、パニック発作（図1）といわれる症状を特徴とします。

　似た症状がある身体疾患として、各種心疾患や呼吸器疾患、甲状腺疾患や低血糖などがあり、また脳の器質的疾患である側頭葉てんかんでもパニック発作のような症状を呈することがあります。パニック症ではしばしばうつ病の合併が問題になり、パニック症患者の約30％から50％に合併がみられます。また、社交不安症や全般不安症といわれる他の不安症にパニック症が合併することもしばしば起こります。

　パニック発作を繰り返すと、発作が起こることを恐れて不安が生じるようになり、これを予期不安

図1　パニック発作の定義

①動悸、心悸亢進、または心拍数の増加

②発汗

③体の震え

④息切れ感または息苦しさ

⑤窒息しそうな感覚

⑥胸痛または胸部不快感

⑦吐き気または腹部の不快感

⑧めまい、ふらつく感じ、気が遠くなる感じ

⑨現実感がない、離人症状（自分が自分でない感じ）

⑩気が変になるのではないかという恐怖

⑪死ぬことに対する恐怖

⑫皮膚感覚の麻痺、うずく感じ

⑬体全体の皮膚が冷たい、または熱いという感じ

診断基準上は、上記のうち4つ、またはそれ以上の症状が突然に出現し、10分以内に頂点に達するものをパニック発作と診断する。

図2　パニック症の成立過程

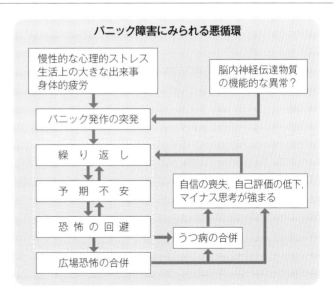

ストレスや出来事、身体疲労を背景にパニック発作が突発し、反復によって予期不安と広場恐怖が出現し、うつの合併は自信喪失も伴い生活機能障害が強まっていく。

といいます。予期不安が強まると後述する広場恐怖を合併し，重症化，長期化する場合も少なくありません。最初のパニック発作のエピソードには，慢性的な心理的ストレスや生活史上の大きな出来事，身体的疲労が重なり合っていることが多くみられます。脳の生物学的な背景として，海馬，扁桃体を中心とした大脳辺縁系における，ノルアドレナリン，セロトニンをはじめとする神経伝達物質の調節障害が示唆されており，そこに身体や環境の要因が組み合わさってパニック症を発症するのではないかと考えられています。パニック症の成立過程を図2に示します。

（2）広場恐怖症

　パニック発作が生じるようになると，逃げることが困難であるかもしれない場所や助けが得られない場所にとどまることへの不安が高まり，避けるようになります。これを広場恐怖，あるいは空間恐怖と呼びます。典型的な状況としては家の外に1人でいること，混雑の中にいること，列に並んでいること，橋の上にいること，バスや電車に乗って移動していること，などがあります。多くのパニック症に本疾患が併発するといわれていますが，パニック症のみの患者さんや広場恐怖症のみの患者さんもいます。

（3）パニック症の予防と治療

　パニック症は，ストレスが強い状況が続いたり，休みや睡眠が十分にとれない状況で，突発するパニック発作によって発症します。日頃からストレスを軽減する工夫を行うことが大事です。また呼吸法（ゆっくりした腹式呼吸）や筋弛緩法（筋肉の緊張と弛緩を繰り返す方法）と呼ばれるリラクセーション法を日頃から実践することで，発症を予防する効果があります。

　パニック症の治療については，いくつかの国際的治療ガイドラインでは新しい抗うつ薬であるSSRIやSNRIが第1選択として推奨されています。また，副作用の問題はあるものの，古典的な抗うつ薬である三環系抗うつ薬も同等の有効性を持つとされます。薬物治療以外の治療として，認知行動療法が推奨されており，広場恐怖を併発した場合には曝露療法と呼ばれる，不安が高まる状況に徐々に慣らしていく治療が行われます。

---

2. 強迫症

（1）強迫症とは

　強迫症は，「玄関の鍵を閉め忘れて泥棒に入られるかもしれない」「ウイルスや細菌が付着して，重大な病気になるかもしれない」といった不吉な考えが頭に繰り返し生じ，それを和らげるための行動もまた繰り返しとなって，学業や就労など社会機能に多大な影響が生じる疾患です。繰り返し生じる不快な考えを強迫観念，繰り返される反復的な行動を強迫行為といいます。

　一生を通じての有病率は約2％前後（50人に1人の割合）と精神疾患の中でも比較的高く，10代での若年発症が多い上に初診までに要する期間が長く，治療効果も得られにくい場合が少なくなく，長期慢性化しやすい疾患です。以前はパニック症などと同じ不安症に含まれていましたが，現在の国際的診断基準であるDSM-5[ii]やICD-11[iii]では，不安症のカテゴリーから独立し，強迫関連症群という新しいカテゴリーに含まれるようになりました[1]。

　強迫症の特徴は，強迫観念や強迫行為が持続することによって著しい生活機能障害を来す点にあります。強迫観念は通常強い不安や苦痛を伴うので，強迫症の患者さんは強迫行為によってそれを和らげようとし，一時的には不安は和らぐのですが，しばらく経つとまた不安は高まり，前よりいっそう観念や不安が強まるという悪循環に陥ります（図3）。

　通常，強迫症の患者さんは，自分の思考や行動は馬鹿馬鹿しいものであり，不合理で過剰であるこ

図3　強迫症にみられる悪循環

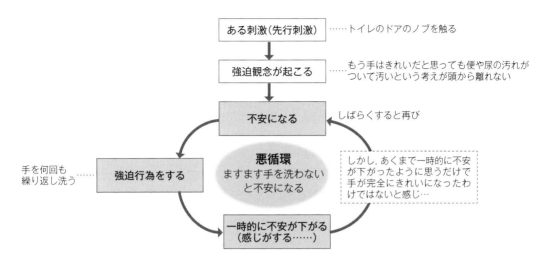

強迫行為は強迫観念による不安や苦痛を一時的に和らげるが，しばらく経つとまた不安は高まり，前よりいっそう観念や不安が強まるという悪循環に陥る。

とを自覚しています。発症要因にはまだ不明な点も多いですが，脳における神経伝達物質であるセロトニンの調節異常が原因で，葛藤や衝動のコントロールを行う前頭葉や神経基底核と呼ばれる領域の機能に異常が生じているのではないかということが考えられています。症状は多様であり，代表的なものは冒頭に述べた不潔恐怖に伴う過剰な手洗いなどの洗浄強迫，加害や過失の不安に伴う鍵や火の元の確認といった確認強迫です。他にも物の位置の対称性や文章の正確性へのこだわり，幸運，不運な数へのこだわり，無意味な行動の反復，性的・宗教的な思考へのとらわれなど，非常に多様な症状亜型がみられることも本疾患の特徴です。

　中には症状に対する不合理感（馬鹿馬鹿しさ）が失われ，妄想に近い思考を伴うものもあります。また，特に神経発達症に併発する場合など，症状に関して不安の介在が少ない，またはほとんどみられないケースも少なくないことがわかってきています。

（2）強迫症の予防と治療

　新型コロナウイルス感染症の流行後，感染への不安から汚染することへの不安が高まり，手洗いや入浴，身の回り品を除菌する行動などが過剰となり，強迫症を発症する方が増えているという報告があります。汚染や感染についての正しい知識を入手し，必要十分な感染予防行動を行うことが大事です。他の強迫症状もそうですが，強迫行為は短期的には不安を和らげても，長期的にはやればやるほどかえって不安と強迫観念を強めてしまいます。そのような状態に陥らないことが大事ですし，もし自分ではやめられない状態であれば，早めにスクールカウンセラーの先生等に相談し，必要に応じて精神科のクリニックを紹介してもらいましょう。

　強迫症に対する薬物療法は，不安症と同じく抗うつ薬のSSRIが主体となりますが，他の不安症に比べて効果が得られにくい場合が少なくありません。十分量を十分期間服用する必要があり，その場合の効果が得られる割合は約50％程度といわれています。

　強迫症の治療においては非薬物治療の役割が特に大きく，特に認知行動療法の1つである曝露反応妨害法が高い有効性を示します。これは，汚染や加害の不安から避けている状況を分析し，そのような状況にあえて曝露し，その際に洗浄や確認といった強迫行為をせずに，自然に不安が下がることを

図4　曝露反応妨害法の治療イメージ

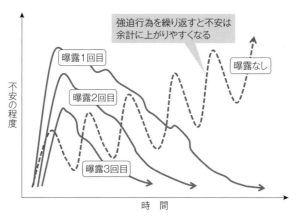

不安にあえて対峙し，自然と下がる体験を重ねることで強迫症状は
軽減していくことを説明する。

体験する治療方法です（図4）。取り組むのに勇気が要りますが，治療者のもとで適切に行えば，高い
治療効果が期待できます。

（3）ためこみ症

　強迫症と同じ強迫関連症カテゴリーに新たに加わった疾患に，ためこみ症があります。ためこみ症
は，過剰にものを収集し，それらの収集物をためこみ，捨てられないことにより，生活機能障害を呈
する疾患です。ためこみの症状が持続することにより，本人及び家族の生活空間はものであふれ，深
刻な生活機能の障害が生じます。重症化したケースではためこまれたものが衛生的な問題を発生させ，
あるいは失火や崩落による怪我の原因となるなど，本人のみならず近隣住民にも多大な影響を及ぼす
可能性があります。

　ためこみ症の臨床経過の特徴として，思春期から発症することが多く，症状が慢性化するというこ
とが挙げられます。ためこみ症状は典型的には10代に発現し，20代中頃には個々の日常生活機能を
脅かし始め，30代中盤には臨床的に著しい障害を来します。ためこみ症の経過は慢性持続的で，同
じく慢性経過をたどりやすい強迫症よりもさらにその傾向は強く，自然軽快は少ないといわれていま
す。ためこみ症は従来強迫症の一亜型と考えられていましたが，強迫症では侵入的で不快な思考（強
迫観念）が認められるのに対し，ためこみ症では「ものを集めてとっておきたい」という強い欲求が
特徴であり，このため収集することに関して，発症後も長期間にわたって快の感情を伴い，自然経過
では改善しにくい原因となっています。日常生活に支障を来す場合は，医療機関を受診するのがよい
でしょう。

〈中尾智博〉

⑤ 摂食障害

摂食障害とは，神経性やせ症（拒食症）や，神経性過食症（過食症）など，食行動の問題の総称です。いずれも，10代から30代の発症が多く，特に神経性やせ症については，10代が最も発症しやすい時期です。女性の発症が多いですが，男性にもみられます。

1. 主な症状とその背景

（1）診断基準, 心理面・行動面の特徴とその背景[1) 2)]

神経性やせ症と神経性過食症の主な症状について，表1に示します。ここで参考にする診断基準[ii]はアメリカ精神医学会のものです。

①神経性やせ症

著しい体重減少がこの病気の特徴ですが，児童期では成長の停滞もみられます。外見をよくしたりスポーツの成績を上げる以外に，多様な背景があります。例えば，成績が伸び悩んでいる生徒が，ダイエットで一過性に自信がついてダイエットをやめられなくなるといったことも多いのです。このような事例は，つらくても努力で頑張るタイプが多く，何に困っているのか意識化できていない場合もあります。感情の言語化の困難は，神経性やせ症ではしばしばみられ，アレキシサイミアといわれます。体重を減らすことは，短期的には，自分の問題の「解決法」にみえますが，徐々に心身が病的状況に陥り，自分の力では元に戻れなくなってしまいます。

低栄養状態は，思考にも影響します。感情だけでなく，身体の疲労感も感じなくなります。低体重でも本人は元気だと主張する現象は，否認と呼ばれますが，これは低栄養が進むほど強まるので，早期の対応が必要です。

診断基準以外にも様々な症状があります。例えば，過密な勉強計画を立てたり，運動量が増える「過活動」はしばしばみられる症状です。体重を減らすためというより，駆り立てられるように動いてしまう場合も多いのです。

表1　摂食障害の様々な症状

1. 神経性やせ症の症状
   (1)診断基準に挙げられているもの（文献iiより抜粋）
   　①著しい体重減少，成長の停滞
   　②肥満恐怖，体重増加を妨げる行動
   　③自己評価に対する体型や体重の過剰な影響，低栄養であることの否認
   (2)診断基準以外の特徴
   　過活動，アレキシサイミア，不眠，不安など
   (3)身体症状
   　①低血圧，徐脈，貧血，白血球減少，低血糖など低栄養によるもの
   　②月経不順，骨粗しょう症など女性ホルモンの低下によるもの
   　③急激な再栄養時の再栄養症候群

2. 神経性過食症の症状
   (1)診断基準に挙げられているもの（文献1より抜粋）
   　①コントロール不能な過食（週1回，3ヵ月以上）
   　②嘔吐，下剤乱用などの代償行動（週1回，3ヵ月以上）
   　③自己評価に対する体型や体重の過剰な影響
   (2)診断基準以外の特徴
   　アレキシサイミア，高過ぎる理想，不安など
   (3)身体症状
   　①低カリウム血症，不整脈など，嘔吐・下剤乱用の持続によるもの
   　②歯牙酸蝕など嘔吐による口腔領域の問題

運動選手の神経性やせ症については，アスリートの三主徴（利用可能エネルギー不足，無月経，骨粗鬆症）という言葉も知られていますが，これには精神症状が含まれていません。三主徴以外に表1に挙げたような症状があることに注意が必要です。

②神経性過食症

体重増加への恐怖や感情の言語化の困難は，神経性やせ症と共通しています。神経性やせ症の経過中に神経性過食症に移行する場合もあります。

体型を気にして節食し，これが続くと過食が出て，この後に，体重増加を防ぐための排出（代償）行動がみられます。これは，自分で嘔吐する場合が多いですが，下剤乱用などもあります。「やせ薬」として危険な薬物を使用しているような場合もあります。過食の背景には自己嫌悪や怒りなどがしばしばあります。自己嫌悪，過食，嘔吐，自己嫌悪という悪循環が自動的に続き，自分の意思の力では止められないのが特徴です。アスリートでは，体重の低い神経性やせ症が注目されがちですが，神経性過食症も少なくありません。

過食代のために経済的問題を生じることもあります。摂食障害の方の万引きの報道は多いですが，これは全員にみられるわけではありません。

（2）身体症状

摂食障害の身体症状には，①低栄養からくるもの，②排出行動からくるもの，③急激な再栄養からくるものがあります。

①栄養が不足すると，様々な身体症状がみられます。貧血（赤血球減少），白血球減少，低血糖，低血圧，脈が遅くなるなどです。運動選手で「自分はアスリートだから脈が遅いのは普通」と主張する人もいますが，栄養不足が加わり，重症の徐脈になっていることがあります。低栄養が続くと，肝臓が障害され，肝臓の酵素の値が上がっている場合もあります。

②嘔吐や下剤により胃液や腸液が持続的に失われると，低カリウム血症になり，不整脈が起きやすくなります。嘔吐が持続すると，胃酸のために歯が溶けて痛みを生じます。神経性過食症では正常体重のことも多いのですが，外見上病的にみえなくても，身体の中でこのような問題が起きていないか検査等で確認することが必要です。

③入院後に，低栄養の方に急激に高カロリーを投与すると，「再栄養（リフィーディング）症候群」という命に関わる危険な状態になることもあります。

2．治療法

摂食障害の治療は，心身両面から行われます。

（1）病気の理解と外在化

今経験していることが摂食障害の症状であることを理解する疾患教育（心理教育）は，治療の基本です。そして，本人全体が摂食障害になってしまったのではなく，本人に摂食障害という疾患がいわば「とりついた」状態，つまり病気は本人の外にあって本人に影響を及ぼしているという「外在化」の視点を持つことが欠かせません。疾患教育では，お化けのような「病気」が本人の背中に乗って，耳元で「そんなに食べちゃダメ」といっているような挿絵[2]も用いられます。

外在化ができないと，本人は「私は摂食障害だから，野菜しか食べない」と病気と一体化してしまいます。もし外在化できれば，「私は摂食障害があるせいで，食べるものが限られて困っている」という表現になり，周囲に援助を求めることができます。外在化について知らないと，「体重は低いけど，休まないで部活の練習に出たいです」といった本人の言葉を周囲が聞いてしまいがちです。これでは

「病気」の言い分を聞いていることになり，病状が悪化します。カウンセリングは傾聴が基本だとしばしばいわれますが，病気の声のみを傾聴すると病状が悪くなる場合もあるのです。

（2）外来治療

　早期に発見できれば，小児科，心療内科，精神科などの外来で治療ができます。まずは通いやすい外来で，血圧測定，血液検査などを受けながら生活リズムと栄養の改善に取り組むとよいでしょう。精神科でも血液検査はできます。

　外来では，運動量を減らしたり，自転車通学をやめてバス通学にするなど，エネルギー消費を減らすよう指示されると思います。1回の食事量が限られることも多いので，間食や夜食を追加したり飲物で栄養補給するようにします。通常の生活ならば，7000kcalの追加で体重は約1kg増加します。1ヵ月に1kg着実に増加すれば，入院は避けられることが多いと思います。1日に300kcalを食事や運動制限で追加するのを目指せば，1ヵ月で約1kgの体重増加を見込めます。

　エネルギー消費を減らすため，部活を休むような対応も必要となり，これには不安を訴える方が多いと思います。しかし，これを契機に，本人が本当は不安に思っている運動への適性や進路などの問題が出てくることも多いので，よく話し合いましょう。

　神経性過食症では，絶食時間が長くならないよう，3食きちんととることが基本です。3食や間食の時間を決め，それに沿って生活すれば，絶食・過食の悪循環から抜けやすくなります。過食をゼロにするのではなく，過食金額の記録などから自分の過食量を知り，「少し減らしてコントロール感を持つ」ことを積み重ねることが重要です。こうすれば，背景にある不安や自信のなさなどと向かい合いやすくなります。

　身体症状がある場合，症状に応じて外来では投薬を行いますが，低栄養からくる症状は栄養補給なしには治療が進みません。貧血に対して鉄剤注射だけをするような治療は勧められません。無月経に対してホルモンを投与するだけでは，卵巣が働きを休んでしまいます。栄養補給や心理面へのケアを合わせて治療していくことが必要です。

（3）入院治療

　外来では治療効果が上がらなかったり，鼻腔チューブ栄養など医学的処置が必要な場合は入院治療が必要です。入院では，最初は安静状態とし，栄養回復に応じて行動制限を解除していく行動療法が行われることが多いと思います。栄養補給や投薬，カウンセリングも行われます。

3．学校での対応

　摂食障害は10代での発症が多いので，学校での対応は非常に重要です。

（1）摂食障害の発見と受診の勧め

　家族が本人の変化に気づかず，健診の結果をみた養護教諭が最初に気づくことも珍しくありません。健診での発見には，成長曲線が活用できます。全体の中で特に低い体重でなくても，その個人の成長曲線から大きく外れている場合は摂食障害の可能性があります。心配な生徒については，小学校・中学校の健診データを入手して成長曲線を描くことが発見につながります。

　また，部活動の中で，人と一緒の行動を避けるようになって周囲が気づくという場合もあります。食後すぐ吐いていたり，自分だけ運動量を増やすなど，秘密の行動が増えて，友人が心配している場合も少なくありません。

　このように学校は病気の発見の機会が多いので，これを受診に結びつける必要があります[1][2]。発症者が出る前から，学校生活では健康が第一であること，健康に不安を感じたり，友人に心配がある

場合は相談に来てほしいこと，相談しても不利になることはなく，友だちを気遣って相談するのは告げ口ではないことなどを伝え，健康第一という文化を作っておくことは重要です。病院受診をよく思わないような文化がもしあったら改める必要があるでしょう。

摂食障害の疑いがある生徒には，体調が悪そうなこと，他の人と別行動なのを心配していることなどを率直に話し，専門家への相談を勧めるとよいでしょう[2]。

(2)保健教育上の注意

摂食障害については，相談がまず治療の第一歩で，相談のハードルを下げるための教育が重要です。保健学には，一次予防と二次予防という言葉があり，一次予防は病気を起こさないこと，二次予防は早期発見と早期援助を意味します。

精神疾患は，発症要因が多彩なので，感染症をワクチンで防ぐような一次予防は困難なのですが（⇒参考 1-1-① メンタルヘルスの現状），摂食障害についてはダイエットの弊害を説けば一次予防ができるはずと考えられている場合があります。このために，「ダイエットをすると臓器が壊れます」「将来子どもを産めなくなります」といった説明がなされることがあります。ダイエットをしていない人には特にストレスにならない情報ですが，既にダイエットをしている人には，「相談に行くと怒られる」「ひどい異常がみつかるかも」という不安を起こさせ，相談を避ける結果となり得ます。「自己流のダイエットをやっていて，これでよいのかなと不安になることはありませんか」というような，二次予防を勧めるような健康教育が望ましいといえます。

(3)チーム対応の重要性

学校現場では，様々な人が1人の生徒に関わると思います[2]。受診を勧めるプロセス，また，受診が始まり医療機関から治療方針が出された場合においても，学校で対応方針が共有されていることが必要です。運動は控えるようにという主治医の方針が家族から担任には伝えられていても，部活顧問に伝えられていないと，「頑張ります」という本人の病気の声を顧問が聞いてしまうこともあるでしょう。体育の授業に参加するかどうか，昼食は教室でなく保健室などでとるかなど，学校内で意見を統一しておいた方がよいテーマについては多々あると思います。

一方で，治療の中では，学校内や家族内の葛藤など，様々な個人的問題が明らかとなるため，どのような情報をどこまで共有するかについては慎重に対応する必要があります。担任，養護教諭などキーパーソンを決め学内チームでの対応方法を決めていくとよいでしょう（⇒参考 3-4-① 学校でのメンタルヘルス対応の基本， 3-4-② メンタルヘルス教育Q&A　全学校関係者（チーム学校）編）。

〈西園マーハ文〉

⑥ 睡眠・覚醒障害

　思春期には寝つくのが遅くなりやすく，昼間に強い眠気を感じることもあります。朝起きられず登校できない・授業中に居眠りをすることだけでなく，落ち着きがない，イライラする，成績不振なども睡眠・覚醒障害のサインかもしれません。こうした問題は，学業，受験，スポーツ活動などに支障を来すため，対策を講じることが必要です。

　ここでは，健康的な生活に不可欠な睡眠の基礎と，睡眠・覚醒障害の症状や治療法について解説します。

1. 睡眠の基礎

（1）睡眠が起こる仕組み

　睡眠の調節には3つのシステムが働いています。1つ目は睡眠の恒常性を維持するシステムです。覚醒時間が長くなるほど，脳が疲労し機能が徐々に低下するため，疲労した脳の機能を回復させるため起こります。2つ目は体内時計のシステムです。脳の視床下部にある視交叉上核に存在する体内時計によって，体温やホルモン分泌などの生体機能が約24時間の周期のリズムで動き，睡眠と覚醒の調節をしています。3つ目は覚醒を保持するシステムです。覚醒を保持するシステムにおいて，視床下部から分泌されたオレキシン（神経ペプチド）を，脳の様々な場所にある受容体が受け取ると，覚醒した状態となります。体内時計のシステムにおいては，メラトニンの分泌は，照度が低くなる夜に多くなり眠りを誘い，照度の高い昼には低くなっています。体温は昼間に高く，夜間になると低下するという1日の中でのリズムを示し，深部体温が低下すると代謝が下がり，脳を含む全身の休息状態が作り出されます[1]。

（2）正常な睡眠とその変動

　睡眠には，急速な眼球運動が出現する睡眠（レム睡眠）と急速な眼球運動が出現しない睡眠（ノンレム睡眠）があります。健康な大人では，寝つくとすぐに深いノンレム睡眠に入り，徐々に眠りが浅くなりレム睡眠に変わります。このノンレム睡眠とレム睡眠は，約90分周期で，一晩に4～5回繰り返されます。睡眠の後半では，浅いノンレム睡眠とレム睡眠が多くなります。睡眠は加齢とともに変化し，高齢者では特に深い睡眠が減少し，途中で目覚める回数が増えます。睡眠時間は，個人，年齢により必要とされる時間が異なりますが，思春期では8～10時間の睡眠をとることが推奨されています。女性では，ホルモンの影響も受け，月経前に眠気を感じたり眠りが浅くなる，妊娠すると眠気が強くなる，更年期には眠りが悪くなるなどの変化があります[1]。

（3）睡眠に影響を与える因子

　日常の生活習慣・運動習慣や睡眠環境により睡眠も変化します。夜間に強い光（パソコン・スマートフォンなど）を浴びると，眠るのが難しくなります。照明は明る過ぎると眠りを妨げますが，真っ暗にすると不安に感じて睡眠が妨げられる場合は心地よいと感じる明るさにします。栄養ドリンクなどカフェインを含む飲料は覚醒作用があり，睡眠を悪化させます。喫煙はニコチンの刺激作用により睡眠を悪くします。お酒は一時的に寝つきをよくしますが，長期的には徐々に慣れて効果がなくなり，睡

眠を悪化させます。夕方から夜の適度な運動や就寝の30〜60分前の入浴は，寝つきをよくし睡眠を改善します[1]。身体疾患や精神疾患はしばしば睡眠の問題を引き起こします。同時に，睡眠不足や睡眠・覚醒障害が身体疾患や精神疾患の引き金になることもあります。

2. 睡眠・覚醒障害

(1) 概日リズム睡眠-覚醒障害

　望ましい睡眠時間帯（例えば午後10時〜午前7時）から睡眠時間帯が前にずれたり，後ろにずれたり，毎日睡眠時間帯が変わったりすることで，日常生活において問題が生じるようになる疾患で，図1のようなパターンがあります。症状としては，不眠症状，過度の眠気，倦怠感，集中力低下など多岐にわたります[ii]。

① 睡眠相後退型

　早い時刻での起床が必要となるような学校のスケジュール変更が誘因となり，症状が出現，悪化することがあります。10〜20代での有病率が高くなっています。精神疾患による生活リズムの変化などが関与していることもあります。睡眠衛生指導（資料1）を基本とし，治療として，朝の時間帯に高照度光を照射して遅れた概日リズムを早める高照度光療法，メラトニン投与などが行われます[1]。

② 睡眠相前進型

　高齢になると睡眠相が前進しやすくなります。サングラスなどで早朝の光曝露を避けることで睡眠相を遅らせることもできます[1]。

③ 不規則睡眠-覚醒型

　知的能力障害，外傷性脳損傷，認知症などの神経発達症や神経変性疾患にみられることがあります。夜間のまとまった睡眠がとれないため，養育者・介護者の睡眠が分断されることもあります。日中の

図1　概日リズム睡眠-覚醒障害の分類

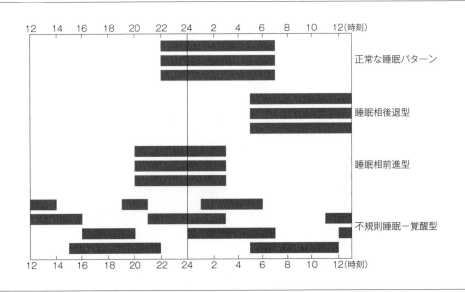

資料1　健康づくりのための睡眠指針2014（厚生労働省健康局）

第1条　良い睡眠で，からだもこころも健康に。 　良い睡眠で，からだの健康づくり 　良い睡眠で，こころの健康づくり 　良い睡眠で，事故防止	**第7条　若年世代は夜更かし避けて，体内時計のリズムを保つ。** 　子どもには規則正しい生活を 　休日に遅くまで寝床で過ごすと夜型化を促進 　朝目が覚めたら日光を取り入れる 　夜更かしは睡眠を悪くする
第2条　適度な運動，しっかり朝食，ねむりとめざめのメリハリを。 　定期的な運動や規則正しい食生活は良い睡眠をもたらす 　朝食はからだとこころのめざめに重要 　睡眠薬代わりの寝酒は睡眠を悪くする 　就寝前の喫煙やカフェイン摂取を避ける	**第8条　勤労世代の疲労回復・能率アップに，毎日十分な睡眠を。** 　日中の眠気が睡眠不足のサイン 　睡眠不足は結果的に仕事の能率を低下させる 　睡眠不足が蓄積すると回復に時間がかかる 　午後の短い昼寝で眠気をやり過ごし能率改善
第3条　良い睡眠は，生活習慣病予防につながります。 　睡眠不足や不眠は生活習慣病の危険を高める 　睡眠時無呼吸は生活習慣病の原因になる 　肥満は睡眠時無呼吸のもと	**第9条　熟年世代は朝晩メリハリ，ひるまに適度な運動で良い睡眠。** 　寝床で長く過ごしすぎると熟睡感が減る 　年齢にあった睡眠時間を大きく超えない習慣を 　適度な運動は睡眠を促進
第4条　睡眠による休養感は，こころの健康に重要です。 　眠れない，睡眠による休養感が得られない場合，こころの 　SOSの場合あり 　睡眠による休養感がなく，日中もつらい場合，うつ病の可能性も	**第10条　眠くなってから寝床に入り，起きる時刻は遅らせない。** 　眠たくなってから寝床に就く，就床時刻にこだわりすぎない 　眠ろうとする意気込みが頭を冴えさせ寝つきを悪くする 　眠りが浅いときは，むしろ積極的に遅寝・早起きに
第5条　年齢や季節に応じて，ひるまの眠気で困らない程度の睡眠を。 　必要な睡眠時間は人それぞれ 　睡眠時間は加齢で徐々に短縮 　年をとると朝型化　男性でより顕著 　日中の眠気で困らない程度の自然な睡眠が一番	**第11条　いつもと違う睡眠には，要注意。** 　睡眠中の激しいいびき・呼吸停止，手足のぴくつき・むずむず 　感や歯ぎしりは要注意 　眠っても日中の眠気や居眠りで困っている場合は専門家に相談
第6条　良い睡眠のためには，環境づくりも重要です。 　自分にあったリラックス法が眠りへの心身の準備となる 　自分の睡眠に適した環境づくり	**第12条　眠れない，その苦しみをかかえずに，専門家に相談を。** 　専門家に相談することが第一歩 　薬剤は専門家の指示で使用

覚醒レベルをあげるために，朝から昼間にかけての高照度光療法や日光浴，声かけなど社会的接触を高める方法が有効となります[1]。

（2）ナルコレプシー

　昼寝を繰り返すことや突然睡眠に陥ることが特徴の疾患です。多くの場合，感情的に大きな変化が起こった時に身体の力が抜けてしまう情動脱力発作を伴います。入眠前や入眠と同時に鮮明な入眠時幻覚を経験し，悪夢や鮮明な夢をみることもあります。また，寝入りばな，あるいは目が覚める時に金縛りを経験する人もいます。覚醒を頻回に伴う夜間睡眠の分断がよくみられます。発症は，典型的には子ども〜若年成人です[ii]。治療では，昼間の眠気に対し，中枢神経刺激薬が使われます。情動脱力発作，入眠時幻覚や睡眠麻痺といったレム睡眠関連症状に対しては，抗うつ薬がガイドラインでは推奨されています[1]。

（3）過眠障害

　日中に強い眠気があり，過剰な睡眠量（1晩10時間以上），朝起きるのが難しい，朝起きた後にも強い眠気を感じるなどの症状があります。この疾患では，就寝後，すぐに入眠し睡眠自体には問題ありません。朝，無理に起こすと，混乱した不完全覚醒状態を生じます。昼寝は比較的長くなりますが，眠気の改善には至りません。過眠はほとんどの症例で青年〜若年成人期に明らかになります。過剰な眠気は，抑うつ障害群，双極性障害群とも関連しています[ii]。中枢神経刺激薬による薬物治療が有効でないこともあり，副作用も出現しやすいため，治療に難渋する場合があります[1]。

（4）不眠障害

　不眠は，男性よりも女性に多い訴えで，加齢とともに不眠症状の有病率は上昇します。基本的特徴は，睡眠の開始が困難である（入眠困難），夜間に頻回に目が覚める（睡眠維持困難），朝早くに目が覚め

てしまう（早朝覚醒）という訴えです。夜間の睡眠困難だけでなく日中の障害（眠気，集中力の欠如，記憶力の低下，気分の不安定性，疲労感など）も引き起こします。青年期の不眠は，しばしば睡眠と覚醒の不規則な時間帯が発症や悪化の要因になります。子ども及び青年ともに，心理的・医学的要因が不眠の一因となることもあります。不眠がある人の40〜50%は精神疾患を併存します。特に，うつ病では発症に不眠が先行すること，うつ病の症状としての不眠が伴うこともあり鑑別診断が重要です[2]。患者の生活習慣や睡眠習慣に問題があれば，睡眠に関する誤った知識を是正し，望ましい睡眠が得られるように睡眠衛生指導（資料1）や認知行動療法を行います。薬物療法では，睡眠薬の作用特性を考慮した薬剤選択が行われます[1]。

（5）睡眠時随伴症

①ノンレム睡眠からの覚醒障害

睡眠時遊行症型と睡眠時驚愕症型に分類されます。睡眠時遊行症では自覚のないまま寝床を出て歩き回り，意識の有無に関わらず食べてしまうこと（睡眠関連食行動）もあります。睡眠時驚愕症では叫んだり泣いたりしながら急に覚醒し，いわゆる「夜泣き」とも呼ばれます。周りの人が覚醒させることは難しく，患者は実際に何が起こったかを思い出せません[2]。予防的な対策として，規則正しい生活習慣を守り，寝不足を避け，原因になりそうな薬剤をやめます。発作中には事故につながらないように危険物を周囲から取り除きます。問題行動が続く場合には薬物療法をする場合があります[1]。

②悪夢障害

悪夢は，不安，恐怖など不快な感情を引き起こす延々と続く詳細な物語風であることが多く，覚醒時に夢の内容をよく覚えています。心的外傷後ストレス障害や，死別時の悲嘆など精神疾患に併存することが多くなっています。男女とも10〜13歳の間に有病率が増加し，女性の有病率は20歳代まで増加します[2]。レム睡眠抑制性の睡眠薬やストレスを緩和する作用のある薬剤が治療に用いられます[1]。

③レストレスレッグス症候群（むずむず脚症候群）

夕方から夜間に，むずむずするといった症状が脚や腕に表れ，ジッとしておれず落ち着かない感覚を緩和させようとして頻繁に脚や腕を動かすようになり，睡眠を障害します。抑うつや不安感，多動性や学習上の問題など精神面や行動面の問題が認められ，発達障害と間違われることもあります[2]。症状を増悪させる嗜好品の就寝前の摂取や薬物を避け，睡眠衛生指導及び入浴・ストレッチなどを行います。鉄が不足している場合は，経口鉄剤を使用することがあります。また，脳内神経伝達物質であるドーパミンの働きを助ける薬が有効とされています[1]。

（6）閉塞性睡眠時無呼吸低呼吸

睡眠中に上気道の閉塞を繰り返すことで，呼吸が停まり覚醒反応を引き起こします。いびき，日中の眠気，不眠など様々な症状を訴えます。生活習慣病，抑うつ症状，交通事故などの日常生活上の不利益と関連しています。子どもでは，眠気や行動上の問題，注意欠如のような症状，学習の困難，朝の頭痛がみられます。子どものころは，肥満やあごの形態などに加え，扁桃肥大や鼻が閉塞しやすいことで起こります。治療法として減量，鼻マスクを装着し空気の圧力で気道を広げる持続陽圧呼吸療法，下あごを前に移動させ気道を拡大するマウスピースが挙げられます。鼻やのど（扁桃肥大，鼻中隔湾曲など）の手術をすることもあります[3]。

〈宮田聖子・岩本邦弘・尾崎紀夫〉

⑦ 発達障害

1. はじめに

　発達障害は，わが国の発達障害者支援法（2007年4月施行）第二条に「自閉症，アスペルガー症候群その他の広汎性発達障害，学習障害，注意欠陥多動性障害その他これに類する脳機能の障害」と定義されています。この発達障害者支援法の施行とあわせ，2007年4月の学校教育法の改正により，学校における特別支援教育の本格的な開始が規定されました。文部科学省調査によると，通常学級で支援を受けている発達障害のある，もしくはその可能性のある児童生徒が小学校・中学校においては8.8%，高等学校においては2.2%在籍しているともされ[1]，学校で生徒の教育や指導に当たる教員が，発達障害についての知識を心得ておくことは必須とされる状況にあります。

　精神医学における発達障害は，先述のわが国の発達障害者支援法における定義と一部異なるものの，概ね精神障害の診断・統計マニュアル第5版（DSM-5）[ii]の「神経発達症群／神経発達障害群（Neurodevelopmental Disorders）」に該当します。

　本稿では学校の通常学級における頻度が高いとされる自閉スペクトラム症，注意欠如・多動症に焦点を当てて，症状や治療（対応）法，学校での支援における留意点について述べます。

2. 自閉スペクトラム症（Autism Spectrum Disorder, ASD）

　ASDは，相互的対人関係とコミュニケーションの質的異常及び限局された行動・興味のパターンを特徴とする神経発達症の1つです。

（1）症状

① 相互的対人関係とコミュニケーションの質的異常

　発語の遅れはASDに必発ではないものの，典型的な自閉症では幼児期までに発語の遅れによって気づかれることがあります。反響言語（オウム返し），人称の逆転（あなた／私，あげる／もらうなどの逆転），疑問文による要求，抑揚に乏しい一本調子の話し方，独り言が目立つ，などの特徴的な言語発達の異常がみられます。他者との注意対象を共有しようとする共同注意の発達が遅れることもあります。社会的場面においては，他者の考えや対人場面での暗黙の了解事項を直感的に理解することが苦手であるため，他者配慮ができない，状況判断が苦手，他者にお構いなくマイペース，集団行動を好まない，言葉を字義どおりに受け止めてしまい比喩・冗談・皮肉が通じない，興味や楽しみなどを他者と共有できない，またはできても一方的で仲間関係を築けない，などの特徴がみられます。

② 限局された行動，興味，活動の常同的で反復的なパターン

　特定の事柄やスケジュールなどへの強いこだわり，特定の対象物の収集やそのことに関する膨大な知識を蓄積させる，などの特徴がASDの人に共通しています。社会的場面において，生活習慣の変更に強く抵抗する，新しいことや状況変化に対応できない，予想外の事態が起こると混乱する，見通しが持てないと不安になる，自分なりの手順を守ろうとする，応用できない，融通が利かない，予想

どおりにならないと混乱する，などの特徴がみられます。感覚過敏や感覚鈍麻といった，特定の感覚にひどく敏感であることや，逆に鈍感であることがしばしばみられます。

（2）治療（対応）法

ASDの人たちの日常生活機能を高めるための治療的介入は，家庭や園や学校などの教育的な手法による支援が中心となり，時に日常生活援助などの社会福祉による支援が必要となる場合があります。

①療育

療育では「治療をしながら教育する」という考えに基づき，教育的な手法によって，本人の力を引き出しながらできることを少しずつ増やし，日常生活機能の向上，社会生活スキルの獲得に向けて支援します。

②環境調整

あらゆる感覚入力・情報が氾濫しているようなケースには，提示する情報を制限するようにします。例えば，耳当てなどで雑音を排除する，理解しやすいように視覚的に単純化した課題を提供するなどがあります。このように環境からの情報を理解しやすいように整理し，再構成することを「構造化」と呼びます。構造化の例には，場所と目的を 1 対 1 にすることや当事者の作業スペースを区切る（空間の構造化），時間割のようにいつ・何をするかをイラストや写真で示す（時間の構造化）などがあります。

③養育者への支援

ASDの人たちの特徴に配慮した支援を開始し軌道に乗せていくためには，養育者が安定した精神状態で本人の特徴を理解し，前向きな気持ちで生活をともにすることが必須とされています。養育者への支援としては，ペアレント・トレーニング（Parent Training）及びペアレント・プログラム（Parent Program）があります。

④薬物療法

環境調整だけでは本人や家族のメンタルヘルスが保てない場合に限って，薬物療法が試みられます。本邦においては小児期のASDにしばしばみられる易刺激性に対して，リスペリドン（商品名：リスパダール）及びアリピプラゾール（商品名：エビリファイ）が認可されています。

（3）学校での支援における留意点

①視覚的構造化を心がける

視覚的構造化とは，視覚的な枠組みを示して，子どもに情報をわかりやすく伝えることをいいます。ASDの人は曖昧な物事を理解することが苦手なため，絵や写真，文字，実物などの視覚情報があった方が判断しやすくなります[2]。

②対人関係での失敗には「適切な行動を考える」という文脈で教える

ASDの人は文脈を読み取ることが苦手なため，対人関係で困難を抱えやすく失敗しやすいとされています。しかし，対人関係で失敗をした時に，失敗した行動自体を叱っても行動の具体的な修正にはつながりにくいとされています。このため，「同じようなことが起こった時に，次はどんな態度をとればお互いにとってよいのか」を「具体的に適切な行動を考える」という文脈で指導することが重要です[2]。

3．注意欠如・多動症（Attention-Deficit/Hyperactivity Disorder, ADHD）

ADHDはDSM-5によると，「不注意及び／または多動性―衝動性の持続的な様式で，その程度は発達の水準に不相応で，12歳以前から生活の複数の場面で明らかとなり，社会的及び学業的／職業的活動に直接悪影響を及ぼすほどである」と定義されています[ii]。

（1）症状

①不注意

興味があることには没頭できても，勉強など気が乗らないことには全く集中が続かない，ケアレスミスや忘れ物，失くし物が非常に多く，物だけでなく時間の管理も苦手です。

②多動性・衝動性

落ち着きがなく，じっと座っていられない，手足や体を動かす，おしゃべりでうるさくけんかしやすい，高い所に上がりたがる，車を確認せず道に飛び出す，怪我をする，邪魔をする，干渉する，などがみられることがあります。

（2）治療（支援）法

治療（支援）を考える上で重要なことは，治療の標的をADHDの中心症状のみとするのではなく，中心症状と関連して生じる有害な影響，例えば度重なる叱責された体験，いじめられ体験，対人関係の障害などの二次性障害を最小限に抑え，子どもが本来持っている能力の可能性を開花させ，自己評価あるいは自尊感情を高めることが重要です。

①環境調整

環境には物的環境と人的環境があり，環境調整を行う前に，本人の生活の場である家庭，学校や園双方における物的環境と人的環境を具体的に把握することが必要となります[3]。物的環境の調整には，部屋に置かれている玩具や教室内に貼られた掲示物によって注意散漫となっているようであればそれらを整然と置くことや数を減らすこと，掲示物がみえない位置の座席に変更することなどがあります。人的環境の調整としては，家庭においては親（家族）の対応力を高めていく支援，学校においては，医療機関で行われた知能検査の結果や診療上で知り得た個別のADHDの特性などを学校の担任や特別支援教育コーディネーターと共有し，具体的な支援案について協議することなどがあります。また，医療機関，福祉・療育機関，就労支援機関，児童相談所などの関係機関との連携を図ることも含まれます。

②親への心理社会的治療

前述の環境調整と同時に取り組みを始めるべきとされています。その1つに「親ガイダンス」があり，親への支援の基盤をなすとされています。これは，支援者がわが子の対応に日々悩んでいる親の思いの傾聴を通じて，親をねぎらい支えるとともに，本人の困った行動についての対処法を話し合うことが主な内容です。また，その親ガイダンスを有効なものとするために，親が子のADHD特性，その弱みと強みをできるだけ具体的に理解し，行動の問題への対処法を修得する必要があり，その点に焦点づけた心理社会的治療として「親への心理教育」があります。

③本人への心理社会的治療

本人への心理社会的治療として，親への心理社会的治療や通常の診療，相談セッションごとに「支

持的精神療法（支持的対応）」を行うことが必須とされ，治療終結まで一貫して継続すべきとされています。その他必要に応じて行われる心理社会的治療としては，「認知行動療法（cognitive behavioral therapy, CBT）」「行動療法（behavioral therapy, BT）」「社会生活技能訓練（social skills training, SST）」などがあります。

④ 薬物療法

心理社会的治療や支援によって効果が得られない場合や，事態が明らかに深刻化し親や学校などの対応の限界を超えつつある場合には，薬物治療の開始が検討されます[3]。現在本邦で承認されている治療薬には，アトモキセチン（商品名ストラテラ），メチルフェニデート徐放剤（商品名：コンサータ），グアンファシン塩酸塩徐放錠（商品名インチュニブ），及びリスデキサンフェタミンメシル酸塩（商品名：ビバンセ）の4種類があります。

（3）学校での支援における留意点

学校の現場で児童生徒の指導に当たる教員は，各自がADHDのある人の治療や支援を担う物的環境や人的環境の一部であることを理解しつつ，児童生徒の指導に当たることが重要です。そして支援を行う際には，①ADHDのある人は幼児期であればその多動性で気づかれる一方で，就学後では学校での不適応行動で気づかれることが多いこと，②不注意や多動・衝動性についての18項目から子どもの行動を評価できる「児童期・青年期のADHD評価スケール」などを通じた教員からの評価が，診断や支援の方針を検討する上で重要な役割を果たすこと，③学校での支援体制（本人が所属するクラスの人数や教員の配置，所属する学校で使用可能な支援体制など）の情報を支援者間で共有することが支援の方法を検討する際に重要な役割を果たすことなどを理解しておくことも肝要です。

実際に担任教師が教室においてADHDのある人に対し環境調整を行う際には，本人の「困り感」に沿って，本人が生活しやすいよう周囲の環境を整えます。教室内で調整を検討すべき物的環境の要点としては，席が教員からの支援が行いやすい距離か，黒板周囲に気が散る掲示物がないか，次の行動の手がかりとなる掲示の工夫ができているか，教室運営のルールが明確に示されているかなどが挙げられます。また，人的環境の要点としては，否定形（〜しない）ではなく，肯定型（〜する）で指示を出せているか，複数の指示は分けたり，書いたりして示しているか，困った問題を起こりにくくする事前の工夫ができているか，本人や周囲の子どもができたことを褒める習慣がついているかなどが挙げられます。これらの環境調整は，本人だけでなく周囲の子どもたちにも理解される方法で行われればなおよいでしょう。

またASDのある人も含まれますが，学校における発達障害を抱える児童生徒への対応法が「発達障害を含む障害のある幼児児童生徒に対する教育支援体制整備ガイドライン」にまとめられています[1]。

4. おわりに

本稿では，発達障害（神経発達症）のうちASD及びADHDの診断と治療・支援について述べてきました。いずれの障害も支援者が可能な限り早期に特徴に気づき，適切な理解と支援により，ストレスを感じにくくするように生活習慣や環境を整え，抑うつや不登校をはじめとした二次的な問題を予防する方向で関わることが重要なポイントとなります。

〈舩渡川智之〉

① アルコール依存症

1. アルコール依存症とは

　精神作用物質とは摂取すると酩酊などの快反応が得られるために連用，乱用されやすく，ついには
その使用が他のいかなる行動よりも，より高い優先度を持つようになる状態，すなわち依存状態を呈
するようになる薬物を指します。アルコールもその精神作用物質を代表するもののうちの１つです。

（1）アルコール依存症の形成過程[1]

　習慣的に飲酒していると，まず耐性が形成されます。耐性とは，飲酒による酔いの効果が薄れてく
ることです。いわゆる「酒に強くなってきた」状態です。少量の飲酒だと効果が小さくなってくるた
め，同じ効果を求めてだんだんと酒量が増加していきます。

　また，気分が落ち込んだ時の深酒，飲み会などでの一気飲みといった，体調や精神面，場合によっ
ては周囲の環境に悪影響を及ぼすような飲み方を有害な使用といい，生活の様々な場面や，節目にお
いて誰しもが陥ってしまうリスクがあります。

　酒量の増加，もしくは有害な使用の反復により，精神依存という症状が表れます。アルコールへの
精神依存とは簡単にいうと「酒が欲しくなる」ことです。アルコールがないと物足りなくなり，飲み
たいという欲求を感じるようになります。さらに精神依存が強くなった段階では，アルコールが切れ
てしまうと家の中を探したり，わざわざ出かけて買いに行ったりするような行動がみられるようにな
ります。

　耐性・精神依存が形成され，長期間にわたって一定程度の量の飲酒を習慣的に続けていると，しま
いには身体依存が出現します。身体依存とは，文字どおりアルコールの効果が切れると身体の症状が
出ることで，アルコールをやめたり減らしたりすると，離脱症状と呼ばれる症状が出現するようにな
ります。主な離脱症状としては，不眠・発汗・手のふるえ・血圧の上昇・不安・イライラ感などが挙
げられます。さらに，重症の場合は幻覚がみえたり，けいれん発作を起こしたりすることもあります。
飲酒をやめるとこのような症状が出現してしまうので，症状を止めるためにまた飲酒するという悪循
環となり，自分の意思だけではアルコールをやめることが難しくなるのです。

（2）評価方法

　アルコール依存症やアルコールに関連した問題のふるい分け（スクリーニング）のためのテストは数
多くありますが，ここでは国際的によく使われている代表的な２つのテストを紹介します。

①CAGE

　質問票を表１に示します。1973年に作成された，質問が４つしかないシンプルなテストで，各質

表1　CAGE（JA Ewing, 北村俊則訳, 精神科診断学2：359-363, 1991）

1　飲酒量を減らさなければならないと感じたことがありますか。
2　他人があなたの飲酒を非難するので気に障ったことがありますか。
3　自分の飲酒について悪いとか申し訳ないと感じたことがありますか。
4　神経を落ち着かせたり，二日酔いを治すために「迎え酒」をしたことがありますか。

問（Cut down, Annoyed by criticism,Guilty feeling, Eye-opener）の頭文字をとってCAGEと呼ばれます。アルコール依存症をスクリーニングする検査であり，4項目中の2項目に該当した場合にアルコール依存症が疑われます。

②AUDIT-C

　世界保健機関（WHO）が作成した，アルコールに関連した問題の重症度の測定を目的とするAUDIT（アルコール使用障害スクリーニング）の簡略版です。AUDITは，過去1年間の飲酒に関する10の質問で構成されています。各質問の回答につけられた点数を合計してその数字で評価します。アルコール依存症の診断を目的としたものではなく，健康に有害な飲酒をしている人を早期に発見することを目的に開発されましたが，最近では合計の数字の評価の仕方，線引きの仕方次第で，有害な使用，依存症，あるいはその双方を含むアルコール使用障害の可能性の有無を確認する目的にも使用できることが示されてきています。

　ただ，AUDITは回答に時間がかかるという欠点もあり，実用的な観点から，AUDITの最初の3問のみからなるAUDIT-C（表2）が提唱されました。AUDIT-Cの合計点数が4点以上（女性は3点以上）を危険な飲酒の線引きとし，6点以上（女性の場合は4点以上）をアルコール使用障害の線引きとすることが提唱されています。

表2　AUDIT-C

---

1. あなたはアルコール含有飲料をどのくらいの頻度で飲みますか。
　　　0. 飲まない　　　　　　1. 1か月に1回以下　　　　2. 1か月に2～4回
　　　3. 1週間に2～3回　　　4. 1週間に4回以上
2. 飲酒するときには通常どのくらいの量を飲みますか。
　　ただし，日本酒1合＝2ドリンク*，ビール大瓶1本＝2.5ドリンク
　　ウイスキー水割りダブル1杯＝2ドリンク，焼酎お湯割り1杯＝1ドリンク
　　ワイングラス1杯＝1.5ドリンク，梅酒コップ1杯＝1ドリンク
　　　0. 1～2ドリンク　　　　1. 3～4ドリンク　　　　2. 5～6ドリンク
　　　3. 7～9ドリンク　　　　4. 10ドリンク以上
3. 1度に6ドリンク以上飲酒することがどのくらいの頻度でありますか。
　　　0. ない　　　　　　　　1. 1か月に1回未満　　　　2. 1か月に1回
　　　3. 1週間に1回　　　　　4. 毎日あるいはほとんど毎日

＊1ドリンクは純アルコール10g

2．日本における成人の飲酒の状況とアルコール健康障害

（1）成人の飲酒パターン[2]

　1年間にわが国で消費された総アルコール量を20歳以上の人口で割った値が平均飲酒量とされます。この値は第二次大戦後一貫して上昇してきていましたが，1990年代半ばにピークを迎えた後に徐々に下がってきています。WHOによると，わが国の年平均アルコール消費量は純アルコール換算で2003年から2005年の平均値は8.0Lでしたが，2008年から2010年には7.2Lに下がってきているようです[3]。しかし，わが国の消費レベルは世界的にみて決して少ない方ではなく，多くのヨーロッパ諸国のレベルよりは低いのですが，米国やカナダとほぼ同レベルとされます。また，アジアの新興大国の中国やインドに比べると，はるかに高いレベルにとどまっています。

　表3は，2003年から5年ごとに行われたわが国成人に対する飲酒実態調査結果の一部です[4]。

　飲酒者の割合は男女ともほぼ横ばいで，男性が83％から84％，女性が63％程度で推移しています。ここでいう飲酒者とは，調査前1年以内に少なくとも1回飲酒した人のことです。注目すべきは，

表3　成人の飲酒パターンとアルコール健康障害の変化[*1]（文献4を一部改変）

項　目	2003年（%）			2013年（%）		
	男　性	女　性	合　計	男　性	女　性	合　計
飲酒者[*2]	83.6	62.5	72.3	82.9	63.3	72.9
アルコール使用障害[*3]	13.5	1.7	7.0	10.2	1.4	5.3
アルコール依存症[*4] （過去12ヵ月）	0.5	0.0	0.3	1.0	0.1	0.5
アルコール依存症[*4] （生涯）	1.5	0.2	0.8	1.9	02	1.0

＊1　2003年，2013年に実施されたわが国成人の飲酒実態調査結果からの抜粋値。
＊2　調査前1年間に少なくとも1回以上飲酒した者。
＊3　AUDITの得点が12点以上の者。
＊4　ICD-10[※]のアルコール依存症の診断ガイドラインを満たす者。

20歳代の若年女性で，2003年，2008年，2013年と3回の調査結果をみてみると，それぞれ80％，90％，84％でした。これに対して男性の割合は，90％，84％，84％で，2008年には同年代の男性の割合を凌駕し，2013年も男性と同じ割合を示していました。

　厚生労働省は「第二次健康日本21」で，生活習慣病のリスクを上げる飲酒を，1日平均男性では40g以上，女性では20g以上と定義しています。2010年の策定時はこのような飲酒者は男性が15.3％，女性が7.5％でしたが，2019年の最終評価時は男性が15.2％，女性が9.6％となり，目標であった15％低減には至らず，むしろ女性においては有意な増加が認められています[4]。なお，缶ビール（500ml）1本・日本酒1合・缶酎ハイ（アルコール度数7％，350ml）1本・ウイスキーダブル水割り1杯・ワイン（アルコール度数12％，グラス小）2杯に，純アルコール20gが含まれます。

（2）アルコール使用障害と依存症

　アルコール使用障害とは，アルコール依存症にアルコールの有害な使用を加えた概念として考えられています。しかし，アルコール使用障害者の割合に関するデータは既存の調査では報告されていません。仮にAUDITで12点以上を使用障害とみなすと，2003年から2013年に男女ともに低下傾向を示しています（表3）。しかし，逆にアルコール依存症者は，過去12ヵ月の有病率も生涯有病率の推計値も増加傾向にあります。これらの率を基にした推計数は，2003年が81万人，2013年が107万人でした。

　また，2018年の成人の飲酒行動に関する全国調査では，アルコール依存症の生涯経験者は54万人を超えるとの報告があります[6]。一方で，アルコール依存症を現在有すると疑われる者のうち，「アルコール依存症の専門治療を受けたことがある」と回答している者は22％にとどまりますが，一方で，83％は「この1年間に何らかの理由で医療機関を受診した」と回答しています。つまり，一般医療機関から専門医療機関への受け渡しが適切に行われておらず，専門的治療につながっていない可能性が示されています[7]。このように，依存症が疑われる者と依存症の受診者数の差，いわゆるトリートメントギャップの大きさが問題視されているのです。

3．治療について

（1）治療目標

　連続飲酒状態に至っているような重度のアルコール依存症や，明確な身体的・精神的合併症を有す

る場合，または，深刻な家族・社会的問題を有する場合においては，治療目標は断酒とすべきとされています。

　軽度の依存症であり明確な合併症を有しないケースでは，患者が断酒を望む場合や断酒を必要とするその他の事情がない限り，飲酒量低減も目標になり得ます。飲酒量低減の目安としては，男性だと1日平均純アルコール40ｇ以下，女性では20ｇ以下とされています。

(2)心理社会的治療

　精神科疾患領域において，治療法は身体的治療と心理社会的治療の大きく2つに分けられます。身体的治療とは，薬物療法や手術など直接身体に働きかける治療法のことです。一方で，心理社会的治療とは，身体的治療を除くすべてのものを指します。

　わが国のアルコール依存症治療において行われている主な心理社会的治療を挙げてみます。久里浜医療センター病院による久里浜版認知行動療法，家族と治療者のためのCRAFT（Community Reinforcement and Family Training：コミュニティ強化と家族トレーニング）プログラム，ARP（Alcoholism Rehabilitation Program：アルコール依存症社会復帰プログラム）などが有名です。

　また，医療機関で行われるもの以外で重要なものとして，自助グループというものがあります。自助グループは「共通の問題を抱える者同士が支え合い，問題解決を図ろうとするグループ」で，断酒会，AA（Alcoholics Anouymous）などがあり，例会（ミーティング）が行われています。自助グループは様々なメッセージを届けることを目的に病院や診療所，精神保健福祉センターなどを訪問する活動も行っています。また，マックやダルクといった回復者施設も地域に多様化して根づいており，こうした施設と医療機関の連携も求められています。

(3)薬物治療

　アルコール依存症の再発予防のために薬物治療が行われることもあります。推奨される薬物治療の方法は，治療目標が「断酒」の場合と「飲酒量低減」の場合の2つに大別されています。

4．教職員としてどのように依存症を捉えるか

　民法の改正により，2022年4月より18歳以上が成人であると規定されましたが，飲酒に関わる法律は今までと同様20歳未満の飲酒を禁止しています。この法律の周知及び20歳に達してからの健全なアルコール類の嗜み方について，小学校・中学校・高等学校教育で段階に応じて学ぶ必要があります。

　また昨今においては，アルコールやその他薬物の乱用が低年齢層に及んできていることが問題になっています。20歳未満でアルコール類の乱用に至るケースも存在します。このような事例に触れた時，慌てずに状況を整理し，校医を含めた他職員とも相談・連携を行い，必要であれば本人ないし家族に医療相談を勧めていかなくてはなりません。

　さらに，自立の過程で様々な葛藤が生じ，自力で抜け出せない状況が続いた時に，アルコールなどの精神作用物質に限らず，様々な依存先，例えばゲームやインターネットなどに傾倒する可能性があります（⇒参考 2-2-② 薬物依存症，2-2-③ 市販薬・エナジードリンクへの依存，2-2-④ ゲーム依存症・スマホ依存症）。

　依存症というと小難しくてとっつきにくい印象があるかもしれませんが，生きづらさを紛らわすための自己治療を繰り返した先に依存があるわけなので，その生きづらさに焦点を当てて，子どもに寄り添ってあげる姿勢が大切になります。

〈日野恒平〉

② 薬物依存症

1. 薬物依存症はどんな病気?

　薬物依存症とは，薬物が脳に作用して，やめたくてもやめられなくなってしまう心の病気のことです。「やめたくてもやめられない」という心の状態のことを，精神医学の世界では「コントロール喪失」と呼んでいます。そしてここでいう「薬物」とは，コントロール喪失をもたらす特徴を持つ，アルコールを除くすべての物質の総称です（⇒参考 2-2-① アルコール依存症）。

（1）代表的な依存性薬物

　コントロール喪失をもたらす依存性薬物の代表例としては，ヘロイン，大麻，有機溶剤や吸入ガス（シンナー，接着剤，ライターガス，制汗スプレーなど），あるいは医療機関で処方される睡眠薬や精神安定剤（向精神薬），町のドラッグストアで購入できる市販の風邪薬や咳止め薬，鎮痛剤など，いずれも体内に摂取すると基本的に脳がぼんやりしたり眠くなったりするもの（中枢神経抑制薬）があります。また，コカイン，覚醒剤，メチルフェニデートなどの脳が興奮して眠気がなくなるもの（中枢神経刺激薬），あるいはLSDやMDMAなど，摂取すると本来みえないものがみえたり，聞こえないものが聞こえたり，周囲の人たちに突然親近感を抱えてしまったり，知覚や感情が一時的に変わってしまうもの（幻覚剤）などがあります。

　医療機関で処方される睡眠薬や精神安定剤，ドラッグストアや薬局で市販されている薬（風邪薬や咳止め薬など⇒参考 2-2-③ 市販薬・エナジードリンクへの依存）は違法な薬物ではありません。それ以外の薬物はすべて，基本的に持っていること，使用すること，売買することがすべて法律で禁止されています。例外的に大麻だけは，使用だけでは罪に問うことができません。

（2）患者数について

　どれくらいの人が薬物依存症の病気を抱えているのか，実際の数字は未だ明らかではありません。警察に通報されて逮捕されてしまうのではないか，周りに知られると恥ずかしい，などといった恐れや思いを抱えた患者さんが非常に多く，なかなか保健所に相談に来たり，精神科を受診したりしてく

表1 主要な国の薬物別生涯経験率

国　別	調査年	対象年齢	生涯経験率（%）				
			大　麻	覚醒剤	MDMA	コカイン	ヘロイン
ド イ ツ	2012	18-64歳	23.1	3.1	2.7	3.4	−
フランス	2014	15-64歳	40.9	2.2	4.2	5.4	−
イタリア	2014	15-64歳	31.9	2.8	3.1	7.6	−
イギリス	2014	15-64歳	29.2	10.3	9.2	9.8	−
アメリカ	2014	12歳以上	44.2	4.9	6.6	14.8	1.8
カ ナ ダ	2012	15歳以上	41.5	4.8	4.4	7.3	0.5
日　本	2017	15-64歳	1.4	0.5	0.2	0.3	−

（注）ドイツ・フランス・イタリア・イギリスの数値はEMCDDA（欧州薬物・薬物依存監視センター）資料をもとに作成。
　　　アメリカの数値はNSDUH（National Survey on Drug Use and Health）資料をもとに作成。
　　　カナダの数値はCADUMS（Canadian Alcohol and Drug Use Monitoring Survey）資料をもとに作成。
　　　日本の数値は，平成29年度厚生労働科学研究「薬物使用に関する全国住民調査（2017年）」資料より。
　　　（厚生労働省ホームページ　https://www.mhlw.go.jp/bunya/iyakuhin/yakubuturanyou/torikumi/dl/index-05.pdf）

れないからです。

ただし傾向としていえることは，まず昭和の時代には未成年で数多くみられたシンナーの依存症患者さんは，2000年以降，ほとんど医療現場でみられなくなりました。さらに違法薬物に限っていえば，警察庁の統計によれば，2013年頃から徐々にですが覚醒剤で逮捕される人が減り，逆に大麻で逮捕される若者が増えています[1]。

日本で何らかの薬物を使ったことがある人の割合は，他の先進国と比べるとどうでしょうか（表1）。ヨーロッパやアメリカでは，生涯で一度でも薬物を使った人が日本の10倍から30倍近くいて，いかに社会における薬物汚染の問題が深刻であるかがわかります。しかし裏を返せば，それら先進国では薬物を使ったことがある人がさほど珍しくないため，薬物依存症の患者さんの数も多く，社会全体で依存症対策が進んでいるともいえます。

（3）社会問題としての薬物依存症

薬物の使用をやめられなくなっている人たちを逮捕して刑務所に入れても，刑務所の中で依存症が自然と治るわけではなく，出所してきたらまた薬物を使ってしまう人は少なくありません。違法薬物をやめられない依存症患者さんたちのことを，「法律で禁止されている行為を繰り返している犯罪者」と決めつけ，差別して社会から排除しようとすればするほど，患者さんはますます社会の中で身を潜め，周囲に嘘をつき，孤立したまま病状を悪化させていきます。

特にアメリカやカナダの一部の州では，刑務所を回転ドアのように出たり入ったりする人や，薬物を使い過ぎて中毒死に至る人があまりに多過ぎる現実を直視し，薬物をやめられない人たちに対して刑務所で罰を与えるのではなく，依存症専門のリハビリ施設で治療を提供したり，地域社会で住むところや仕事を提供したりするなど，医療と福祉の支援の方を重視するようになっています。

表1をみてもわかるように，日本は欧米と比べると未だはるかに薬物使用経験者が少ない社会ですので，薬物問題が蔓延している国と同じ政策を取ることが適切であるか否かについては，判断がわかれるところです。薬物問題の蔓延の程度には差があるかもしれませんが，薬物依存症が心の病の1つであり，治療が必要であることには，日本も欧米も変わりがありません。警察や裁判所が持っている「法的強制力」という力を，心の病を持っている人たちを社会から排除したり隔離したりする方向に用いるのか，それとも医療や福祉へとつなげる方向に用いるのか，私たち国民1人ひとりが考えなければならない問題なのです。

（4）薬物依存症の発症要因

依存症は心の病の1つですが，そもそも心の病は何か1つの原因があれば100%発症する，というわかりやすい病気ではありません。じつに様々な要因が複雑にからまって発症に至ります。

依存症との関連が指摘されている要因の1つは小児期逆境体験です[3]。小児期逆境体験とは，子どもの頃に経験する学業不振やいじめ，虐待やネグレクトなどのつらい体験のことです。筆者の勤務する神奈川県立精神医療センターの依存症外来でも，初めて外来に来る患者さんに小児期逆境体験に関する自記式アンケート調査をお願いしています（表2）。子どもの頃に何らかのつらい体験を抱えて成長した人の割合は，薬物依存症の患者さんで9割を超えており，しかもそれらつらい体験の平均該当数はアルコール依存症やギャンブル依存症の患者さんより多い4.5個です。

発達障害を持っている人の大多数は依存症を発症しないこともまた事実です。実際，海外の報告では自閉症スペクトラムの患者でアルコールや薬物に関する何らかの問題を抱えている人は3.6%[2]，注意欠陥多動症患者の場合，薬物依存症の問題を同時に抱えている人の割合は4.4%程度[4]と報告されています。

なぜ小児期逆境体験は，依存症の発症と関係があるのでしょうか。それを理解するためには，小児期逆境体験と依存症をつなぐもう1つの要因，つまり心理的孤立について考えなければなりません。小児期逆境体験は確かに大半の依存症患者に認められるものですが，子どもの頃につらい体験をした

表2　15歳までの小児期逆境体験

対象：2013年11月1日〜2022年6月30日の期間中，神奈川県立精神医療センター依存症外来を初診と
　　　なった患者，計2,231人

	アルコール（n=1,085）	薬物・多剤（n=1,004）	ギャンブル（n=142）
15歳までの平均逆境数	3.3±2.8個	4.5±2.9個	3.2±2.5個
逆境該当ゼロ個の者	16.7%	6.4%	11.9%
①慢性身体疾患	15.2%	22.0%	18.7%
②学業不振	34.7%	50.1%	47.8%
③いじめ被害	33.1%	38.6%	46.3%
④1ヵ月以上不登校	11.8%	23.4%	10.4%
⑤補導歴	24.5%	51.2%	28.9%
⑥厳しすぎるしつけ	32.4%	41.0%	36.6%
⑦親の過剰な期待	23.0%	31.2%	26.1%
⑧家族の慢性身体疾患	19.2%	21.4%	16.4%
⑨家族の精神疾患	10.9%	17.8%	11.0%
⑩家族の物質乱用	33.8%	32.2%	14.7%
⑪貧困	10.8%	9.7%	5.2%
⑫養育放棄	5.9%	8.7%	3.7%
⑬身体的虐待	13.9%	22.8%	8.8%
⑭心理的虐待	30.0%	40.2%	27.2%
⑮性的虐待	1.5%	3.7%	0.0%
⑯親との離別体験	24.9%	32.4%	17.8%
⑰同居家族の自殺	2.7%	2.1%	0.7%

小児期逆境体験の17項目は以下から引用
・長徹二：アルコール依存症の実態に関する研究. 平成27年度厚生労働科学研究費補助金 障害者対策総合
　研究事業（障害者政策総合研究事業（精神障害分野））
・アルコール依存症に対する総合的な医療の提供に関する研究 平成27年度総括研究報告書（研究代表者：
　樋口進, 課題番号201516029A), 19-169, 2016

　人の誰もが依存症を発症するわけではありません。むしろつらい体験が人の優しさを知るきっかけに
なり，成人後に立派に社会貢献をしている人の方が多いでしょう。

　しかし中には子どもの頃につらい体験を年単位で繰り返し，人に理解してもらったり，助けてもらっ
たりする機会にたまたま恵まれず，ただ1人で心や体の痛み，あるいは不安や寂しさを我慢し，周囲
には「大丈夫なふり」をし続けてきた人もいます。そのような我慢一辺倒の子ども時代があまりに長
く続くと，10代後半以降，もはやつらい感情を誰か周囲の人に打ち明けたり，助けを求めたり，励
ましや慰めを受け取ったりすることを期待しなくなってしまいます。心理的に孤立した状態のまま，
学校や家庭，会社などで再び不安，緊張，怒り，悲しみなどといったつらい感情を抱え，もはや我慢
も限界に近づいてきたら，どうすればいいのでしょう。

　そこでもし，その人の目の前に，「すぐに心や体が楽になる，元気になる薬」が現れたら，頼って
みたいとは思いませんか。きっかけは知人や友人からの誘い，あるいはインターネット上の書き込み
やSNSでのやりとりかもしれません。子どもの頃から本当につらい時に本心を打ち明けて周囲の人
に頼る練習をしていなかった人は，人ではなく，薬物という物に頼ることができれば，どれほど助か
ることでしょう。小児期逆境体験という必要条件に，心理的孤立という十分条件が加わる時，依存症
への扉が開かれることになるのです[5]。

2. 症状

（1）コントロール喪失

　人は薬物依存症の状態になると，もはや自分の意思の力では薬物を使う量や頻度を減らしたり，薬物を完全にやめたりすることができなくなります。それでも例えば学業や仕事が充実していたり，女性の場合は妊娠がわかったりすると，数日〜数ヵ月単位なら自力で薬物をやめることは決して不可能ではありません。しかしたいていの場合，年単位でやめ続けることは難しいものです。なぜなら，強烈な不安や怒り，寂しさ，疲れなどといった心身のつらい状態を，何年も体験せずに済む幸運な人など稀だからです。

　依存症という診断がつくまでの間，薬物はそれを使用する人にとって，とても役に立つ「救世主」だったはずです。初めて体内に摂取した時からすぐに頭痛や吐き気が生じたり，すぐに錯乱状態になってしまったりする「毒物」に人は依存することなどできません。「毒」ではなく，なかなか寝つけない夜に自分をすぐに寝かせてくれたり，不安で寂しい日に気分を瞬時に明るくしてくれたり，イライラした気分をとろけるほどリラックスさせてくれる「特効薬」だからこそ，人はその薬物を習慣的に使い，それなしでは，不眠や不安，イライラ感など，つらい感情に対処することがますますできなくなっていくのです。

（2）急性中毒と離脱症状

　何事にもよい面と悪い面はつき物です。すぐに効果を発揮してくれる「特効薬」を繰り返し使用していると，やがて同じ量では同じ効果を実感できなくなっていきます。これを「耐性」といいます。耐性がついてしまうと，量や頻度を増やして，以前と同じ効果を得ようとします。

　そうするとますます耐性が形成される，という悪循環に陥り，人によっては数年から数十年の期間を経て，やがて薬物を摂取し過ぎること（急性中毒）に伴う副作用や，薬物が体から抜けてくる時に生じる「切れ目」の症状（離脱症状）に苦しめられるようになります。

　ヘロインや向精神薬など脳が眠くなる薬物の場合，摂取し過ぎると昏睡状態に陥ったり，呼吸が止まって死んでしまったりします。切れ目にはイライラして眠れなくなり，けいれんを起こしたり，下痢や嘔吐など自律神経症状が嵐のように吹き荒れたりすることもあります。覚醒剤のように脳が興奮する薬物の場合，摂取し過ぎると血圧が急上昇して脳出血を発症したり，幻覚妄想状態に陥ったりしますし，切れ目には倦怠感と抑うつ状態に苦しむことになります。

　大麻や覚醒剤の場合，年単位で薬物をやめていても，後遺症として本来聞こえないはずの音や声が頭の中で聞こえ続ける幻聴や，ありえないことが頭に浮かんで現実と区別がつかなくなってしまう妄想症状が後遺症として残ることがあります。その他の薬物依存症でも，断薬してから何年たっても不眠症や抑うつ気分に苦しめられている患者さんはとても多いです。

3. 治療法

　薬物依存症は子どもの頃からの長年の体験を経て，人ではなく薬物にだけ頼ってつらい感情や体の状態に対処しようとする，不適切な考え方や行動パターンが習慣化した結果，発症します。年単位かけて発症する心の病気ですから，残念ながら治療と回復にも年単位かかります。

　不眠やイライラ感，幻聴や妄想，あるいは抑うつ気分や吐き気など，心や体の症状がとてもつらい状態に陥っている場合，まずは精神科医療機関を受診することが望まれます。違法な薬物を使用している場合は，依存症専門外来のある病院やクリニックを選んだほうがよいでしょう。少なくとも依存

症専門外来を標榜している医療機関なら，たとえ患者さんが違法薬物を受診当日まで使用していたとしても，警察に通報することはしません。警察に通報することは治療放棄に他ならず，ただ刑務所に患者さんを送り込むだけでは依存症が治ることは決してないことを熟知しているからです。依存症からの回復には，人とのつながりが不可欠です。医学的な治療や，福祉面での支援を必要とする人もいます。もし不幸にして，自分自身が薬物だけに心の救いを求める生活パターンにはまってしまっているならば，あるいはあなたの大切な人がそのようなパターンにはまっていることが疑われるならば，勇気を出して精神科医療機関や，精神保健福祉センター・保健所など，相談できる窓口に電話してみてください。

　治療の第一歩は，患者さんの問診と色々な検査による診断の確定です。薬物の習慣的な使用と，断薬に失敗し続けた過去の経過，薬物の使用に伴う何らかの生活上のトラブルの累積が確認されれば，薬物依存症と診断されます。不眠や幻聴など，精神症状が目立つ場合は適切な薬物療法も開始しますし，あまりに症状が重い場合はおおむね1ヵ月前後の入院も検討します。

　外来でも病棟でも，依存症専門の医療機関の場合，依存症について学ぶことができる集団プログラムがあります。学校の授業のようなものですが，まずは依存症という自分が戦う敵について学ぶことは勝利に向けて必要不可欠な第一歩です。どのような病気で，どうすれば回復できるのか，同じ病気を持っている人たちと一緒に学んでいきましょう。

　心や体の状態が安定してきたら，きっと治療スタッフから，「自助グループ」という言葉を聞くことになるでしょう。同じ依存症の病を抱えた人たちが定期的に集まり，過去の体験や日々の苦しみなどを本音で語り合うリハビリの場です。そこで「物」ではなく，「人」に頼って苦しい感情を乗り越える練習を年単位で重ね，徐々に「仲間」という意識が芽生えてくれば，もはや仲間を裏切って薬物に頼る必要もなくなります。心理的孤立が解消し，人とのつながりに支えられ，社会の中で居場所をみつけた状態こそが，依存症から回復した姿なのです。

4. 学校において気をつけたいこと

　まだ本人が薬を使い始めて間もない頃は，不眠や寂しさが解消されて日常生活が「うまく回っている」はずです。表面的には問題なくみえるので，周囲が薬物の使用に気づくことは難しいでしょう。しかし使用量や頻度が増加してくると，やがて翌朝起きられなくなって遅刻や欠席をしたり，昼間の集中力が低下したり，怒りっぽくなるなど，これまでとは異なる姿をみせるようになります。そのような児童生徒には，いつもと違う姿に心配していること，どんなことであれ相談してほしいことを伝えてみてください。本人は「大丈夫」と素っ気ない返事しかしてくれないかもしれませんが，見守りと声かけを続けてみてください。

　そしていよいよ本人から薬物の習慣的な使用を告白されたら，自分を信頼して正直に話してくれたことに感謝の気持ちを伝え，それは心の病気の一種であること，特に薬物が違法な場合は逮捕されてしまう可能性もあり，なおさらできるだけ早く専門的な相談と治療を開始することが必要であると説明してください。そして可能であれば一緒に最寄りの保健所や依存症専門医療機関をインターネットなどで探し，予約の電話をするまで手伝ってあげましょう。

　家族も本人の薬物使用を知ると，ショックを受けるかもしれません。保健所や専門医療機関には家族が相談できる窓口もあります。薬物依存症をどう理解し，家族としてどう本人に関わっていけばいいのかわからなくて当然です。適切な助言が必要ですので，学校からも保護者に，相談の電話を入れるよう積極的に勧めてください。

〈小林桜児〉

③ 市販薬・エナジードリンクへの依存

1. はじめに

　乱用は物質使用上のルール違反を指します。本来の目的から外れた使用や，用量用法を逸脱した使用が乱用です。依存は物質使用のコントロール障害です。問題が起きても意思や我慢で対処できない状態のことです（⇒参考 2-2-② 薬物依存症）。

　わが国の薬物乱用・依存は，近年，「捕まらない」薬物にシフトしています。その中心となるのが医療機関で処方される処方薬であり，ドラッグストアなどで販売される市販薬です。市販薬は，違法薬物や処方薬と比べて，効果は弱く中毒や依存の危険性は低いと考えられがちですが，最大の特徴は「誰でも手軽に入手できること」です。この1点において市販薬は安全とはいえません。近年では，若者のオーバードーズ（OD，過量服薬）がニュースでも多く取り上げられるなど，社会問題ともなっています。ここでは，市販薬問題の現状と課題，その予防と対処法について述べます。加えて，カフェインを含有するエナジードリンクの問題についても触れたいと思います。

2. 市販薬の乱用・依存問題の実態

　市販薬が問題となるのは，アルコールや他の薬物と同様，手っ取り早く簡単に気分を変えられ依存性があるからです。問題となる市販薬には，鎮咳剤，感冒薬，鎮痛薬，鎮静・睡眠改善薬，カフェイン製剤などがあります。これらの多くは複数の依存性物質を含有しており，各成分は微量であっても依存性が高くなります。そして，繰り返し服用すると依存が形成されます。市販薬は患者の問題意識が低く，治療や断薬に結びつけることが困難なこと，入手が簡単なことから，いったん依存症になると治療は容易ではありません。市販薬は近年重要な乱用・依存薬物になっており，今後さらに乱用の

図1　精神科医療機関を受診した患者が1年以内に使用した主たる薬物の割合
（松本俊彦他「全国の精神科医療施設における薬物関連精神疾患の実態調査」）

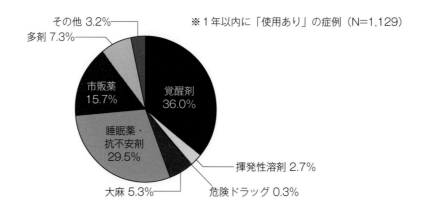

図2　10歳代における主たる問題薬物の推移（松本俊彦他「全国の精神科医療施設における薬物関連精神疾患の実態調査」）

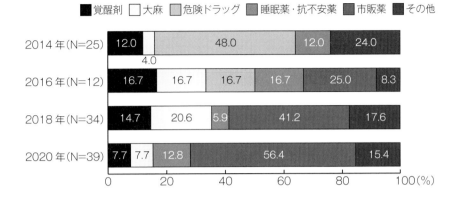

拡大が予想されます。

　わが国の精神科医療機関に薬物関連の障害で受診した患者の主たる問題薬物は，覚醒剤が53.5％と過半数を占め，次いで睡眠薬・抗不安薬などの処方薬が17.6％，市販薬は8.4％でした[1]。また，1年以内に使用した主たる薬物としては，覚醒剤36.0％，睡眠薬・抗不安薬29.5％，次いで市販薬は15.7％でした[1]（図1）。このように，市販薬の乱用・依存は覚醒剤，睡眠薬・抗不安薬ほどではないものの，わが国の精神科医療の現場において，看過できない問題となっています。

　さらに年代別にみると，10歳代では市販薬が全体の56.4％を占めており[1]（図2），2016年の調査では25.0％，2018年では41.2％であり，増加傾向にあると考えられます[2]。一時期乱用が社会問題となった危険ドラッグに代わって，今や未成年の薬物問題の主役となっています。

　また，厚生労働省は，2013年12月公布の改正薬事法，2014年2月公布の厚生労働省令において，市販薬の問題となる成分の一部（コデイン，ジヒドロコデインなど）を「濫用のおそれのある医薬品」と指定しました。その上で，薬剤師や登録販売者に対して，①販売数量の規制，②大量頻回購入時の理由確認，③購入理由が不審な場合の警察への情報提供などを定めています。

　製薬会社や社会が問題意識を高め，海外では過去の遺物となっている尿素系化合物の撤廃，乱用されやすい物質の含有量の減量や中止，依存性物質の多剤混合の抑制，1商品当たりの錠数の低減などの実施が求められます。

3. 市販薬依存の特徴と問題[3]

　市販薬依存になると，使用のコントロールがつかなくなり，様々な問題が起きても修正できない状態になります。市販薬は，覚醒剤や大麻に比べて女性の依存割合が多いことが，鎮静薬であるベンゾジアゼピン系の処方薬に類似しています。そして，不安や憂うつ，不眠などの心理的苦痛への対処として市販薬が乱用されます。

　市販薬依存症の治療は，他の薬物依存症の治療と変わるものではありません。ただし，市販薬は容易に入手できること，患者が問題意識を持ちにくいこと，症状軽減目的の使用であることから，治療や断薬に結びつけることは容易ではありません。

　街中にドラッグストアが増え，ネットで情報が得られ，処方薬の市販薬化が進むなど，市販薬はこれまで以上に身近なものになっています。未成年でも容易に入手でき，法にも触れないため問題意識

が希薄です。過量服用や連続使用による害の知識に乏しいことが多く，危険性の認識に欠けます。そのため，容易に過量服用が起き，意識障害での救急搬送，種々の健康被害や退薬症状，もうろう状態での事故・事件，薬の万引きなどが起こります。それでも依存が形成されるとやめることができません。ここに大きな問題があります。

（1）市販薬依存患者の心理的背景

依存症の根底には対人関係の問題があります。依存症患者の背景には共通した特徴があります。それは，「自己評価が低く自分に自信が持てない」「人を信じられない」「本音をいえない」「見捨てられる不安が強い」「孤独で寂しい」「自分を大切にできない」の6項目に集約できるような人間関係の問題です[4]。

依存症になり薬物使用を続けると，これらの問題は悪化していきます。依存症の重要な問題は，ストレスに弱くなり当たり前のことができなくなっていくことです。それは現実の問題に向き合って対処することなく，気分だけ変えて問題を先延ばしにするからです。

依存症は，これまで意思や我慢の問題と誤解されてきました。しかし，依存症の背景には人間不信があり，人に癒やされず生きづらさを抱えているのです。人に安心して頼れないから薬物を使って気分を変えて凌いできました。

つまり，依存症患者の薬物使用は，「人に癒やされず生きづらさを抱えた人の孤独な自己治療」[5]といえるでしょう。実際，虐待やいじめなどにより深く傷ついている患者が驚くほど多くみられます。しかし，そのつらさを誰にも語らず内に秘めています。依存症患者は，人を信じられず，人に助けを求めることができません。薬物を使って，不安，緊張，意欲低下，不全感，不眠，イライラ，痛みなどに対処してきました。はじめは常用量で効果が感じられます。しかし，繰り返すうちに耐性ができて効果が減弱するため，量と回数を増やさなければならなくなります。

不快な苦痛を除去した状態に慣れると，軽微な症状が出ただけで「薬が効かない」と焦ります。不安が強いと即座に薬を増やそうとします。薬物の重要性が高まり，それなしではいられなくなっていきます。いったん薬物が効くと切れている状態が不安になります。薬物が絶えず効いていなければ安心できません。依存する薬物の種類は様々であっても，共通しているのは「不快な気分の軽減・除去」です。

（2）依存症の回復に必要なもの

依存症患者は，人間関係の中で大きなストレスを受けるため，「手っ取り早く簡単に気分を変えること」でストレスを回避します。その行動が習慣化し，コントロールを失った状態に陥ります。人は，安心感・安全感を持てる居場所と仲間があって癒やされます。依存症患者は，人の中にあって癒やされることができないために酔いを求めるのです。

従って，回復のためには背景にある対人関係の問題の克服が必要です。そのためには，先の6つの問題と向き合い解決していくことです。その突破口は，「本音をいえるようになること」つまり，「正直な気持ちを，安心して話せるようになること」です。依存症治療の目標は，「人の中にあって人に癒やされるようになること」なのです。

市販薬依存の回復支援のためには，乱用の有無にばかりに囚われた近視眼的な関わりになることなく，その背景にある「生きづらさ」「孤独感」「孤立感」「自信のなさ」「安心感・安全感の欠如」などを見据えた関わりが必要です。

（3）市販薬乱用・依存に向かわないために

市販薬依存からの回復のためには，対人関係の問題の克服が必要であると述べましたが，予防についても同じことがいえます。具体的には，正直な思いや悩みを安心して話せること，人を信用できること，人から見捨てられる不安や孤独で寂しい思いから解放されていること，自分に自信を持ってい

表1　予防のための望ましい学校での対応

1. 生徒1人ひとりに敬意を持って接する。	6. 生徒にルールを守らせることに囚われ過ぎない。
2. 生徒と対等の立場にあることを常に自覚する。	7. 生徒との1対1の信頼関係づくりを大切にする。
3. 生徒の自尊感情を傷つけない。	8. 生徒に過大な期待をせず長い目で成長を見守る。
4. 生徒を選ばない。	9. 生徒に明るく安心できる場を提供する。
5. 生徒をコントロールしようとしない。	10. 生徒の自立を促す関わりを心がける。

ること，自分を大切にできることです。

　人と信頼でつながっていれば，気分を変える依存性物質にのめり込む必要はないはずです。身近な大切な人と信頼関係を築けている，人から癒やされている，安心できる居場所がある，自己肯定感を持てているといったことが重要なのです。予防のための，学校での対応における留意点（表1）を示します。

4．エナジードリンクについて

　エナジードリンクはなぜ問題なのでしょう。それは，カフェインを含有しているからです。カフェインは覚醒剤と同じく脳の神経を興奮させる物質です。適度に使用すれば，カフェインは頭をすっきりさせ，意欲を高めます。また，眠気を軽減して集中力を高めてくれます。ただし，大量に摂取すると他の薬物同様に危険を伴います。救急搬送されたカフェイン中毒患者は，2013年から急増しています。これは，人気エナジードリンクの自動販売機での販売や，販売拡大が行われ始めた時期と重なります。

　中毒症状としては，頭痛，不眠，胃痛，吐気，頻脈，胸痛の他に，落ち着きのなさ，不安，イライラ，神経過敏，興奮などがみられます。深刻な場合，意識障害，呼吸困難，けいれん発作を起こすこともあります。もちろん依存性もあります。わが国でもカフェインの急性中毒による死亡例が報告されています。救急搬送例や死亡例の大半はカフェイン製剤によるものですが，エナジードリンクによる例も散見されます。

　未成年がエナジードリンクを飲むのは，集中力や意欲を高めて勉強やスポーツなどを頑張ったり，意欲の低下や疲れ・不安や生きづらさを紛らわしたりするためです。頑張るためにエナジードリンクを摂取している場合，周囲の人はむしろ肯定的に捉える場合もあるでしょう。それが適度であれば問題にはなりませんが，過度に摂取する危険を知っておく必要があります。「手っ取り早く気分を変える」ために摂取することは市販薬の問題と同じです。実際，エナジードリンクの過剰摂取からカフェイン製剤に移行すると危険性がさらに高まります。

5．おわりに

　市販薬やエナジードリンクは，未成年でも容易に入手でき，簡単に気分を変えられる商品として身近にあります。問題は，若いうちから容易に気分を変える物質に馴染むことです。繰り返し摂取することで，現実の課題に素面では向き合えなくなっていくことが，最大の問題であるといえるでしょう。

　「孤独な自己治療」として依存性物質にはまっていかないためには，家族や学校の身近な人，大切な人と信頼関係でつながっていることが重要です。人に心を開けず相談できないと，孤立し，物質によって気分を変える方向に向かいます。人とつながり，「信頼できる人間関係」と「安心できる居場所」があることが最大の予防になるのです。

〈成瀬暢也〉

④ ゲーム依存症・スマホ依存症

　ゲーム依存症・スマホ依存症とは，ゲームをやり過ぎたり，スマートフォンを使い過ぎたりして生活に支障が出ている状態を指します。具体的には，思ったよりも長く使用する，食事や睡眠，勉強や部活動といった日常生活よりも優先する，問題が起きていてもやめられないといった特徴があります。ゲーム依存やスマホ依存は行動嗜癖といわれる依存の１つです。酒や薬物などの物質依存と同様に心身に影響を及ぼします。

1. スマートフォンの登場と普及

　一昔前は，ゲームは据え置き機で遊び，インターネットはパソコンを用いることが主流でしたが，今や，ゲームもインターネットもスマートフォン１台あれば事が足りてしまいます。
　スマートフォンの歴史は2007年のiPhoneの販売から始まります。2010年以降，日本ではスマートフォンが爆発的に普及しました[1]。そして，2017年には，スマートフォンの保有率は固定電話と

図1　年齢別のインターネットの利用状況（内閣府「令和3年度 青少年のインターネット利用環境実態調査結果」）

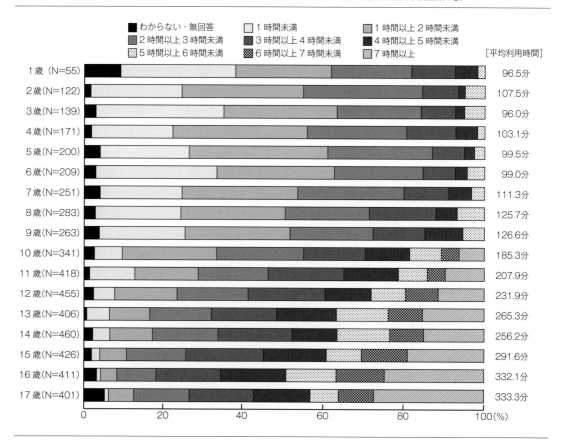

パソコンを抜きました。内閣府が発表した，青少年のインターネット利用率調査では，2020年度，インターネット利用率は小学生以降90％を超えています。その中でもスマートフォンの使用率は，進学するごとに上昇して，高校生では，95％を超えています[2]。同じ調査の青少年のインターネット利用内容は，1位「動画をみる」，2位「ゲームをする」，3位「検索する」となっています。インターネットの平均利用時間は，年齢とともに増加傾向にあります。16歳では80％以上が，平日に1日3時間以上インターネットを利用しています（図1）。

2．症状とチェックリスト

ゲーム・スマホ依存によくみられる症状としては以下が挙げられます（表1）。

世界保健機関（WHO）が公表した国際疾病分類第11版（ICD-11）にはゲーム依存（正式名称：ゲーム障害）が新たな障害として収載されています。一方で，スマホ依存は新しい概念ですので，疾病分類にはまだ収載されていませんが，盛んに研究が行われています。これまでの研究では，高校生におけるゲーム依存の有病率は2.5％程度と報告されています。スマホ依存の有病率は10〜30％であったと報告されています。

ゲーム依存・スマホ依存の人は，うつ病，不安障害，発達障害など，他の精神疾患にもかかっている場合があります。依存によってうつ病などを発症する場合もあれば，うつ病になったことで家にひ

表1　ゲーム依存症・スマホ依存の主な症状

渇望（とらわれ）	ゲーム・スマートフォンのことをいつも考えている
コントロール不能	なかなかやめられない，使用量を減らせない
耐性	以前よりも使用時間を増やさないと満足できない
離脱症状	使用していない時はイライラ，そわそわする
ゲーム・スマホ中心の生活	本来の生活が疎かになる
有害な使用に対する抑制の喪失	生活に問題が生じていても，使用を継続する

表2　ゲーム依存症のチェックリスト（Higuchi S et al. Journal of Behavioral Addictions, 2021）

〈ゲームズテスト（GAMES test）〉
過去12ヵ月について，以下の質問のそれぞれに，「はい」「いいえ」のうち当てはまる方に○をつけてください。
最後の質問については，もっとも当てはまる回答を1つ選んでください。
なお，ここでいうゲームとは，スマホ，ゲーム機，パソコンなどで行うゲームのことです。

	はい	いいえ
1．ゲームをやめなければいけない時に，しばしばゲームをやめられませんでしたか	1	0
2．ゲームをする前に意図していたより，しばしばゲーム時間が延びましたか	1	0
3．ゲームのために，スポーツ，趣味，友だちや親せきと会うなどといった大切な活動に対する興味が著しく下がったと思いますか	1	0
4．日々の生活で一番大切なのはゲームですか	1	0
5．ゲームのために，学業成績や仕事のパフォーマンスが低下しましたか	1	0
6．ゲームのために，昼夜逆転またはその傾向がありましたか（過去12ヵ月で30日以上）	1	0
7．ゲームのために，学業に悪影響がでたり，仕事を危うくしたり失ったりしても，ゲームを続けましたか	1	0
8．ゲームにより，睡眠障害（朝起きられない，眠れないなど）や憂うつ，不安などといった心の問題が起きていても，ゲームを続けましたか	1	0
9．平日，ゲームを1日にだいたい何時間していますか	0：2時間未満 1：2時間以上，6時間未満 2：6時間以上	

各質問項目に対する回答の数字を合計する。5点以上の場合，ICD-11による「ゲーム障害」が疑われる。
※ただし，簡易的な評価であるため，当てはまったとしても病気とは限りません。

表3 スマホ依存症のチェックリスト（Kwon M et al. PLoS One 2013; 8: e83558. 邦訳：久里浜医療センター）

スマートフォン依存スケール（短縮版）（Smartphone Addiction Scale Short Ver.: SAS-SV）

	全く違う	違 う	どちらかというと,違う	どちらかというと,その通り	その通り	全くその通 り
1. スマホ使用のため，予定していた仕事や勉強ができない	1	2	3	4	5	6
2. スマホ使用のため，（クラスで）課題に取り組んだり，仕事や勉強をしている時に，集中できない	1	2	3	4	5	6
3. スマホを使っていると，手首や首の後ろに痛みを感じる	1	2	3	4	5	6
4. スマホがないと我慢できなくなると思う	1	2	3	4	5	6
5. スマホを手にしていないと，イライラしたり，怒りっぽくなる	1	2	3	4	5	6
6. スマホを使っていない時でも，スマホのことを考えている	1	2	3	4	5	6
7. スマホが毎日の生活にひどく悪影響を及ぼしていても，スマホを使い続けると思う	1	2	3	4	5	6
8. ツイッターやフェイスブックで他の人とのやりとりを見逃さないために，スマホを絶えずチェックする	1	2	3	4	5	6
9. （使う前に）意図してたよりスマホを長時間使ってしまう	1	2	3	4	5	6
10. 周りの人が，自分に対してスマホを使い過ぎているという	1	2	3	4	5	6

合計点が31点以上を「スマホ依存の疑い」とする。

※ただし，簡易的な評価であるため，当てはまったとしても病気とは限りません。

きこもり，後に依存を発症する場合もあります。

　また，質問紙を用いると，ゲーム依存やスマホ依存かどうかを簡便にチェックすることができます（表2[3]，表3[4]）。

3. 依存の原因

　ゲームやスマートフォンを使い過ぎる代表的な心理的メカニズムとしては，現実逃避が挙げられます。学校生活・友人関係の悩みや，進学・就職のつまずき，家族の問題といった現実世界におけるストレスから逃れるために，ゲームやスマートフォンに没頭すると考えられています。そして，ゲームやインターネットの世界で，現実では思いどおりに得られなかったものを埋め合わせようとします。例えば，ゲームでは，その技術が高ければ，称賛され，尊敬されます。SNSでは，「いいね」がたくさんつけば，承認欲求が満たされ，達成感を覚えます。そのようなことを繰り返していくうちに，ゲー

図2 依存の脳科学

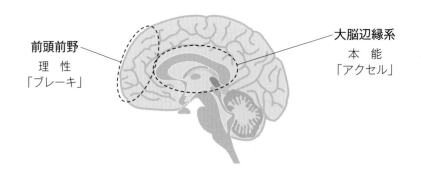

前頭前野
理 性
「ブレーキ」

大脳辺縁系
本 能
「アクセル」

ムやスマートフォンの使用がやめられなくなっていきます。

　ゲームやスマートフォンを使い過ぎる脳科学的なメカニズムとして，脳の報酬系回路の関与が想定されています（図2）。人間には嬉しい，楽しい，気持ちいいといった報酬が得られる行動を繰り返したいという特徴があります。このような快感や欲望といった本能にアクセルを踏む脳の部分は大脳辺縁系であることが知られています。一方で，本能にブレーキをかける脳の部分は前頭前野であると考えられています。前頭前野は社会性や理性を司ります。大脳辺縁系と前頭前野はドーパミンという神経伝達物質によって報酬系回路という神経回路を形成します。正常の状態では，大脳辺縁系のアクセル機能と前頭前野のブレーキ機能とのバランスが保たれています。しかし，ゲームやスマートフォンの依存状態では，前頭前野の機能が障害されて，ブレーキが効かなくなると考えられています。

4．依存による悪影響

　ゲームやスマートフォンの依存は身体的・精神的に影響が出ます。身体的には，夜遅くになってもゲームやスマートフォンがやめられないと生活のリズムが乱れて，不眠や昼夜逆転につながります。また，ゲームやスマートフォン中心の生活になると，食生活が疎かになり栄養不足に陥ることもあります。体を動かす機会が減るため，体力は低下して，体重は増加します。画面の見過ぎにより，視力が低下します。精神的には，ゲームやスマートフォンのやり過ぎは，気分の落ち込みや不安，意欲の低下，イライラなどの情緒的な問題との関連が指摘されています。これらの他にも，ゲーム依存・スマホ依存が学業成績の低下に関連すると報告している論文もあります。

5．治療

　ゲームをやり過ぎたり，スマートフォンを使い過ぎたりして生活に支障が出ている場合は，依存が疑われますので医療機関への受診が望まれます。治療の基本は，本人が医師やカウンセラーと話をして，依存と向き合っていくことです。治療を進めていくには，依存のために心身の健康が損なわれ，生活に問題が生じていることを共有して，ゲームやスマートフォンの使用時間を少しでも減らしていくことが大切です。

　ゲームやスマートフォンに依存する状態になると，依存によって生活のリズムが乱れていることに，自分ではなかなか気づけなくなります。そこで，セルフモニタリングという手法が役に立ちます。（表4）。自分で1日の行動を記録することで，ゲーム・スマートフォンの使用が生活にどのような影響

表4　セルフモニタリングシートの例
〇月〇日　セルフモニタリングシート

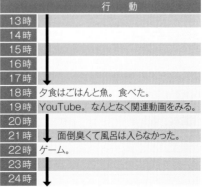

	行　動		行　動
1時	ゲーム。友だちとオンラインで盛り上がる。	13時	
2時	↓	14時	
3時	就寝。	15時	
4時		16時	
5時		17時	↓
6時		18時	夕食はごはんと魚。食べた。
7時		19時	YouTube。なんとなく関連動画をみる。
8時		20時	
9時	↓	21時	面倒臭くて風呂は入らなかった。
10時	起床。頭が重い。朝食は菓子パン1個。	22時	ゲーム。
11時	「勉強をしないと」と思いながらゲーム。	23時	
12時	↓	24時	↓

を与えているのか，確かめていきます。起床から就寝まで，食事や入浴，勉強，SNS閲覧，ゲームなど様々な行動を何時に行ったか，記録します。その時の感想も書いておきます。そして，1週間程度記録が溜まったところで，行動を振り返ります。医師かカウンセラーと一緒に振り返るとさらに効果的です。セルフモニタリングという方法を用いると，ゲーム・スマートフォンの利用時間や，睡眠時間，家庭生活，学校生活への影響を具体的に把握することができます。

　医師やカウンセラーとの話し合いやセルフモニタリングを進めることで，ゲームやスマートフォンに依存しているという自覚が高まってきたら，依存につながる思考パターンや行動パターンの修正を目指します。その際は，認知行動療法の考え方が役に立ちます。認知行動療法は，私たちの誰もがストレスに出会った時に意識しないで使っている対処法をまとめたものです。はじめに行動パターンを見直します。例えば，「勉強する際に何度もスマートフォンをみてしまう」ことが問題になっているならば，「勉強する際にはスマートフォンはサイレントモードにして鞄の中にしまっておくようにする」というように，ゲームやスマートフォンの使用方法を具体的に変えていきます。次に，思考パターンを見直します。例えば，「短時間だけ動画をみるだけならば宿題に支障はない」と考えている場合は，本当にそういえるかどうかを検証します。過去の出来事として「短時間だけ動画をみるつもりであったが，結局，何時間も見続けてしまい宿題をやらずに寝てしまった」という事実を思い出すかもしれません。すると，過去の出来事からヒントを得て，「動画は見始めるとつい何時間も見続けてしまうから，先に宿題を済ませておこう」と自分の考えを見直せる可能性があります。

6. 学校において気をつけたいこと

　ゲーム依存・スマートフォン依存を防ぐには，症状や影響，治療について正しい知識を身につけることが大切です。本稿で書かれているような知識を提供する場を設けてみてください。それにあわせて，依存とは別の話になりますが，個人情報流出，ネットいじめ，誹謗中傷といった，ネット・リテラシーについても知識提供ができるとよいでしょう。

　授業中など許可されていない場面でスマートフォンを使用している場合，そして，何度か注意してもスマートフォンの使用を続けている場合は依存状態になっているかもしれません。また，遅刻，居眠り，課題提出の遅れ，成績の低下，欠席が増えている場合は，ゲームやスマートフォンの使い過ぎがないか確認してもよいでしょう。

　ただし，ゲームやスマートフォンをやめられない背景には，勉強関係（例：受験のプレッシャー），友人関係（例：いじめ），部活動関係（例：レギュラー争い），家族関係（例：両親の不和）のストレスが存在している可能性があります。本人の話をよく聞いて，スクールカウンセラーやスクールソーシャルワーカー，家族と協力しながら，依存の背景の把握とその調整に努めましょう。依存が疑われたら，近くの公共機関（教育センターなど）への相談や，医療機関への受診を勧めてみましょう（⇒参考 3-4-②メンタルヘルス教育Q&A　Q30）。

〈稲熊徳也〉

① 自　傷

1. 自傷を理解する

（1）自傷とは

　リスカ（リストカット＝手首を切る），アムカ（アームカット＝腕を切る），レグカ（レッグカット＝脚を切る）といった言葉が，若者の日常とりわけSNSを中心としたソーシャルメディア上にあふれています。自傷は意図的かつ即時的に自らの身体を傷つける行為で，カッターナイフ等の刃物で体表面を傷つける行為を主に指します。松本らの調査によれば，中学・高校生の約1割に自傷経験が認められ[1]，中学・高校の養護教諭の98〜99％に自傷する生徒の対応経験があり[2]，自傷は学校におけるメンタルヘルスの主要課題の1つです。

　自傷を取り上げる映画やドラマ，動画，コミック，小説，音楽等も影響し，「切る」以外に自らを「殴る」「物に打ちつける」「焼く」「毛を抜く」「首を絞める」「縫う（ボディステッチ）」等の自傷行為があり，ピアス，タトゥー，OD（オーバードーズ＝薬の過剰摂取，⇒参考 2-2-③ 市販薬・エナジードリンクへの依存）も広義の自傷である場合があります。

　自傷は社会的に許容された一般的な行為ではなく否定的な反応を受けることでかえって状況が悪化します。自傷の持つ意味や背景の正しい理解が適切な対応につながります。

（2）『生きるための対処法』

　なぜ思春期の若者は自傷行為をするのでしょうか？　大切なのは，そこに過度のストレスと心理的苦痛があり，自傷は『生きるための対処法』であるということへの理解です。

　アイデンティティの確立と自立に向けて自尊心と劣等感のはざまで揺れ動く彼らは，生きることへの心理的苦痛を感じています。大人からは些細にみえる事柄も重大事となり，成績の下落や両親からの叱責等の思わぬ理由から自身を死に追い込む場合もあります。学校でのいじめや恵まれない養育環境（貧困や虐待，ヤングケアラー）といった過酷な逆境体験は，自分は大切にされる価値のない存在という認識から自傷へのハードルを押し下げます。

　自傷による身体的苦痛は，脳内麻薬（痛みや精神的ストレスにさらされると分泌量が増え苦痛を和らげる物質）の作用を通じて心理的苦痛を一時的に緩和します。「スッとする」「ホッとする」感覚を与え，不安，イライラ，怒り，恐怖，孤立感，自責感等の不快な感情から解放し，切りかえる効果を与えます。そして自傷は単独で即時的効果を得られる方法です。追いつめられた心理状態にある未熟で無力な若者がとる『生きるための対処法』の1つが自傷なのです（自閉症や統合失調症等に生じる自傷行為は，異なる

表1　自傷の危険因子（文献3の内容に加筆）

・強い感情体験への対処能力に乏しい
・不安やうつをもたらす出来事や状況がある
・思い通りにいかないと感じる問題や強いストレスがある
・自傷に触れるSNS，音楽，動画，ドラマ，映画，小説，コミックに熱中している
・自傷する友人（SNS上の友人も含む）がいる

表2　自傷の防御因子（文献3の内容に加筆）

・親や信頼できる大人に話すといった健康的な感情調整スキルがある
・心理的苦痛に直面した時に自分の気持ちを鎮める能力がある
・肯定的な身体イメージがある
・自己について肯定的な考えや信念がある
・緊密な支援ネットワークがある

理解や対応が必要です）。

　自傷の危険因子（危険を高めること）と防御因子（防止につながること）には表1・表2の内容が挙げられます。

（3）反復と嗜癖化

　自傷により心理的苦痛の緩和効果が得られてもそれは一時的です。脳内麻薬の効果は時間経過とともに低下や慣れが生じます。

　また，この対処法を続けるとストレスに耐える力が低下し，他の健康的な対処法の獲得もできません。結果として自傷の反復・エスカレート・嗜癖化につながり，『生きるための対処法』であった自傷に自身が振り回されるようになります。徐々に行為がエスカレートして，思わぬ事故や死んでも構わないという心理から，生命に関わる事態に発展することがあります。

（4）自傷と自殺企図の違い

　自傷は自殺以外の意図と非致死性の予測（この程度なら死なないだろう）をもって行われます。明確に「死にたい」から「切っている」わけではありません。心理的苦痛を一時的に緩和して生きるための行為が自傷で，耐え難くなった心理的苦痛を終わらせるために命を絶つ行動が自殺です。「生きるために切っている」のを「死のうとしている」と解釈すると誤った対応につながります。ただし表面的に自傷のようにみえても，実際は自殺の意図や致死性の予測がある場合もあり注意が必要です。自傷の反復は自殺潜在能力（痛みや死への恐怖感が弱まるような経験を通じて獲得する自殺を試みる力）を強め[4]，自傷行為への適切な対応は自殺予防対策の一環になります。

2．学校で自傷に対応する

（1）『SOS』への対応

　自傷行為は『生きるための対処法』であり同時に「助けてほしい」という『SOS』です。『SOS』である自傷への対応には適切な心理的距離が必要です。否定する反応（叱責，非難，説教等）は『SOS』が伝わらないというあきらめや反発，助けを求める叫びをさらに強め，無反応や放置は大切に思われていないという認識や疎外感，無力感を強めます。そして過度な注目や感情的過剰反応は，自傷の持つ周囲への影響力（パワー）を認識させてエスカレートや巻き込み／巻き込まれにつながることがあります。巻き込まれると適切な心理的距離や客観的視点を失い，自分が何とかしなければと抱え込んだり，支援に過大な時間とエネルギーを割いたりする状況から，支援者自身の健康を損なうことがあります（資料1）。

（2）告白・相談されたら

　自傷についての生徒の告白や相談では表3のようなことに留意します。

資料1　自傷の事例

> 　幼少期の養育環境に恵まれず心的外傷のある16歳の女子生徒。彼女の心理的苦痛に強く共感した養護教諭は，自傷を秘密にしてほしいと求められて対応を1人で抱え込んだ。生徒の自傷はおさまらず，養護教諭は自らの支援が不十分だという自責から疲弊して，うつ病に罹患し休職した。

表3　自傷を打ち明けた生徒への対応（文献3の内容に加筆）

・謙虚かつ冷静にふるまい，敬意ある関心を示し，つらさへの共感的な態度で話を傾聴する（相手の言葉を繰り返す＋詳しく聞くことで生徒の心理的情景や感情を共有する）
・羞恥心や罪悪感を与えないよう価値観の押しつけや決めつけはしない
・自殺に関する用語を不用意に使わない
・生徒の存在を大切かつ支援したいと思っていることをしっかり言葉で伝える
・秘密にしてほしいといわれても「健康に関することは秘密にできない」と伝える
・校内のケア責任者へつなぐため「今からあなたを助けられる人のところに行きましょう」と伝え付き添って行き，それまでは1人にしない

表4　自傷への個別対応（文献3の内容に加筆）

①個別対応マニュアルを事前整備する
②ケア責任者を決めておく
③生徒の自傷や計画に気づいた職員は，ケア責任者と管理部門に報告する
④ケア責任者は必要に応じ，自殺のリスク評価と緊急対応をとる
⑤自殺リスクがなければ自傷行為として対応する
⑥保護者に連絡し，自傷についての相談支援機関，必要に応じ医療機関を紹介する
⑦定期的な保護者面談によるモニタリングを行い，管理部門に報告する
⑧担任とともに本人のモニタリングを継続し，定期的に管理部門に報告する
⑨チームで定期的にケアの状況についての会議を行う
⑩判断に迷う場合は必ずチームで検討する

（3）チームで対応する

　生徒の自傷にはチームで対応します。「健康に関することはチームで対応する」ことを事前に本人に伝えます。担任，生徒指導担当，専門スタッフ（養護教諭，スクールカウンセラー，スクールソーシャルワーカー，学校医等）に加えて管理部門で構成し，適時適切な情報共有と判断につなげ，過度な注目や巻き込まれ・抱え込み・職員の疲弊を防止します。学校は教育の場であり診療は提供できないこと等，できることを明確にしながら，表4のようなチームとしての個別対応マニュアルを整備し実践するとよいでしょう（⇒参考　3－4－②　メンタルヘルス教育Q&A　全学校関係者（チーム学校）編）。

　生徒は自傷について保護者に伝えないでほしいと求めるかもしれませんが「健康に関わることは秘密にできない」ことを伝えることが重要です。生徒の心理的苦痛が強まることのないよう個別の背景に配慮し，保護者には自傷行為が『心理的苦痛を緩和する，生きるための対処法』であること，自傷は心配な行動だけれどもすぐに自殺につながるわけではないことを伝えましょう。

（4）医療につなぐタイミング

　自傷があればただちに受診が必要というわけではありません。ただし自傷の頻度・程度のエスカレート，自分を故意に傷つける他の行為（拒食・過食，薬物やアルコール等の物質乱用，危険な性的な行動等），自殺企図（飛び降り，縊首，大量服薬等），うつ病の症状，記憶の欠落等がある場合は速やかに医療につなぎます。『生きるための対処法』ではなく『死ぬための行動』に近づいていると感じたらタイミングを逃さないようにします。つないだ後は医療機関と連携し，回復を支援します。

（5）模倣と伝染を防ぐ

　自傷は模倣され伝染することがあります。集団である学校現場やソーシャルメディア空間には，心理的苦痛を抱える生徒や仲間の言動に過敏な生徒が含まれています。身近な人の自傷を知ると自らを傷つける行為への心理的抵抗感やハードルが一気に下がり，模倣から伝染につながるため，情報の取り扱いと発信，対応方法に十分注意します（表5）。自傷への生徒同士の注目や過度の共感がグループ内での伝染，場合によっては競い合いに発展することがあります。

表5　学校で自傷の伝染がある時の対応（文献3の内容に加筆）

①発端になっている人を特定する
②自傷について友人同士で話題にしない（意図せず友人を傷つけている可能性がある）よう伝え，専門家やケアの担当者と話すのはよいこととして推奨する
③自傷の傷痕を他生徒が目にする機会を減らす指導をする（衣服で隠す等）
④自傷の話題は集団では取り扱わず，個別に対応する

3. 学校で自傷を予防する

（1）『SOS』発信トレーニング

　自傷の予防や回復に役立つメンタルヘルス教育として，心の痛みを伝える＝『SOS』を発信するためのトレーニングがあります。自分の心と身体の声に耳を傾ける・自分の心の痛みに気づく・伝える・誰かの心の痛みを聞く等の内容を含みます。自分を大切にする／自分も相手も大切にするためのトレーニングも有用です。資料2のような，友人の不調や異変に気づいた時の対応方法も授業等で取り扱うとよいでしょう。ただし，自傷そのものに焦点化した集団での授業はその影響性や伝染性から一般的に行いません。

資料2　友人の心の痛みに気づいたら

> ACT：気づき（Acknowledge），関わり（Care），つなぐ（Tell）
> 　　〈気づき〉友人の心の痛みに気づいたら深刻な問題だと受け止め，
> 　　〈関わり〉「あなたのことを心配していて，あなたには助けが必要だけど私1人の力には限界がある」と伝え，
> 　　〈つなぐ〉信頼できる周囲の大人につなごう

（2）防御因子の強化と危険因子の弱化

　自傷の防御因子の強化と危険因子の弱化が予防と回復に有効です。相談しやすい環境・関係性の構築，不快感情への対処法・ストレスマネジメント法・レジリエンス（ストレスの強い環境や逆境にあって回復する力）の獲得や自己肯定感・自己効力感の向上につながる関わり，学校や保護者及びその他の支援者による支援ネットワーク作り，メディアリテラシー教育等を普段から実践しましょう。

（3）心のトラブルの正しい理解と姿勢

　自傷などの心のトラブルや病気の話題に触れる時，教室には様々な背景と心の痛みを持つ生徒がいることに十分配慮しましょう。生徒自身や家族が当事者という場合も少なくありません。病気や症状を経験することはめずらしくなく，当事者の責任ではないこと，過度に恐れず身体の病気と同様できることに粘り強く堂々と取り組めばよいこと等を伝えましょう。大人の発する適切なメッセージが正しい理解や姿勢につながり，それが不十分な時にはスティグマやセルフスティグマが生じます。

（4）扉を開く

　思春期にある若者の自傷は『生きるための対処法』です。自分を大切に思えず「自傷しながらでもやらなければならないことがある（学業，受験，部活，対人関係……）」という極端な思考がそこには存在します。「1人ひとりが大切な存在として尊重され，もっと柔軟で自由な生き方でよい」「自傷しながらやらなければならないことはない」といったメッセージを伝える場を学校に作ることで，学校は若者達が自傷せずにのびのびと生きていける世界へ開く扉となるでしょう。

〈三角純子〉

② 児童虐待・いじめ

1. はじめに

　本節で扱う児童虐待やいじめは，家族やクラスという支配的な関係にさらされることであり，思春期のメンタルヘルス問題の大きな原因となるものです。ここでは，これらの問題の心理的な特徴や影響を示した上で，その対応や支援に関して述べます。

2. 児童虐待・いじめの定義や発生状況

　児童虐待とは，「保護者（親権を行う者，未成年後見人その他の者で，児童を現に監護する者）が，子どもの心や身体を傷つけ，子どもの健やかな発育や発達に悪い影響を与えること」です。
　「児童虐待の防止等に関する法律（児童虐待防止法）」（2000年成立）により規定されています。この場合，親は「しつけ」と思っていても，結果的に子どもが与えられるべき養育を与えられず，その基本的な権利が侵害されているかどうかが虐待か否かを見分けるポイントです。児童虐待防止法が制定され，定義や通告について明確化されたことで，2000年の児童相談所における児童虐待相談対応件数は17,725件であったのが，2020年には20万件を超え，急増しています。
　一方，いじめの定義は，2013年に成立した「いじめ防止対策推進法」に示されています。これによれば，「『いじめ』とは，児童等に対して，当該児童等が在籍する学校に在籍している等当該児童等と一定の人的関係にある他の児童等が行う心理的又は物理的な影響を与える行為（インターネットを通じて行われるものを含む。）であって，当該行為の対象となった児童等が心身の苦痛を感じているもの」とされています。2021年度の小学校・中学校・高等学校及び特別支援学校の認知件数総数は615,351件（1,000人当たり47.7件）となっています。
　以上のように児童虐待，いじめは，被害を受けた側が訴えることが難しい問題であり，見過ごされる事例が多かったのですが，被害者の苦痛を重視して報告するように法律で規定されたことで表ざたになるようになったといえます。

3. 虐待といじめの具体的な種類

　児童虐待の種類には表1に示すものが挙げられています[1]。
　また，いじめの種類を表2に示します[2][3]。虐待とある程度一致していますが，関係性攻撃やネットいじめなどはいじめの方でのみ重視されています。

4.「虐待」「いじめ」の基本的な理解

　家族や学校という人が成長していく場において，信頼や安心できる関係を持てることは，本来は大事なものです。しかし，関係性が近いと，自分の考えを相手がわかってくれるという期待が高まり，

表1　児童虐待の種類と内容（文献1を主に参考に作成）

身体的虐待	・外傷としては，打撲傷，あざ（内出血），骨折，頭部外傷，刺傷，タバコによるやけど。 ・生命に危険のある暴行とは首を絞める，殴る，蹴る，投げ落とす，熱湯をかける，布団蒸しにする，溺れさせる，逆さづりにする，異物を飲ませる，食事を与えない，冬戸外にしめだす，縄などにより一室に拘束するなど。意図的に子どもを病気にさせる。
性的虐待	・子どもへの性交，性的暴行，性的行為の強要・教唆など。 ・性器や性交をみせる。 ・ポルノグラフィーの被写体などに子どもを強要する。
ネグレクト	・子どもの健康，安全への配慮を怠っているなど。例えば，家に閉じこめる（子どもの意思に反して学校等に登校させない），重大な病気になっても病院に連れて行かない，乳幼児を家に残したまま度々外出する，乳幼児を車の中に放置するなど。 ・子どもにとって必要な情緒的要求に応えていない（愛情遮断など）。 ・食事，衣類，住居などが極端に不適切で，健康状態を損なうほどの無関心，怠慢など。例えば，適切な食事を与えない，下着など長期間ひどく不潔なままにする，極端に不潔な環境の中で生活させるなど。 ・親がパチンコに熱中している間，乳幼児を自動車の中に放置し熱中症で子どもが死亡したり，誘拐されたり，乳幼児だけを家に残して火災で子どもが焼死したりする事件も，ネグレクトという虐待の結果であることに留意すべきである。 ・子どもを遺棄する。 ・祖父母，きょうだい，保護者の恋人などの同居人が身体的虐待，性的虐待，心理的虐待に掲げる行為と同様の行為を行っているにも関わらず，それを放置する。
心理的虐待	・言葉による脅かし，脅迫など。 ・子どもを無視したり，拒否的な態度を示すこと。 ・子どもの心を傷つけるようなことを繰り返しいう。 ・子どもの自尊心を傷つけるような言動など。 ・他のきょうだいとは著しく差別的な扱いをする。 ・子どもの面前で配偶者やその他の家族などに対し暴力をふるう。

表2　いじめの種類

種　類	内　容
身体的いじめ	殴る，ける，たたく，押しつける。
言語的いじめ	悪口，相手を罵倒する。
関係性攻撃（感情的いじめなど）	ターゲットを決めて，仲間から排除する，無視したり，悪口，噂話，ゴシップを流す。
性的いじめ	標的となる相手に性的な悪口や下品なジェスチャーを行うなど。
ネットいじめ	インターネットを介して，悪口，脅迫，悪い噂を流したり，有害な画像の投稿などを行う。

それに反することに強い怒りが生じるようになる場合があります。近しい関係でもそれぞれの考えがあり，そうした境界線を尊重すべきだと思い直せればいいのですが，相手が自分の考えに合わせるべきだという押しつける考えに陥ると，押しつけられる側にとっては非常に息苦しい状況になります。家族やクラスという小さなコミュニティの中で，決定権の強い側が固定化すると支配−被支配の関係になっていきます。

　親子関係でこれが生じると，虐待になります。もともと親には親権が認められており，子どもに関する決定に親が口を出せるわけですが，あくまで親権は「子どもの成長を助けるという役割を果たすために与えられた権利」であり「子どもを自分のもののように自由にしていい権利」ではありません。しかしこれを勘違いしている親の場合，子どもがいうことを聞かない場合に暴言や体罰を与えてもいいと考えて虐待に陥ります。

　学校の場合は「スクールカースト」（クラス内で「一軍，二軍，三軍」のような上下関係のステータスが生じる現象[4]）のように上下関係が固定化していく中で，一方的な考えの押しつけが起きて，いじめにつながって被害側には大きな心理的ダメージが生じますが，それに異を唱えるとさらに激しい暴力を受けることもあり，抜け出すことが難しくなります。こうした関係性はとても閉鎖的で，外側にいる者にはわかりにくく，被害者は孤立無援な状態に置かれます。

5. 児童虐待やいじめの影響

(1)児童虐待の影響

　児童虐待がもたらす典型的な症状には次のようなものが挙げられています[1]。

● 外傷性ショック：再体験と回避と過覚醒が生じます。再体験というのは，大きなショックを感じるような暴力の記憶を，自動的に繰り返し思い出してしまう症状です。回避というのは，その体験を思い出すような状況を避けることです。過覚醒というのは神経が高ぶった状態がずっと続き，不眠症，イライラや怒りの爆発，集中困難などを生じます。

● 感情の変化：抑うつ，悲哀，怒り，焦り，無力感，罪責感を生じます。

● 身体症状：動悸，呼吸困難，手指の震え，発汗，口渇などです。

● 考え方や対人関係の変化：暴力を受けることで，自分や他人に対して否定的に考えるようになってしまい，何もかもが信じられなくなり，生きることにも否定的になる場合があります。また，暴力を肯定する考え方を学んでしまう場合があります。

(2)いじめの影響

　いじめでも虐待とほぼ同様の症状を生じますが，より直接的に学校生活に影響します。人間関係への不安で友人ができず孤立したり，学業成績の低下，欠席の増加を生じがちです。自尊心が傷つき，自分を失敗者，価値のない存在と感じるようになります。そして，被害者であるにも関わらず，いじめの原因が自分にあると考えて悩み込み，自殺念慮にもつながることが稀ではありません。

　その後いじめっ子から離れた後も影響が残り，成人しても抑うつ状態，自尊心の低下，人間関係や異性関係に対する困難を感じるようになることにつながることも指摘されています。

6. 児童虐待やいじめの要因

　養育者が虐待を行う要因[5]を表3に，いじめ加害の要因[3][6]を表4に示しました。コミュニケーションや養育のスキルの問題，ストレスの強さ，暴力的な方法の容認，生育家庭での暴力の被害体験など

表3　虐待の要因

分類	内　　　　　容	分類	内　　　　　容
個人要因	・貧困，失業，教育水準の低さ ・若い，片親，ステップファミリー，子どもが多いこと ・幼少期の被虐待歴 ・うつ病などの精神障害，アルコールや薬物の使用障害 ・子どものニーズや発達への無理解，養育スキルの不足 ・しつけに体罰を用いる，自分の暴力行為の正当化や否認	環境要因	・夫婦関係における葛藤やストレス，他のタイプの関係性の暴力 ・家族のコミュニケーションスタイルが否定的であること ・社会的孤立 ・家庭に犯罪歴のある人がいる，コミュニティに犯罪が多い ・コミュニティに貧困，就労，住居，食糧の問題が多い ・コミュニティで互いに知り合うことや共同で行う活動が少ない

表4　いじめ加害の要因

分類	内　　　　　容	分類	内　　　　　容
個体要因	・コミュニケーションスキルの問題，適切な方法で友人関係を作るスキルの不足 ・加害行為を正当化する考え ・異質な点やマイノリティへの不寛容及び排除志向 ・相手の苦痛への共感性の不足	環境要因	・保護者の不適切な養育 ・学校や家庭のストレス ・スクールカースト，集団内の同調圧力，閉鎖性 ・教師の不適切な言動

が共通しています。世代間や社会内で，支配－被支配の価値観や方法が伝達されていることになり，これを訂正していくことが必要です。

7. 児童虐待やいじめへの対応・支援

（1）被害児童が陥りがちな対応（望ましくないが，そうせざるを得ない気持ちの理解が重要）

　虐待やいじめを受けた時，どうすればいいでしょうか。被害者が加害者に立ち向かうことは難しく，以下のような支配関係に巻き込まれたままの対応になりやすいことに注意が必要です。

●じっと我慢し続ける：多くの場合この対応になりがちです。親やいじめっ子に逆らえばもっと危なくなる可能性があるので，こうした選択をすることも十分理解できるものです。しかし，この方法は，さらに虐待やいじめを悪化させる可能性がありますし，被害を受ける側のダメージが大き過ぎます。将来，心身の後遺症を生じる場合も多いです。

●自分も暴力をふるう：暴力を受けると，外傷性ショックによって過覚醒となり，神経が高ぶります。また暴力の方法を学習してしまいます。その結果，自分も暴力的になりがちです。暴力や虐待の連鎖に巻き込まれる方法といえるでしょう。

●自分を傷つける：暴力の責任を自分に向けてしまい，処理できない感情を自傷や自殺企図という形で表現してしまうことも多いです。

●アルコールや薬物に頼る，過食に走る：自分のつらい気持ちを感じにくくするためにアルコールや薬物や過食を用いる方法です。

　暴力は大変つらいことですから，以上のようなやり方になるのも仕方がありません。でも，こうした方法は，結局は自分自身をよけいピンチに追いやってしまいます。

（2）適切な対応（必ずそうすべきというよりも，児童がそうした選択肢を持てるように援助すべきもの）

　そこで可能であれば，以下の「離れる」「相談する」という対応が必要です。こうした対応があること，その必要性を知っていただき，学校で児童虐待・いじめの可能性がある場合は，適切な対応・支援につなげていただきたいと思います（⇒参考　3-4-② メンタルヘルス教育Q&A　Q6，Q13，Q30）。

●攻撃を受ける場所（家や学校）から出る・逃げる：一番確実に暴力から逃れられる方法です。暴力を受け続ける義務はありません。いじめであれば学校に行かないこと，虐待でいえば家から離れることですが，もちろん子どもにとってこれは簡単なことではありません。特に，頼りにしていた親から離れ生きていくのは子どものみでは難しく，実際的には，児童相談所などの助けを借りて安全な親戚の家，児童福祉施設や里親で守ってもらう場合が多いです。

●他の人に相談する：暴力的な考え方を持っておらず，わかってくれる大人（担任や養護教諭，スクールカウンセラーが代表ですが，役職以上にわかってくれると思われる大人）や友人に相談に乗ってもらうことが重要です。被害者は周囲の人と引き離されることで「いうことを聞くしかない」と考えている面があるので，他の人に話すことで頭を切りかえることができ，具体的な支援をもらえるチャンスが生まれます。

●関連機関やホットライン（メール，SNSも含む）への相談：市役所や児童相談所などの行政機関や警察，医療機関，人権擁護局，学校の先生や教育相談，虐待やいじめや暴力の被害者の支援活動をしている民間機関やNPOなど，相談する機関が色々あります（表5）。SNSやメールでの相談も始まっています。無料，匿名で用いることができるものがほとんどです。

　相談開始後については，児童虐待に関しては児童相談所を中心に，一旦保護という形で子どもが家

表5 児童虐待やいじめについて相談できる連絡先の例

名　　称	相談の日時や内容
子どもの人権110番 　0120-007-110 　(e-mailやLINEでも行っている)	(月曜から金曜8時30分～17時15分) 法務局・地方法務局，人権擁護委員がいじめや親の虐待について，相談に乗ってくれます。
24時間子供SOSダイヤル 　0120-0-78310	(毎日，24時間) いじめで困ったり，友人や先生のことで困ったことがある場合に相談に乗ってくれます。
チャイルドライン 　0120-99-7777	(毎日16時～21時) NPO法人チャイルドライン支援センターの相談員の方が，18歳までの子どもの相談に乗るものです。
児童相談所虐待対応ダイヤル 　電話番号は「189」	(毎日24時間) 虐待かもと思った時に，児童相談所に通告・相談ができる全国共通の電話番号です。子ども自身も相談できます。
都道府県警察少年相談窓口 　(警察庁)	電話番号や相談の時間は，地域によって異なります。警察庁のホームページで確認してみてください。

庭から離れられるようにしてくれる場合もあります[1]。また虐待をした親に対して，子どもへの接し方を変える働きかけも行われています[7]。いじめに関しては，被害児童や保護者が学校に訴えることで，先生がその事実を確かめ，それが起きないような対応をしてくれること（加害をした子どもと離れられること等）が期待されますが，十分な対応がされないこともあるというのが現状です[8]。加害児童が謝罪をしても，関係性暴力のようにクラスの多くの子どもが関わっている（積極的ないじめでなくても，黙認するという形での加担も含む）場合も多く，被害児童が学校を安全に過ごせる環境と感じられるようになるのはとても時間のかかることで，学校全体の継続的なサポートが必要です。

　虐待やいじめによる被害児童の心身の問題へのカウンセリングや治療も，学校内でのスクールカウンセラー，地域の公共機関での教育相談，または学校外の精神医療などで行われる場合もあります。子どものトラウマは治療で大きく改善する場合も少なくないので児童精神科などに行くことは有用と思われます。

　虐待をする養育者に対しては，子どもの気持ちを受け止め，暴力を用いない関わりを学ぶためのプログラムが行われ始めています。いじめの加害児童への指導や相談も学校で取り組まれ始めています。ただ加害者が学校で支援を受けている間に，被害児童は学校に行けなくなるというようなことも少なくなく，被害児童の支援と加害者への対応をどのように進めるべきかについて議論が起きているのが現状であると思います。また，予防を目的に，ノルウェーでオルヴェウスいじめ防止プログラム[9]が開発され，日本でも予防のためのプログラムが作られています[6]。その内容には，いじめとは何かを伝え，それをなくすための方法や，いじめ被害を受けた時の対応などが含まれています。

8. まとめ

　児童虐待やいじめは，その被害者に深刻で長期のダメージを与えるものですが，加害者が作り出す支配的な関係に取り込まれてSOSが出しにくく，見過ごされやすいことを示しました。こうした関係が生じえることを知っておいて，学校現場においても必要に応じて周りと相談して，被害者にも加害者にもならない・させないようにすることが重要です。

〈森田展彰〉

③ 不登校・ひきこもり

1. 課題の概要

（1）不登校について

　「不登校」とは，何らかの心理的，情緒的，身体的あるいは社会的要因・背景により，登校しない，あるいはしたくてもできない状況にあるため頻回（通常年間30日以上）欠席する状態です。このような状態の直接の要因が病気や経済的な理由による場合は通常含めませんが，実際は複合的な要因による場合が多いです。

　近年，不登校は増加し続けています。不登校を経験していない人に比べ，不登校経験者は，高等学校や大学・短期大学・高等専門学校への進学率が低く，中学校卒業後の就職率や高等学校中退率も高く，学力・知識不足，生活リズムの崩れ，人間関係の不安など，様々な苦労を経験し，学業，進路選択，友人，社会的自立など社会生活の様々な面で不利益を受けています[1]。そのため，わが国において早急に具体的な対策を講じる必要がある重要課題です。

　近年の不登校対策の成果で，不登校経験に関わらず勉強が続けられるようになり，不登校経験者の大学・短期大学・高等専門学校への進学率は大幅に向上し，就学も就業もしていない割合は減少しています[2]。中学校卒業後に進学や就労など様々な体験を経ることによって，進路の形成を図りつつ将来への夢や希望を持つ人が増えています。

　また，不登校の経験が，進路選択を考える上で自分を見つめ直す機会となったり，いじめなどのストレスから回復するための休養期間となるなど，積極的な意味を持つこともあります[2]。「休んだことで今の自分がある」「成長した・視野が広がった」「出会いがあった」「人とは違う経験をした」「人に優しくなった」など，不登校の経験を振り返りながら前向きに進んでいる人もいます。

　このように，不登校を「心の問題」と「進路の問題」の両方の問題として捉え，児童生徒の将来の「社会的自立」に向けた支援を行う必要があります[1]。不登校のきっかけとなった「心の問題」等の解決を目指した支援に加え，本人の進路形成に資するような指導・相談や，それに必要となる情報提供や「学習支援」などを行う必要があります。対人関係に関わる能力や規範意識，集団における社会性の育成など「社会への橋渡し」や，基礎学力や基本的な生活習慣など学びへの意欲，学ぶ習慣を含んだ「生涯学習」の基盤となる学力を，それぞれの児童生徒の発達段階に応じて育てる「学習支援」の視点が重要です。

（2）「ひきこもり」について

　「ひきこもり」とは，長期間（通常6ヵ月以上）自宅でひきこもって社会参加しない（学校や仕事に行かない，または就いていない）状態が持続している状態です。精神疾患等何らかの病気と考えられる人や自宅で仕事をしている人，自宅で家族以外の人とよく会話をする人，専業主婦・主夫，育児，介護・看護を家庭でよくする人は除く場合もあります。ひきこもりは成人に多く，ひきこもりの長期化による高齢化が近年問題になっています。

　ひきこもりは，どの年齢層にも，どんな立場の人にもみられるもので，多様なきっかけでなりうるものですが，15歳から24歳の間に初めてひきこもり状態になる人が多くいます。ひきこもり状態になったきっかけは，「不登校」に加え，「退職したこと」「職場や大学になじめなかったこと」「人間関

係がうまくいかなかったこと」「病気」などがあります[3]。

　ひきこもりと不登校との関連性については，ひきこもりの人の多くが小学校・中学校・高等学校での不登校の経験を持つことが知られています。不登校の深刻化から，その後長期にわたるひきこもりにつながるケースもあり，ひきこもりを防止する観点からも，不登校への早期の適切な対応は重要で，社会全体で不登校に関する課題に取り組む意義は大きいです。

　ひきこもりは，7年以上の長期にわたる人が多くいます。過去にひきこもり状態にあった人が，ひきこもりであった期間は3年未満，特に6ヵ月〜1年が多くを占めます[4]。ひきこもりは，長期化する人が多いので，早期からの支援が重要です。

　ひきこもりについては，家族の不安・焦燥感が本人への圧力や叱咤激励につながり，さらにそれが本人の焦りを招きひきこもり状態を継続させるといった悪循環が生じる場合があります[1]。そのため，本人や家族の努力だけでなく，専門家等の第三者の関わりが不可欠です。ひきこもりに対する取り組みとしては，ひきこもり支援推進事業があり，全都道府県・指定都市に「ひきこもり地域支援センター」が設置されています。その他，各市町村においても支援に関する相談窓口が設置され，ひきこもり状態にある人の社会参加に向け，状況に応じた支援を行っています。

2. 学校において気をつけたいこと

　不登校の児童生徒数は，学年が上がるにつれて増加し，特に小学校高学年から中学校に多いですが，小学校低学年の頃から不登校になる児童生徒もいます。不登校は，特定の児童生徒に起こる特有の問題ではなく，どの児童生徒にも起こりうる問題として捉える必要があります。

　欠席状態が長期化すれば回復が困難になりますが，学校を休み始めた時期と長期化した時期との間にはタイムラグが生じていることが知られており，一定の「潜在期間」を経て不登校になると考えられています[2]。この「潜在期間」に早期に気づき，不登校に関連する要因に対して早期に対応することが，不登校の予防のためには重要です。

　不登校の状態は，「不安」「情緒的混乱」「無気力」などの「心の問題」として捉えられることが多く，発達障害などに伴う不適応，心身の病気，いじめ，虐待，遊び・非行による怠学などを要因とする場合もあります。いずれの要因が主であるか決めがたい複合的な場合も多く，不登校対策では，個々の多様な要因や背景に応じて適切な対策を講じる必要があります。そのため，学校，家庭，地域が連携・協力し，不登校の児童生徒がどのような状態にあり，どのような支援を必要としているのか正しくアセスメントを行う必要があります。その上で，関係機関による適切な地域連携に基づく支援と多様な学習の機会を児童生徒に提供することが重要です[1]。

　地域連携に基づく支援に関しては，不登校の解決を中心的な課題とする新たな地域連携を組織する場合もありますが，生徒指導や心のケア等の学校や関係機関等からなる既存の会議や組織を活用して，効果的かつ効率的に連携を図る配慮も重要です。その際に，学校や教育行政機関が，公的機関のみならず，多様な学習の機会や体験の場を提供する民間施設やNPO等と積極的に連携し，相互に協力・補完し合い，多様な就学形態を認めることの意義は大きいです[5]。不登校の児童生徒に対して，それぞれの関係者がどのような役割を担うか，日常的に関係者同士で学校の内外の連携の在り方を相談しながら，児童生徒が不登校になった時に円滑に連携できるための備えが重要です。

3. 課題の背景にある現代的問題について

　不登校となった直接の要因については，「本人の問題に関する要因」「家庭生活に関する要因」「学校生活に関する要因」があります[1]。「本人の問題に関する要因」としては，体調不良，無気力，不安，生

活リズムの乱れ，心身の病気に加え，遊び・非行型や，直接のきっかけとなるような要因が特にみあたらない場合もあります。近年では日本語を母語としないため，授業を理解できず友だちもできず不登校になる児童生徒も増えています。「家庭生活に関する要因」としては，「親子関係の問題」などがあり，児童虐待の存在も指摘されています。「学校生活に関する要因」の割合は学年が上がるに従い増え，「学業不振」や「友人関係の問題」「教職員との関係の問題」などがあり，いじめや体罰等もあります。

このように，個々の児童生徒が不登校となる要因や背景は様々で，不登校の状態が継続している間にも時間の経過と共に変化したり，本人にもはっきりとした要因や背景がわからない場合も少なくない等，不登校の要因や背景は1つに特定できないことも多いです。ここでは，不登校や「ひきこもり」の背景として，近年増えているスマートフォンなどへの依存，発達障害，児童虐待，ヤングケアラーについて簡単に説明します。

（1）スマートフォンなどへの依存について

スマートフォンは，小学校高学年から所持率が上がり，子どもにとって身近なツールです。SNSや動画の視聴，ゲームなど便利な機能によって簡単に楽しみを得られます。不適切な長時間の使用を続け，生活リズムが乱れ昼夜逆転し，登校しにくくなる児童生徒もいます。成績が著しく下がる，実際の人間関係に悪影響を及ぼす，過度な課金をする，SNSを通じて何らかのトラブルに巻き込まれるなど，様々な問題が起きているにも関わらず，使用がやめられず，使用できない状況が続くとイライラして落ち着かなくなるなど精神的に依存してしまう状態に陥ることがあります。

思春期，青年期の年代で依存傾向が高い人が増えています。背景に発達障害や家庭生活の問題が隠れている場合もあります。依存状態が長引くと深刻な孤立や「ひきこもり」に至ることもあるため，関係機関とも連携した慎重な対応が必要です（⇒参考 2-2-④ ゲーム依存症・スマホ依存症）。

（2）発達障害について

本人をめぐる課題の中には，自閉症スペクトラム障害，注意欠陥・多動性障害，学習障害等の発達障害の存在も指摘されています[1]。発達障害や知的障害が軽度あるいは診断がつくかつかないか判断が難しい場合などでは，幼少時期から適切なアセスメントが行われず，本人の特性に応じた支援が行われないまま成長し，不適応を来す場合もあります。また，家族が同様の特性を持つ場合もあります。家族だけでなく前籍校や関係機関と連携するなどして幅広く情報を収集し，必要に応じて知能検査や心理検査を行い，児童生徒の特性の理解を深めることで，不登校への支援が進む場合もあります（⇒参考 2-1-⑦ 発達障害）。

（3）児童虐待について

児童（ここでは18歳未満の者）への虐待については，近年深刻の度を増しています。虐待を受けた児童の約半数は小・中学生が占めており，虐待の内容は，身体的虐待，性的虐待，保護者の怠慢・拒否（ネグレクト），心理的虐待と様々です。このうち，ネグレクトには，保護者が学校へ行かせないなど登校を困難にするような事例が含まれ，不登校の背景にそうした疑いがある場合もあります。また，いずれの種類の虐待であっても，児童の心身の成長に重大な影響を及ぼし，友だち関係に支障を来したり，非行に走る要因になることなども懸念されます[1]。これらの課題に適切な対応をとることは，不登校対策上，重要な意味を持ちます（⇒参考 2-3-② 児童虐待・いじめ）。

（4）ヤングケアラーについて

「ヤングケアラー」とは，本来大人が担うと想定されている家事や家族の世話などを日常的に行っている子どものことを意味します。概ね20人程度に1人（4.1～6.5％）は該当する子どもがいると考えられています[6]。家事や家族の世話などを若い頃に担った経験をその後の人生で活かすことができていると話す人もいますが，学業，友人関係，就職など生活の様々な面に重大な影響が出ます。遅刻・

早退・欠席が増え勉強の時間が取れず不登校になる，睡眠や自分の時間が取れずストレスを感じる，友人と過ごす時間が少なく孤独を感じる，というヤングケアラーは少なくありません。自分に自信が持てず進路にも影響が出ます。家族をはじめ周囲の大人に相談する経験がない児童生徒も多くいます。周囲の大人が早めに気づいてあげて，早めに支援をする必要があります。

4. 学校教育において強調すべきこと

　近年，社会を取り巻く環境の変化により，不登校の要因は，ますます多様化しています。不登校・ひきこもり対応には，学校内外の多くの関係者との連携が必要です。個々の児童生徒に関しては，不登校の兆候を早期に気づき，早期に対応していくことが重要です。不登校に関しては，その予防と不登校状態になった時の対応についての情報を知ることが重要です。

　児童生徒が，家庭や学校生活などで困ったことがあった時に相談できるよう，学校にいる相談員や相談機関を利用する方法についての情報を児童生徒に提供し，相談が必要な時に相談しやすい配慮が必要です。スクールカウンセラーの配置等を通じ，児童生徒に対する支援体制が整備されてきており，不登校の児童生徒の相談相手としては，スクールカウンセラーなど学校にいる相談員を利用した割合が高い他，教育支援センターや民間施設の利用も増えています[2]。学校にいる相談員，養護教諭を含む学校の教職員，教育支援センター（適応指導教室），民間施設（フリースクールなど），病院・診療所など，相談できる機関は増えていますが，依然，何も利用していない児童生徒もいます。最近は，メールや電話などを活用した相談窓口を持つ機関もあります。そのような相談窓口に関する情報を，特に不登校の児童生徒にこまめに提供することが重要です。また，どのような時に相談すべきかを理解するために，「心の問題」に対する理解を児童生徒が深めることも重要で，うつ病や不安障害，統合失調症などの精神疾患に関する教育も重要です。

　児童生徒の中には，しんどくても周囲に相談した経験がないため，周囲の大人に頼れない児童生徒もいます。学校の教職員は児童生徒にとって最も身近な大人です。生徒の自殺対策などでSOSの出し方に関する児童生徒への教育は進んできましたが，学校の教職員も，気になる児童生徒がいれば，早めに何らかの支援につなげることが重要です。

5. その他の留意点

　不登校の状態になった児童生徒を無理に登校させるのではなく，児童生徒や家族が孤立しないように，スモールステップで少しずつ対応するよう，親や教職員が態度を変える必要もあります。

　不登校が長期化すると，児童生徒本人や家族にも焦りが出てきます。そのような場合，無理をして復帰当初からすべての授業に出席しようとしがちです。リハビリと同じで，少しずつ活動量，頻度を増やすことが重要です。そのためには，児童生徒のペース配分を一緒に考えていくための，ペースメーカー的な役割の教職員の存在が重要です。

　また，不登校から登校を再開する場合，学校の内外の様々な関係者との間で調整が必要になります。関係機関との連携や支援体制の調整などを行う場合，担任，養護教諭，特別支援教育コーディネーター，保健主事，教頭，副校長や校長などの関わりが不可欠ですが，窓口が多くなり過ぎると誰に相談すればいいかわかりにくくなります。学校の相談体制に関する情報は，児童生徒だけでなく保護者にも具体的にわかりやすく提供することが重要です。

　さらに，「心の問題」を持つ児童生徒の対応をする場合，家族や教職員も不安になることがあります。家族や教職員同士がメンタルの不調を来さないよう，互いに支援し合うことも重要です。

〈高橋秀俊〉

④ トラウマ・PTSD

1. トラウマとは?

　トラウマ（心的外傷）とは，その人にとって身体的あるいは感情的に有害，または，生命を脅かす出来事（表1）を体験した後に，その人の健康（精神的，情緒的，身体的）や幸福（社会的，スピリチュアル）に長期的に悪影響が及ぶことをいいます[1]。直接の経験だけではなく，目撃したり，人から聞いたりすることがトラウマになることもあります。日本人がトラウマ性の体験を生涯に経験する割合は，約60％とされています[2]。

　トラウマを引き起こす可能性のある出来事によって，すべての人にトラウマが起こるわけではありません。その人が，出来事をどのように体験したかによって，その影響は異なります[1]。出来事が，生命や身体の安全を実際にひどく脅かしたり，他の人たちや社会に対する，安全感，安心感，信頼感を損なうものとして体験されたり，その出来事の後に人とのつながりが乏しく孤立した状況が続いたりすると，長期的に悪影響が続きます（図1）。出来事がどのように体験されるかは，その人の人・文化・社会に対する考え方，人や社会とのつながり，過去のトラウマ性の体験，年齢など，様々な個人的要因と関係します。

表1　トラウマを引き起こす可能性のある出来事の例[1] [3] [4] [5]

・自然災害（地震，水害，津波など）	・虐待（精神的，身体的，性的）やネグレクト
・重大な事故（交通事故や火事など）	・事故・災害・自殺・殺人などで人の死やひどいケガを目撃
・戦争，戦闘，テロ	・深刻ないじめ
・暴力被害（犯罪，家庭内暴力（DV）など）	・重い病気やケガ，火傷などでの苦痛を伴う治療
・性被害（レイプなど）	・家族や友人など身近な人をショッキングな形で亡くす

図1　トラウマの発生と回復のプロセス

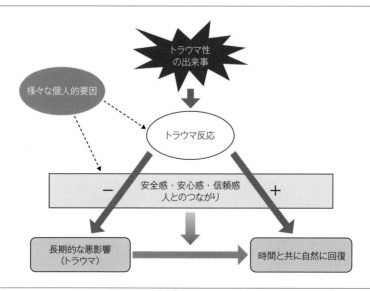

2．トラウマ性の体験で起こる反応[3) 4) 5)]

　トラウマ性の出来事によってトラウマ性の体験が起こると，その人の精神，身体，行動に様々な反応が起こります（表2）。こうした急性の反応は，出来事の直後から1ヵ月程度の間に自然に回復することが多く，自然に回復する反応は「異常な状況に対する正常な反応」と考えられています（図1）。しかし，こうした反応のために強い苦痛が起こり，日常生活にも大きな支障が出る状態は急性ストレス反応と呼ばれ，専門的な治療が必要になる場合もあります。

　また，人は誰でも，心身の安全が脅かされるような危機を察知した時に，闘争（Fight），逃走（Flight），フリーズ（Freeze）の3つのFと呼ばれる反応（表3）が自動的に起こります。どの反応がどのようにどの程度出るかには個人差があります。

表2　トラウマ性の反応：精神・身体・行動の変化の例

精神の変化	ぼう然とする，恐怖，不安，落ち込み，悲しみ，悲嘆，怒り，気分の高ぶり，注意散漫，考えがまとまらない，記憶を失う，つらい出来事を鮮明に思い出す（フラッシュバック）など
身体の変化	不眠，動悸，頭痛，めまい，腹痛，下痢，便秘，吐き気，寒気，発汗，神経過敏，呼吸困難など
行動の変化	出来事を思い出す場所や状況の回避，人を避ける，攻撃的，過活動，過食，拒食，薬やアルコールの過剰摂取，幼児返りなど

表3　危機的状況で発動する反応──3つのF

闘争（Fight）	危険や脅威に立ち向かい，戦おうとすることで，危機を脱しようとする反応
逃走（Flight）	危険な状況から離れることで，安全を確保しようとする反応
フリーズ（Freeze）	危機的状況で，身体が勝手に固まり，思うように動けない状態になる反応

3．トラウマに伴う長期的な影響

（1）自然な回復

　トラウマを引き起こす可能性のある出来事を経験しても，人間には回復力があり，時間とともに自然に回復することがほとんどです。危険が及ぶことのない安全な場所で過ごし，心身の緊張を和らげるような行動をとり，信頼できる人とつながりを持ち，必要なサポートを受けることは，回復を促すことに役立ちます（図1）。

（2）長期的な悪影響

　自分では対処できないような圧倒的な出来事を体験した後，1ヵ月以上を過ぎても，精神や身体，行動に好ましくない反応が強く出るなどし，長期的な悪影響が続く場合があります。安全，安心の感覚は失われたままで，人々や世の中に対する信頼感を取り戻すことができず，人とのつながりも乏しい孤立した状況は，長期的な悪影響を引き起こしやすいと考えられています（図1）。そのような状況が続くと脳は，まだ危機を脱していないと判断し，危機的状況から心身を守ろうとする反応が続き，トラウマに伴う影響が持続するのです。

　トラウマの影響は長期に及ぶことがあり，表2に示したような反応が長期に続いたり，反復したりします。さらに，その人の普段の考え方，対人関係，情緒的な安定性，行動の仕方にも悪影響が出てきたりすることもあります（表4）。

　また，トラウマを経験することは，PTSD（Post-Traumatic Stress Disorder：心的外傷後ストレス症），うつ病，不安症，恐怖症，アルコールなどの物質使用症，双極症，精神症などの精神疾患にかかるリス

表4　トラウマの長期的影響：考え方・対人関係・情緒・行動

考え方の問題	・自分は，自分のことをコントロールできないと考える
	・世界は危険で安全な場所などないと考える
	・誰も信用できないと考える
	・自分は，悪い人間，弱い人間だと考える
対人関係の問題	・人を信頼できない／過度に人の顔色をうかがう／人との交流を避ける
	・人に依存する
情緒の問題	・イライラしやすい，怒りっぽい，気分の浮き沈みが大きい，落ち込みやすい，緊張しやすい，不安や心配が多い
行動の問題	・衝動的，自暴自棄，暴力的，危険な行動
	・ひきこもる，行動範囲が狭い
	・過食や拒食／薬物やアルコール使用の問題／ギャンブルの問題

表5　PTSDの症状の例

再体験症状	・トラウマ性の体験が意図せず思い出される（フラッシュバック）
	・トラウマ性の体験が今まさに起きていることのように感じる
	・トラウマ性の体験に関連する夢をみる（悪夢）
回避症状	・トラウマ性の体験に関する考えや記憶を避ける
	・トラウマ性の体験を思い出すような活動，状況，人，会話，物などを避ける
持続的な過覚醒状態	・不眠，リラックスできない，緊張しやすい，些細な物音に過剰に驚く，イライラしやすい，ビクビクしやすい

クが高まることが知られています。

●PTSDとは [3) 4) 5) 6)]

　PTSDは，トラウマを引き起こす可能性のある出来事（表1）の中でも，著しい脅威や恐怖をもたらす出来事，特に深刻な生命・身体の危機を引き起こすような出来事の後に，特徴的な精神症状（表5）が長期（1ヵ月以上）に持続し，症状のために強い苦痛が生じたり，日常生活に著しい支障が起きたりする精神疾患です。出来事の体験は1回だけのこともあれば，複数回の場合もあります。トラウマ性の体験が繰り返されることによって「感情コントロール」「対人関係」「自分に対する否定的な考え方」の著しい障害が続くものは，複雑性PTSDといいます。

　日本人がPTSDを生涯のうちに発症する割合は1.3％とされており [1)]，よくみられる精神疾患の1つです。PTSDでは，医療を含めた専門機関での相談や治療が必要であり，治療法としては心理療法や薬物療法などが行われます。

　さらに，トラウマ性の体験は身体の健康に慢性の問題を引き起こすことが知られており，特に虐待やネグレクトなどの幼少期のトラウマ性の体験は，肥満，糖尿病，心臓病，がん，脳卒中，肺疾患，骨折，性感染症などの身体疾患の増加に関連することがわかっています。

4. トラウマの回復に役立つアプローチ [3) 4) 5) 7) 8)]

①安全と安心の確保

　トラウマへの支援で最初に優先されるのは安全と安心の確保です。身体的にも心理的にも，安全で安心できる場所・環境を整え，信頼できる人とつながりを持つようにします。

②信頼できる人とのつながり

　家族，友人，同僚，支援者など，信頼でき，安心できる人とつながり，交流を持ち，サポートを得ることは，自分が受け入れられているという安心感，安全感に結びついていきます。

③トラウマについて知る

　トラウマについての正しい知識が役立ちます。困っている症状や問題がトラウマによる影響だと気づいた上で、症状や問題が起こるのは、自分のせいではなく、トラウマ性の体験をした人であれば、誰にでも起こりうることだと知ることが大切です。

④自分を安心させる方法を知る

　自分を安心させる方法にはどんなものがあるのかを知ることも大切です。例えば、ゆっくりと息を吸って吐く呼吸法は気持ちをリラックスさせる効果があります。あるいは、過去の体験と現在とを区別し、自分が「今、ここは、安全である」ことを確認する（例えば、周りを見渡して今いる場所を確認する、体がリラックスする運動をする、好きな香りをかぐ、安心できる人と話をするなど）方法はトラウマ性の体験を思い出したり、現実感を持てなくなった時の対処として役立ちます。

⑤生活リズムを整え、楽しいことを探す

　同じ時間に起床する、適度に身体を動かす、しっかり食事をとるなど、生活リズムを整えることも大切です。心と身体は相互に結びついており、体のリズムが整うことで、心の回復が促されます。また、自分で決めた時間に行動したり、自分で決めた食事をとったりすることで、自己コントロールの感覚が得られるようになります。気持ちが安らいだり、楽しい気持ちになる物事を探し、行動することが役立ちます。

⑥自己コントロールの感覚を取り戻す

　トラウマからの回復には「私は自分で選択し、自分の意思で行動できる」と感じられるような自己コントロールの感覚を取り戻すことが重要です。自分の存在が尊重され、自分の意思で主体的に選択し、行動できると感じられて初めて、その場が安全で、自分が安心してよいと思えるのです。

5．トラウマを持つ人を支援する：トラウマ・インフォームド・ケアを知る[1) 4) 7) 8)]

　トラウマ性の体験の多くは、様々な理由からすぐには語られず、周囲からは気づかれにくいものです。また、本人も自分の状態がトラウマの影響によるものだと気づかないままのことも多いのです。トラウマの影響は、その人の考え、態度、行動などの様々な問題として表れることがあり（表4）、周囲の人々はこれらを「問題行動」として捉えてしまうこともあります。問題行動として叱責や非難をされると、その人は自分がおかしいのだと思ったり、周囲が敵のように感じたりするかもしれません。人を避けてますます孤立してしまうと、トラウマからの回復は一層遠のいてしまいます。このため、トラウマを抱えている（あるいは、抱えていると思われる）人を支援する人が、トラウマについての正しい知識を持ち、「問題行動」にみえるものがじつはトラウマの影響によるものだと理解することが大切なのです。

　トラウマの影響を十分理解して、配慮ある関わりをすることをトラウマ・インフォームド・ケアといいます。トラウマを抱えている人に必要なのは叱責や非難ではなく、安全と安心を感じられるような態度であることを理解し、相手を思いやり、尊重した上で適切なサポートに結びつけていきます。トラウマを抱えている人にもやさしい環境づくりは、医療、福祉、教育、行政、司法など、様々な領域で求められるものです。トラウマへの対応は4つのRとしてまとめられます（表6）。

表6 トラウマ支援の4つのR[1]

理解する（realize）	トラウマの影響と回復への道筋を知る
認識する（recognize）	トラウマの影響が表れていることに気づく
対応する（respond）	トラウマに配慮した対応を組み入れる
再トラウマ化を予防する（resist re-traumatization）	再び傷つき体験を起こさないようにする

6. 専門家ではない人が，身近な人がトラウマを抱えているかもしれないと気づいた時

　トラウマの体験は，学校，家庭，その他の社会生活など，あらゆる人にとって身近に起こりうることです。誰でも，自分自身，あるいは，身近な人たちがトラウマを経験していることに気づくことがあるかもしれません。その時に，どのように対応したらよいかとまどったり，不安になったりすることは自然なことです。1人だけで抱え込まず，自分のできる範囲で無理のない関わりをすることが大切です。以下のような姿勢で関わることが役立つことがあります。
・本人のペースに合わせ，焦らずゆっくりと関わる姿勢
・本人が自分の意見や気持ちを大切に扱ってもらえていると体験できるような姿勢
・話したいことを話してもいい安全な場所・人・支援者を探し，適切なサポートにつなげる
・自分だけで抱え込まないようにする。トラウマを抱える人だけでなく，周囲で支える人達が安全に相談できる相手（スクールカウンセラー，その他の専門家など）や場所を確認する

7. 支援者のケアも大切

　トラウマを抱えている人の回復には，人とのつながりが大切ですが，支援している側の人が，その人のトラウマを一緒に抱え，トラウマ性の反応を示すことを二次受傷といいます。支援している人が，「自分は役立っていない」と考えたり，「自分が助けなければ」と過度な使命感を抱いたりし，落ち込み，無力感，疲労感，イライラ，不眠などの精神症状が出たり，中にはPTSDの症状が出たりすることもあり注意が必要です。このため，支援者のケアも大切だと考えられており，支援者自身の休息，気分転換，支援者同士の交流や支え合いなどが大切です。

〈松本和紀・柏葉祐佳・平間亜由美・濱家由美子〉

第2部 文献

〈第2部共通〉
i ）American Psychiatry Association: Diagnostic and Statistical Manual of Mental Disorders, 5th Edition (DSM-5). American Psychiatoeic Association, 2013
ii ）アメリカ精神医学会，日本精神神経学会日本語版用語監修，髙橋三郎，大野裕監訳：DSM-5 精神疾患の診断・統計マニュアル．医学書院，2014
iii ）World Health Organization: International Classification of Diseases. 11th Revision (ICD-11) https://icd.who.int/（2023年6月8日確認）

〈第1章〉
①うつ病
1 ）Herman H, Patel V, Kieling C et al.: Time for united action on depression: a Lancet-World Psychiatric Association Commission. Lancet 399: 957-1022, 2022
2 ）仁王進太郎監修，水野雅文シリーズ監修，WILL こども知育研究所編著：はじめて学ぶ精神疾患　10代から知っておきたいうつ病．保育社，2021
3 ）Yatham LN, Kennedy SH, Parikh SV, et al.: Canadian Network for Mood and Anxiety Treatments (CANMAT) and International Society for Bipolar Disorders (ISBD) 2018 guidelines for the management of patients with bipolar disorder. Bipolar disorders 20: 97-170, 2018
4 ）McIntyre RS, Berk M, Brietzke E, et al.: Bipolar disorders. Lancet 396: 1841-1856, 2020

②統合失調症
1 ）厚生労働省：平成30年版厚生労働白書．こころの病気の患者数の状況　https://www.mhlw.go.jp/stf/wp/hakusyo/kousei/18/backdata/01-01-02-09.html（2023年7月24日確認）
2 ）尾崎紀夫，三村將，水野雅文，村井俊哉編：標準精神医学第8版．医学書院，2021
3 ）根本隆洋：統合失調症の早期介入．精神科研修ノート 改訂第2版．pp.324-326．診断と治療社，2016
4 ）根本隆洋：統合失調症（初回エピソード）．今日の治療指針2022年版．pp.1076-1078．医学書院，2022
5 ）根本隆洋：統合失調症（維持療法とリハビリテーション）．今日の治療指針2016年版．pp.1036-1038．医学書院，2016

③社交不安症
・　新村秀人監修，水野雅文シリーズ監修，WILL こども知育研究所編著：はじめて学ぶ精神疾患　10代から知っておきたい不安症．保育社，2021
・　尾崎紀夫，三村將，水野雅文，村井俊哉編：標準精神医学第8版．医学書院，2021
・　上記 ii ）

④パニック症・強迫症
1 ）神庭重信，三村將編：不安症群，強迫症および関連症群，心的外傷およびストレス因関連障害群，解離症群，身体症状症および関連症群（DSM-5を読み解く 4）．中山書店，2014

⑤摂食障害
1 ）西園マーハ文監修，水野雅文シリーズ監修，WILL こども知育研究所編著：はじめて学ぶ精神疾患　10代から知っておきたい摂食障害．保育社，2021
2 ）西園マーハ文：対人援助職のための精神医学講座〜グループディスカッションで学ぶ〜．pp.122-137．誠信書房，2020

⑥睡眠・覚醒障害
1 ）内山真編：睡眠障害の対応と治療ガイドライン第3版．じほう，2019
2 ）米国睡眠学会，日本睡眠学会診断分類委員会訳：睡眠障害国際分類第3版．ライフ・サイエンス，2018
3 ）古池保雄監修，野田明子・中田誠一・尾崎紀夫編：基礎からの睡眠医学．名古屋大学出版会，2010

⑦発達障害

1)　文部科学省：発達障害を含む障害のある幼児児童生徒に対する教育支援体制整備ガイドライン，2017
2)　本田秀夫：学校の中の発達障害─「多数派」「標準」「友達」に合わせられない子どもたち．SBクリエイティブ，2022
3)　太田豊作，飯田順三：【診断と治療のABC［130］発達障害】（第5章）治療・療育　ADHDの治療・支援．最新医 別冊（発達障害）：165-172，2018

〈第2章〉
①アルコール依存症

1)　厚生労働省e-ヘルスネット，木村充：アルコールと依存　https://www.e-healthnet.mhlw.go.jp/information/alcohol/a-05-001.html（2023年5月31日確認）
2)　新アルコール・薬物使用障害の診断治療ガイドライン作成委員会監修，樋口進・齋藤利和・湯本洋介編：新アルコール・薬物使用障害の診断治療ガイドライン．新興医学出版社，2018
3)　 World Health Organization: Global Status Report on Alcohol and Health 2014. World Health Organization, 2014.
4)　Osaki Y, Kinjo A, Higuchi S, et al.: Prevalence and Trends in Alcohol Dependence and Alcohol Use Disorders in Japanese Adults; Results from Periodical Nationwide Surveys. Alcohol Alcohol 51(4): 465-473, 2016.
5)　厚生労働省：健康日本21（第二次）最終評価報告書　https://www.mhlw.go.jp/stf/newpage_28410.html（2023年7月10日確認）
6)　AMED（国立研究開発法人日本医療研究開発機構），研究代表者 樋口進：アルコール依存症の実態把握，地域連携による早期介入・回復プログラムの開発に関する研究，2016-2018
7)　厚生労働科学研究，研究代表者 樋口進：WHO世界戦略を踏まえたアルコールの有害使用対策に関する総合的研究，2013-2015

②薬物依存症

1)　警察庁組織犯罪対策部：令和4年における組織犯罪の情勢【確定値版】，p.48，2023
2)　Butwicka, A. et al.: Increased Risk for Substance Use-Related Problems in Autism Spectrum Disorders: A Population-Based Cohort Study. J Autism Dev Disord. 2017 Jan; 47(1): 80-89
3)　Felitti V.J., et al.: Relationship of childhood abuse and household dysfunction to many of the leading causes of death in adults. The Adverse Childhood Experiences (ACE) Study. Am J Prev Med. 1998 May; 14(4): 245-258
4)　Kessler, R.C. et al.: The prevalence and correlates of adult ADHD in the United States: results from the National Comorbidity Survey Replication. Am J Psychiatry. 2006 Apr;163(4): 716-723
5)　小林桜児：人を信じられない病─信頼障害としてのアディクション．日本評論社，2016

③市販薬・エナジードリンクへの依存

1)　松本俊彦，宇佐美貴士，船田大輔他：全国の精神科医療施設における薬物関連精神疾患の実態調査．令和2年度厚生労働行政推進調査事業費補助金分担研究報告書，2021
2)　宇佐美貴士，松本俊彦：10代における乱用薬物の変遷と薬物関連精神障害 患者の臨床的特徴．精神医学，62：1139-1148，2020
3)　成瀬暢也：OTC薬乱用・依存の現状と対応．中毒研究，34：11-17，2021
4)　成瀬暢也：薬物依存症の回復支援ハンドブック 援助者，家族，当事者への手引き．pp.97-99，金剛出版，2016
5)　成瀬暢也：病としての依存と嗜癖．こころの科学．182：17-21，2015

④ゲーム依存症・スマホ依存症

1)　総務省：平成29年版情報通信白書，2017
2)　内閣府：令和3年度青少年のインターネット利用環境実態調査結果，2021

3) 久里浜医療センター：ゲームズテスト　https://kurihama.hosp.go.jp/hospital/screening/games-test.html（2023年1月28日確認）

4) Kwon MD-J, Cho H, Yang S et al.. The Smartphone Addiction Scale: Development and Validation of a Short Version for Adolescents. PLoS ONE, 8(12): e83558. doi:10.1371/journal.pone.0083558, 2013

〈第3章〉

①自　傷

1) Matsumoto, T., Imamura, F.: Self-injury in Japanese junior and senior high-school students: Prechiat Clin Neurosci, 62: 123-125, 2008

2) 松本俊彦，今村扶美，勝又陽太郎：児童・生徒の自傷行為に対応する養護教諭が抱える問題について養護教諭研修会におけるアンケート調査から．精神医学，51：791-799，2009

3) ダグラス・ジェイコブ，バレント・ウォルシュ，モイラ・マックデイド他：学校における自傷予防．金剛出版，2010

4) Joiner, T. E.: Why people die by suicide. Cambridge, MA: Harvard University Press, 2005

②児童虐待・いじめ

1) 厚生労働省：子ども虐待対応の手引　https://www.mhlw.go.jp/bunya/kodomo/dv12/00.html（2023年6月15日確認）

2) Demirbağ,B. C., Çiçek, Z., Yiğitbaş,Ç., et al.: The Relationship between Types of Bullying Experienced by Primary School Students and their Anxiety, State-Trait, Self-Esteem and Certain Socio-Demographic Characteristics Procedia - Social and Behavioral Sciences, 237, 2017

3) Smokowski, P. R., , Kopasz, K. H. : Bullying in school: An overview of types, effects, family characteristics, and intervention strategies. Children and Schools, 27(2): 101-109, 2005

4) 森口朗：いじめの構造〈新潮新書〉，新潮社，2007

5) Centers for Disease Control and Prevention (2021) Risk and Protective Factors for Perpetration https://www.cdc.gov/violenceprevention/intimatepartnerviolence/riskprotectivefactors.html（2023年6月15日確認）

6) 日野陽平，林尚示，佐野秀樹：いじめの個人要因・環境要因にアプローチするいじめ予防プログラムの開発に向けた基礎的知見：いじめの要因のレビューと教員が実施しやすいプログラムのあり方の検討を通して．東京学芸大学紀要．71：433-449，2020

7) 養育者支援プロジェクトのWEBページ（親和性社会行動研究チーム）（ア）http://parent-supporters.brain.riken.jp/supporters.html（2023年6月15日確認）

8) 斎藤環，内田良：いじめ加害者にどう対応するか．岩波書店，2022

9) Olweus, D. A useful evaluation design, and effects of the Olweus Bullying Prevention Program. Psychology, Crime & Law, 11(4): 389-402, 2005

③不登校・ひきこもり

1) 不登校問題に関する調査研究協力者会議（文部科学省）：今後の不登校への対応の在り方について（報告）https://warp.da.ndl.go.jp/info:ndljp/pid/1283839/www.mext.go.jp/b_menu/public/2003/03041134.htm（2023年6月15日確認）

2) 不登校生徒に関する追跡調査研究会1（文部科学省）：「不登校に関する実態調査」～平成18年度不登校生徒に関する追跡調査報告書～　https://www.mext.go.jp/a_menu/shotou/seitoshidou/1349949.htm（2023年6月15日確認）

3) 厚生労働省：ひきこもりVOICE STATION　https://hikikomori-voice-station.mhlw.go.jp/（2023年6月15日確認）

4) 内閣府：生活状況に関する調査報告書（平成30年度）https://www8.cao.go.jp/youth/kenkyu/life/h30/pdf-index.html（2023年6月15日確認）

5) 文部科学省初等中等教育局長　丸山洋司：「不登校児童生徒への支援の在り方について（通知）」 https://www.mext.go.jp/a_menu/shotou/seitoshidou/1422155.htm（2023年6月15日確認）

6) こども家庭庁：こどもがこどもでいられる街に。～ヤングケアラーを支える社会を目指して～【厚生労働省】
https://www.mhlw.go.jp/young-carer/（2023年6月15日確認）

④トラウマ・PTSD

1) Substance Abuse and Mental Health Services Administration: SAMHSA's Concept of Trauma and Guidance for a Trauma-Informed Approach. Rockville: HHS Publication No. (SMA) 14-4884, 2014（大阪教育大学学校危機メンタルサポートセンター／兵庫県こころのケアセンター訳：SAMHSAのトラウマ概念とトラウマインフォームドアプローチのための手引き，2018）

2) Kawakami, N., Tsuchiya, M., Umeda, M., et al.: Trauma and posttraumatic stress disorder in Japan: results from the World Mental Health Japan Survey. J Psychiatr Res. 53: 157-165, 2014

3) 吉田博美，佐々木洋平，山本このみ他：こころの傷つき体験をしたあなたのためのワークブック（第2版），武蔵野大学心理臨床センター，2020

4) トラウマ・インフォームド・ケア学校プロジェクト事業：問題行動の背景をトラウマの視点から考えてみよう，RISTEXプロジェクト事務局（武庫川大学精神保健福祉研究室内），2018

5) 白川美也子：トラウマのことがわかる本，生きづらさを軽くするために出来ること（第4版）．講談社，2020

6) 一般社団法人日本トラウマティック・ストレス学会：PTSDトピックス　https://www.jstss.org/ptsd/（2023年7月1日確認）

7) 野坂祐子：トラウマインフォームドケア　"問題行動"を捉えなおす援助の視点．日本評論社，2019

8) 白川美也子：赤ずきんとオオカミのトラウマ・ケア　自分を愛する力を取り戻す［心理教育］の本．特定非営利活動法人ASK，2016

第3部
実践編

小学校体育科（保健領域）指導案

1. 単元名

小学校　第5学年「心の健康」

2. 単元の目標

・心の発達及び不安や悩みへの対処について，課題の解決に役立つ基礎的な事項を理解できるようにするとともに，簡単な対処をすることができるようにする。
・心の健康について，課題をみつけたり，解決の方法を考えたり，判断したりしたことを表現できるようにする。
・心の健康について関心を持ち，学習活動に進んで取り組もうとすることができるようにする。

3. 単元について

　本単元では，心の健康について課題をみつけ，その解決を目指した活動を通して，心は年齢に伴って発達すること，心と体には密接な関係があり，深く影響し合っていることについて理解できるようにします。また，不安や悩みへの対処には色々な方法があることを理解するとともに，不安や悩みを緩和するための対処の方法を実際に行うことができるようになることを目指します。不安や悩みは誰しもが抱えるものであり，その場合，人に相談したり，運動したりするなど，自分に合った適切な方法を選び，気持ちを楽にしたり，気分を変えたりすることで対処できることを理解できるようにします。その際，適切な方法を選んだり，それがなぜ適切なのか説明したりする活動が大切です。また，体ほぐしの運動や呼吸法を指導するに当たっては，正しく行うだけでなく，その意味や目的を理解した上で主体的に取り組めるよう，発問や資料提示の工夫，対話的な活動を取り入れるなどの手立てを講じていくことが大切です。また，体育科との関連において，体ほぐしの運動で取り扱った運動を用いることで，効率的なだけでなく，心と体との関係に改めて気づくことができ，学習がより一層深まります。

4. 単元計画

時間	第1時	第2時	第3時	第4時（本時）
	心の発達	心と体との密接な関係	不安や悩みへの対処①	不安や悩みへの対処②
主な学習内容	○心は人との関わりあるいは自然とのふれあいなど様々な生活経験や学習を通して年齢に伴って発達すること	○不安や緊張時には体調を崩しやすく，体調が悪い時は，落ち込んだりし，体調がよい時は，気持ちが明るくなったりするなど，心と体は深く影響し合っていること	○不安や悩みがあることは誰もが経験することであり，そうした場合，自分に合った適切な方法を選び，気持ちを楽にしたり，気分を変えたりすることで対処できること ○体ほぐしの運動や深呼吸を取り入れた呼吸法などを行うこと	

主な学習活動	1. 生活場面において幼い頃と現在を比べる。 2. 心がどのように発達していくのかについて，本時のねらいをつかむ。 3. 年齢による感じ方の違いについて自分の経験や異年齢同士での比較を通じて話し合う。 4. 心が発達する要因について考えることで，学習のまとめをする。	1. 不安や悩みが体に与える影響について知る。 2. 体が心に与える影響について，本時のねらいをつかむ。 3. 心や体が互いに与える影響について，経験と照らして心と体は深く影響し合っていることについて話し合う。 4. やる気を出したり，運動で活躍したりするための工夫を考えることで，学習のまとめをする。	1. アンケートから5年生が抱える不安や悩みを知る。 2. 不安や悩みへの対処について，本時のねらいをつかむ。 3. 事例などを用いてどのような対処の仕方があるのか話し合う。 4. 自分の不安や悩みについて，学習を基に適切な対処の仕方を選んで書き出すことで，学習のまとめをする。	1. 成長するにつれて誰もが不安や悩みを抱えることを知る。 2. 不安や悩みの対処としての呼吸法や体ほぐしの運動について，ねらいをつかむ。 3. 腹式呼吸やペアストレッチング等に挑戦する。 4. 不安や悩みに対処するために，自分なりの適切な方法をワークシートに書くことで，学習のまとめをする。

5. 本時の指導案（4/4時間目）

（1）本時の目標

・不安や悩みは誰もが経験することについて知るとともに，その対処として呼吸を整えたり，体ほぐしの運動（ペアストレッチング）を行ったりすることができるようにする。
・自分に合った不安や悩みの内容や程度に応じた解消の仕方を選ぶことができるようにする。

（2）展開

〔　〕：ねらい　〔　〕：発問・指示など

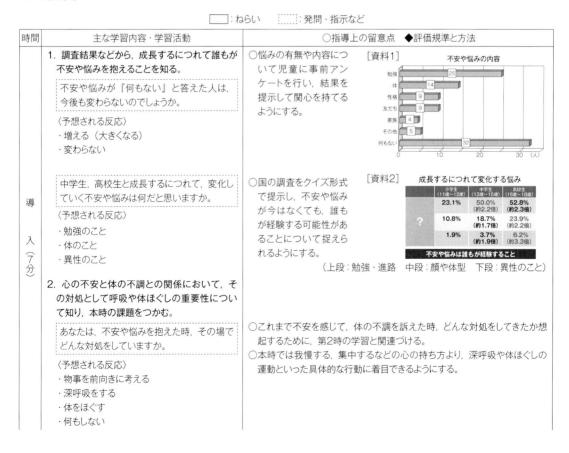

時間	主な学習内容・学習活動	○指導上の留意点　◆評価規準と方法
導入（7分）	1. 調査結果などから，成長するにつれて誰もが不安や悩みを抱えることを知る。 不安や悩みが『何もない』と答えた人は，今後も変わらないのでしょうか。 〈予想される反応〉 ・増える（大きくなる） ・変わらない 中学生，高校生と成長するにつれて，変化していく不安や悩みは何だと思いますか。 〈予想される反応〉 ・勉強のこと ・体のこと ・異性のこと 2. 心の不安と体の不調との関係において，その対処として呼吸や体ほぐしの重要性について知り，本時の課題をつかむ。 あなたは，不安や悩みを抱えた時，その場でどんな対処をしていますか。 〈予想される反応〉 ・物事を前向きに考える ・深呼吸をする ・体をほぐす ・何もしない	○悩みの有無や内容について児童に事前アンケートを行い，結果を提示して関心を持てるようにする。 [資料1] 不安や悩みの内容 ○国の調査をクイズ形式で提示し，不安や悩みが今はなくても，誰もが経験する可能性があることについて捉えられるようにする。 [資料2] 成長するにつれて変化する悩み （上段：勉強・進路　中段：顔や体型　下段：異性のこと） ○これまで不安を感じて，体の不調を訴えた時，どんな対処をしてきたか想起するために，第2時の学習と関連づける。 ○本時では我慢する，集中するなどの心の持ち方より，深呼吸や体ほぐしの運動といった具体的な行動に着目できるようにする。

導入（7分）	緊張や不安が増すと，呼吸はどうなっていくと思いますか。 〈予想される反応〉 ・早くなる ・浅くなる ・それはよくないことなの？	○呼吸が速く深くなると神経系が長時間過敏になることや，不快な感覚のほとんどは過呼吸の結果であることについて触れ，ただ大きく息を吸いこんだり吐き出したりする「深呼吸（≒腹式呼吸）」も時に逆効果となることを押さえる。 ○第2時を踏まえ，呼吸を整えることや筋肉を緩めることは不安への対処に有効であることを押さえる。	

腹式呼吸や体ほぐしの運動（ペアストレッチング等）に挑戦して，自分に合ったより適切な不安や悩みへの対処を身につけよう。

展開（28分）	3. 腹式呼吸や体ほぐしの運動（ペアストレッチング等）に挑戦する。 (1)腹式呼吸に取り組む。 　①座って背もたれに寄りかかる。 　②吸う息と吐く息を意識する。 　　（2秒吸って，2秒吐く） 　③少し大きく吸って，吐く息を長くする。 　　（2秒吸って1秒止めたら3秒吐く） 　④深く呼吸するためにお腹で呼吸する。 　　（3秒吸って1秒止めたら4秒吐く） 　⑤より吐く時間を長くする。 　　（2秒吸って2秒止めたら4秒吐く） 　⑥行う前と後で心の変化を振り返る。 (2)ペアストレッチングやリラクセーションに取り組む。 　・呼吸を止めずに行うこと 　・反動をつけずに行うこと 　・ゆっくり時間をかけて行うこと 　・体の末端から行うこと 〈ペアストレッチングの例〉[1] 　・互いに引き合って体を伸ばす 　・相手の体に負荷をかけて伸ばす 　・相手の体を揺すったり適度な力で押したり叩いたりする（リラクセーション） (3)以下の観点で自己評価を行う。 　・お手軽度　（いつでもどこでも） 　・難易度　（正しくできるか） 　・効果度　（リラックスにつながるか） 　・期待度　（これから取り入れたいか）	○教室の照明を暗くしたり，リラクセーションの音楽を流したりして，より集中できる環境を整える。 ○腹式呼吸で息をゆっくり吐くと，副交感神経が優位になるため，体や心がリラックスする傾向にあることを押さえる。 ○呼吸を意識するために，プレゼンテーションソフトを用いて視覚化する。慣れてきたら目を閉じて行い，呼吸に集中するよう，うながす。 ○ストレッチングは，急に体を曲げたり，強く曲げ過ぎたりせずに，力を抜き，ゆっくり時間をかけて体を伸ばすこと，また呼吸を止めずに，どこを伸ばしているのか意識し，心地よい可動域で行うよう指導する。 ◆不安や悩みに対処することの大切さについて理解するとともに，自らの呼吸を整えたり，簡単なストレッチを行ったりしている。（観察・ワークシート） ○1人ひとりの感じ方の違いから，不安や悩みに応じた自分に合った対処を選ぶだけでなく，正しく行うことの大切さも押さえる。	［資料3］ 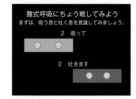 ［資料4］ 

まとめ（10分）	4. 不安や悩みへの対処について，本時を振り返り，学習のまとめをする。 　・資料5の「ドキドキマップ」に，不安や悩みの程度に応じた自分なりの対処方法を選び，その理由を書き出す。 自分の不安や悩みに合った対処方法について，その理由もつけてワークシートに書き加えましょう。 　・気持ちを楽にすることで，大きな悩みを抱えた時に，1人で抱え込まずに誰かに相談しやすくなることを知る。	○前時に扱った不安や悩みのマップを再活用し，不安や悩みへの対処の方法について，本時の活動を踏まえて書き加えるようにする。 ◆心の健康について，考えたり選んだりした方法がなぜ適切なのか，理由を書き出したり説明したりしている。（発言・ワークシート） ［資料5］　　不安や悩みに合った解消方法を選ぼう 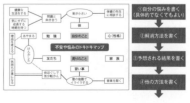 ○単元のまとめとして，心の健康の課題はよりよい解決に向けて自分自身が考えて行動し，表現していくことが必要であることを話す。	

6. 指導のポイント及び活用資料

(1)導入の場面【「自分事」としての当事者意識と学習活動への動機づけを高める】

　5年生の状況として，今は「悩みがない」児童も今後，悩みを抱える可能性があることについて，資料1・資料2のような事前アンケートや調査を提示すると児童の学習意欲が高まります（筆者の実践では，学年で約半数が「(悩みが)何もない」と答えていました）。

　また，第2時で「心と体の密接な関係」について学習した際には，スポーツの試合や発表会等の時に，心の緊張や不安が高まると，手に汗をかいたり心臓の鼓動が早くなったりするなど，身体症状に表れることを学習しています。本時では，逆に体を動かすことで，抱えている不安を軽減させ，心によい影響を及ぼすことができる方法として，腹式呼吸や体ほぐしが有効であることを伝えます。また，呼吸が速く深くなると神経系が長時間過敏になることや不快な感覚のほとんどは過呼吸の結果であることに触れ，ただ大きく息を吸いこんだり吐き出したりする「深呼吸（≠腹式呼吸）」も時に逆効果となることを押さえることで，児童は正しく対処することが重要であるとの認識を深め，展開場面でのさらなる意欲を引き出します。

資料1　事前アンケートの結果

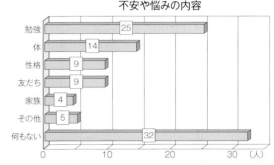

資料2　厚生労働省全国家庭児童調査（平成26年度）の結果

成長するにつれて変化する悩み

	小学生 （11歳〜12歳）	中学生 （13歳〜15歳）	高校生 （16歳〜18歳）
勉強や進路	23.1%	50.0% （約2.2倍）	52.8% （約2.3倍）
顔や体型	10.8%	18.7% （約1.7倍）	23.9% （約2.2倍）
異性のこと	1.9%	3.7% （約1.9倍）	6.2% （約3.3倍）
不安や悩みは誰もが経験すること			

(2)展開の場面【手軽にできる運動を行うことで，生活場面に即した実践力を高める】

①腹式呼吸について

　腹式呼吸は，はじめに呼気（吐く息）と吸気（吸う息）を意識させることから始めます。意識できたら吸う時よりも吐く時に時間をかけるよう，資料3のような提示資料を使って呼吸のリズムをプレゼンテーションソフト等で視覚化するとよいです。また，お腹に手を当て，息を吸ったり吐いたりした

資料3　腹式呼吸の提示資料

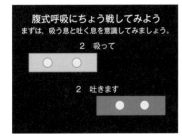 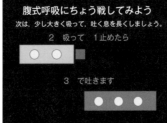 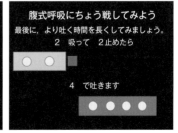

時にお腹が膨らんだりへこんだりしているか確かめさせることも有効です。

②ペアストレッチングやリラクセーション

　ストレッチングを行う際に，息を止めたり，無理に筋肉を伸ばしたりすることで，逆に筋肉が緊張し，逆効果になることから，呼吸を止めずに，伸ばしている筋肉が心地よい程度に伸ばすことを押さえます。また，ペアストレッチングを行う際に，友だちに触られることで過敏に身体が反応して緊張してしまう児童もいるため注意が必要です。事前に体育の授業で取り組んだものを扱うとより効果的です。また児童によっては，ペアストレッチングにこだわらずに１人で行うストレッチングやリラクセーションに取り組むことを選択します。

③学習カードの活用

　本時では，腹式呼吸とストレッチングを扱いましたが，児童が日常で取り組む対処法は様々あり，第３時でも様々な具体を取り上げたところです。児童がそれぞれの対処法について，日常的に実践できるのか，自分自身で効果測定を行う力を養いたいです。そこで，資料４のようなレーダーチャートを用いて腹式呼吸やストレッチを評価するようにします。本時では以下の

　　①手軽度
　　②難易度
　　③期待度
　　④効果度

の４つの視点で評価を行いました。

資料4　レーダーチャートを用いた学習カード

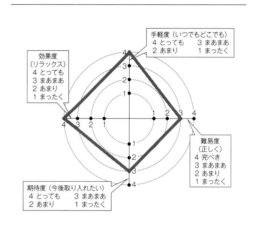

（3）まとめの場面【不安や悩みに合った解消方法を正しく選べるようにする】

　まとめの場面では，展開場面で行った学習活動を生かすとともに，第３時で扱った「自分の悩み」を書き込んだ学習カード（資料５）を再び活用します。呼吸法やストレッチは，簡単な運動を行うことで心をリラックスさせる効果はありますが，悩みの根本が解決するわけではありません。児童の抱える悩みは様々であり，心の持ち方で解決するもの，誰かに相談することで解消するもの，悩んでも解決する問題ではないものなど，悩みの内容によって適切な解消方法は異なります。また，世の中には物や人を傷つけることで解消しようとする人もいます。児童がより適切な方法を自分で選択できる力を育みます。

　本時は単元のまとめの時間でもあります。今は悩みがなくても，学習を生かして，友だちや家族の悩みに対して適切なアドバイスを送るなど，実際的な場面を想起させ，学習の意義を価値づけたり，方向づけしたりして学習を終えます。

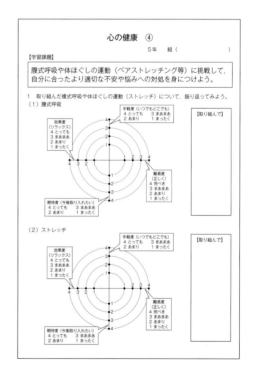

不安や悩みに合った解消方法を選ぼう

不安や悩みのドキドキマップ（マインドマップ）

- 健康な生活をする
- 気にせずに成長する時期を待つ
- 問題と向き合う
- 背が小さい
- 保健の先生に相談する
- 体
- 自分のこと
- 心（性格）
- あやまる
- 勉強
- 理由を考える
- けんかした
- 気持ちが楽になる
- 友だち
- 周りのこと
- 家族
- 習い事
- 体ほぐしで気分転かん
- 塾の宿題でイライラする
- 音楽を聞く

① 自分の悩みを書く（具体的でなくてもよい）
↓
② 解消方法を書く
↓
③ 予想される結果を書く
↓
④ 他の方法を書く

7. 参考資料（その他の時間の進め方）

（1）「心の発達」（1/4時間目）

1時間目は，心は人との関わりあるいは自然とのふれあいなど様々な生活経験や学習を通して年齢に伴って発達することを学習します（資料6）。「欲しいおもちゃがある時」に，幼い頃は「泣く」「困らせる」しかできなかったのに，今は「計画的に貯金する」「親を説得する」など，考えや行動が変化していることから，心の発達について興味や関心を高めます。様々な体験や経験が自身の心の発達に関わっていることを経験上から，また，様々な比較から話し合うことで，教科書の内容がよりずっと身近になります。また，5年生では宿泊学習などで，様々な体験をすることも多く，ものの考え方に影響した経験について取り上げることでまとめとするのもよいです。

（2）「心と体との密接な関係」（2/4時間目）

2時間目は，不安や緊張時には体調を崩しやすく，体調が悪い時は，落ち込んだりし，体調がよい時は，気持ちが明るくなったりするなど，

資料6　学習カード①（文献1 p.37を一部改変）

心の発達 ①

5年　組（　　　　）

【学習課題】心はどのように発達（成長）していくのだろう

1　それぞれの場面について，考え・気持ち・様子・行動などを書き出しましょう。

	幼い頃	5
欲しい物を買ってもらえない場面		
キャンプに行って星空をみる場面		

2　幼い頃と5年生で，ちがいがでるのはなぜでしょう。

3　まとめ

4　感想

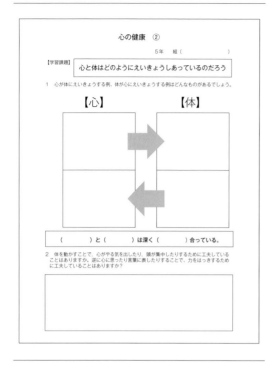

心と体は深く影響し合っていることを学習します（資料7）。不安や緊張から，「心臓がドキドキする」「手に汗を握る」など，心が身体に作用した経験，「運動したらストレス解消した」「父はサウナで汗をかいたら心が『整う』といっていた」など，自分以外の聞いたものでも身体が心に作用した経験について出し合うと興味関心が高まります。大リーガーが打席に入る前に決まったルーティンをすることで集中力を，また勉強する前に身体を動かすことで記憶力をアップさせるなどの工夫を紹介することで，まとめとするのもよいです。

（3）不安や悩みへの対処①（3/4時間目）

3時間目は，誰しもが不安や悩みを抱えていることを知るために，学年で事前アンケートを行っておきます。本時では4時間目と異なり，悩みの内容に焦点を当てるため，クイズ形式で1位から5位まで予想させます。友だちの悩みは5年生にとっても関心事です。本時では，不安が解消するために，運動会や学芸会などの事例を用いてどのような対処の仕方があるのか話し合います。また，自分の不安や悩みについて，ウェビングマップに悩みと共に，どんな解消の仕方があるのか書き出すことで，学習のまとめとし（資料8），4時間目にさらに学習を深めます。

〈増嶋広曜〉

② 中学校保健体育科（保健分野）指導案

1. 単元名

中学校　第1学年「欲求やストレスへの対処と心の健康」

2. 単元の目標

- 欲求やストレスへの対処と心の健康について理解を深めるとともに，ストレスへの対処をすることができるようにする。
- 欲求やストレスへの対処と心の健康について，課題を発見し，その解決に向けて思考し判断するとともに，それらを表現することができるようにする。
- 欲求やストレスへの対処と心の健康について，生涯を通じて心身の健康の保持増進を目指し，明るく豊かな生活を営むことができるようにする。

3. 単元について

　本単元では，欲求やストレスへの対処と心の健康について学ぶことで，健康とは体の健康だけではなく，心の状態も健康に大きく影響を与えていることに気づけるようにします。また，年齢が上がるにつれて欲求やストレスは複雑になり，それらに対処していくことの必要性を実感し，日常生活で抱える不安や悩みに対処する方法を実際に行うことができるようになることを目指します。

　実際に，中学生は，小学生の頃よりも悩みやストレスがあることを実感していない生徒が多く，対処しているつもりでも対処しきれていない状態を放置してしまうことも少なくありません。生徒は気づかぬうちに悩みやストレスを抱え込み，それが体の不調として表面化し，状況が深刻化してから認識する場合もあります。

　ここでは，自分の心の状態を正しく理解するとともに，様々な対処方法があることや，場面や状況に応じて対処方法を「適切に」選んでいくことが必要であることに気づけるような展開を目指します。中学生段階で，悩みやストレスに対処する様々な方法を知り，実践できるようになることは，現代の健康課題である精神疾患の発症や深刻化を抑制することにつながると考えています。

4．単元計画

時間	第1時	第2時間	第3時	第4時間（本時）
	精神と身体の関わり	欲求への対処	ストレスへの対処①	ストレスへの対処②
主な学習内容・学習活動	○精神と身体には，密接な関係があり，互いに様々な影響を与えていること，心の状態が体に表れたり，体の状態が心に表れたりするのは，神経などの働きによることについて理解すること	○心の健康を保つには，適切な生活習慣を身につけるとともに，欲求やストレスに適切に対処する必要があること，欲求には，生理的な欲求と心理的，社会的な欲求があること ○精神的な安定を図るには，日常生活に充実感を持てたり，欲求の実現に向けて取り組んだり，欲求が満たされないときに自分や周囲の状況からよりよい方法をみつけたりすることが重要であること	○ストレスとは，外界から様々な刺激により 心と体に負担のかかった状態であり，適度な ストレスは精神発達上，必要なものであるが，過度なストレスは，心身の健康や生命に深刻な影響を与える場合があること ○ストレスへの対処にはいろいろな方法があり，その中からストレスの原因，自分や周囲の状況に応じた対処の仕方を選ぶことが大切であること，リラクセーションの方法を採り上げ，ストレスによる心身の負担を軽くするような技能ができるようにすること	○ストレスへの対処にはいろいろな方法があり，その中からストレスの原因，自分や周囲の状況に応じた対処の仕方を選び，実施する中でよりよい対処法を考えることが大切であること
	1．心と体が結びついていると実感した体験を振り返る。 2．よい（プラスの）影響と悪い（マイナスの）影響について挙げる。 3．これらの影響は，無意識のうちに引き起こされることを知る。 4．心と体は，神経などの働きを通じて密接に影響し合っていることを知る。	1．心の健康を保つ上で重要だと思うことについて，これまでの自分の生活をふり返りながら考える。 2．心の健康を保つには，適切な生活習慣を身につけたり，欲求やストレスに適切に対処したりする必要があることを知る。 3．今の自分が「○○したい」「××したくない」と思うことについて挙げる。 4．欲求の分類や段階，心の発達と欲求との関係について知る。 5．欲求が満たされなかったときの気持ちや行動について思い出す。 6．欲求に対処する方法について考える。	1．ストレスについて知り，適度なストレスは精神発達上，必要なものであることを知る。また，思春期は，ストレスを感じやすいことについて知る。 2．強いストレスは，心や体の不調や病気の原因となる場合もあることについて知る。 3．ストレスによる心身の負担を軽くする上でリラクセーションを行う意味を知り，その技能を身につける。 4．事例に対応したストレス対処の仕方について考え，意見を交流する。	1．アンケート結果や前時の振り返りとともに，対処法について交流を通して考える。 2．1つの対処法では対処しきれない事例について考える活動を通して，ストレス対処の方法の特徴を考える。 3．事例に対応した適切なストレス対処の仕方について，考えたことをまとめる。 4．単元の振り返りとまとめをする。

5．本時の指導案（4/4時間目）

（1）本時の目標

・ストレスの対処について，習得した知識や技能を活かして，ストレスへの適切な対処の方法を選択することができるようにする。

・ストレスとその対処について，課題の解決に向けた学習活動に自主的に取り組もうとすることができるようにする。

（2）展開

| □：ねらい | □：学習内容 | ⫶：発問・指示など |

段階	主な学習内容・学習活動	○指導上の留意点　◆評価規準と方法
導入（10分）	1. 小学校と中学校の保健室来室状況調査を比較することで，成長に伴う悩みやストレスの変化について考える。 ⫶小学校と中学校の来室理由は内科と外科，どちらが多いと思いますか。⫶ 〈予想される反応〉 ・小学生のときは，よく遊んでよくけがをしていた ・中学生になって，学習のこと，友人関係のこと，悩みが増えて，何となく具合が悪くて，保健室に行ったことがある 2. 前時の事例に対して考えた対処法では解決しない場面を考え（資料2），学習課題の本質である「対処法が適切かどうか」に迫る。 〈予想される反応〉 ・自分が考えた対処では解決しない場合もあるから，違うこともしなくてはならないのかもしれない	［資料1］　保健室利用者の来室理由 【小学校】外科60%／内科34%　【中学校】外科30%／内科64% ［資料2］ 【ストレッサーへの対処をした人の追加事例】 アドバイスをいただき，ありがとうございました。怖くても自分のことをわかってもらえるように，クラスメイトに話しかけてみることにしました。まずは，自分からあいさつしようと心に決めて就寝し，朝起きました。ところが，やっぱり話しかけるタイミングや何を話せばいいかわからないし，もう考え始めると心が苦しくて学校に行けません。 ※他の事例は117ページ参照 ○保健室に来室することが悪いことではないことに十分配慮する。 ○保健室を来室する理由を年代別に考えることで，成長するにつれて悩みやストレスによる内科的症状が増えていることを捉えられるようにする。 ○資料2のような架空のメール返信が届いたことを伝え，実際に対処の難しさに気づくよう促す。
展開（30分）	□ストレスに「適切に」対処するには，どのようなことが必要だろうか。□ 3. 個人で考えた対処法が適切かどうかをグループ→全体で交流し，試行錯誤する。 好きなことをする対処だと気晴らしで忘れられても，原因は解決しないよね。 4. 全体交流を通して，対処法の分類ごとの特徴を整理していく。 5. 様々な対処法を3つに分類する。 ①ストレッサーに対する対処 ②その他の対処（リラクセーション含む） ③受け止め方を見直す対処 6. 教科書の例を参考に（資料4）受け止め方を見直すことを考える。 ⫶この事例の場合では，どのような受け止め方をしたらよいだろうか。⫶	○1つの対処法では解決しない場面におけるよりよい解決方法を考える活動を通して，それぞれ対処法には効果があることに気づくよう促す。 ［資料3］ ①ストレッサーに対する対処 （例）自分から周囲の人に話しかけてみる。親に相談する。 （特徴）原因を解決することに向かう一方で，そのストレッサーを考える時間が苦痛になる場合もある。 ②その他の対処 （例）自分の好きなことをする。リラクセーションをする。 （特徴）ストレスを忘れることができるなど気分転換となる一方で，根本的な解消とはならない。 ③受け止め方を見直す対処 （例）「周りの人も自分と同じように緊張しているから大丈夫。時間が解決していく」「今すぐ，友だちがいなければならないわけではないから大丈夫」「人に認められたい欲求が人一倍強いだけで，みんなも同様に悩んでいるはず」などと受け止め方を見直す。 （特徴）実際の状況や場面において，考え方を変える難しさはある一方で，前向きな心を持つことができる。 ○「受け止め方を見直す対処」については，生徒の対処法から引き出すことが難しい場合もあるので，教師が整理する。 ［資料4］ 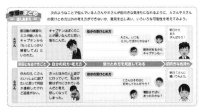 ○資料4のような具体的な場面を例にして，受け止め方を変えてみる経験をすることで，生徒がこの対処法の価値を見出せるようにする。

	7. 改めて事例に対しての適切な対処方法をまとめ，前時に記入したワークシートの対処法に赤で追記する。	◆（学習活動7） ストレスの対処について，習得した知識や技能を活用して，ストレスへの適切な対処の方法を選択することができる内容を【観察・ワークシート】で捉える。
	【課題解決の姿】 習得した知識や技能を組み合わせて活用し，適切にストレスへの対処の仕方を選択することができる。	
まとめ（10分）	8. 最後にクイズを行い，今回学んだことが現代の健康問題Xを引き起こさないための1つの方法であることについて考える。	○徐々に「X＝ストレスが原因となる心の不調」とわかるような段階的なクイズとする。 ○中学生段階なので，「精神疾患」という用語は使わず，「ストレスが原因となる心の不調」とした。 ○健康問題Xについては，高等学校で学習することを伝え，悩みやストレスに対処することの価値についてまとめる。
	【健康問題Xとは？】 （ア）Xは年々増加している。 （イ）Xは日本人の4人に1人が経験する。 （ウ）Xは発症している人の3人に2人が病院を受診していない健康問題である。 （エ）Xの多くは思春期から症状が表れる。	
	9. 単元を振り返って，今後の自分に生かしていきたいことを表現する。	［資料5］ **事例に対しての私の対処法** 好きな音楽を聴いたり，推しの動画を観ます。気分転換にはなっても結局現実に悩んでることは変わらないので私は気分転換を取り入れながら友だちに相談して新たな方法を見つけたいと思います。 ◆（学習活動4・8） ストレスとその対処について，課題の解決に向けた学習活動に自主的に取り組もうとしている状況等を【観察・ワークシート】で捉える。

6．指導のポイント及び活用資料

（1）単元計画の工夫で，生徒が思考・判断・表現する過程で知識及び技能を生きて働くものにする

　1時間目では，精神と身体の密接な関係について学びます。2時間目には，心の健康を保つ上で適切な生活習慣を身につけるとともに，欲求やストレスに適切に対処する必要があることについて学び，欲求への対処の内容へと展開されます。3時間目では，ストレスの対処方法には様々な方法があり，それらの中から自分に合った方法を選ぶ学習をします。また，対処方法の1つとして，リラクセーション技能を実習を通して学び，最後にはケーススタディ（参考資料）を行う流れとなります。

　この時点では，多くのストレスへの対処方法について学んでいますが，具体的な状況において対処する場合，生徒が選んだ対処方法が適切ではない場合もあり得ます。4時間目では，3時間目までに学習したことを活用して考えた事例のストレスへの対処方法では対処しきれない場合（資料2）について生徒が考えることで，様々な対処方法の特徴を踏まえた上で，「適切な」対処方法を選択することができるようにすることを目標としています。この学習活動により，それぞれの対処方法の特徴が明らかになり，場面や状況に合わせて選択することの必要性を

［参考資料］「ストレスへの対処法」を考える際の事例（3/4時間目）

【事　例】

　中学2年生の春，新しい学級の始まりにワクワクドキドキ。新しい学級の教室に入ると，誰も知っている人がいなかった。初日，誰とも話すことができず下校。翌朝，憂うつな気分で登校したが，状況は変わらず，前の席の子がプリントを配るとき，後ろすら振り返ってもらえず，嫌われてる気がした。帰宅し，親には心配かけたくないと思い，明るく振る舞った。そんな状況が1週間続き，明日はいよいよ班決めの日…

実感できるような展開としています（資料3，4）。

　このように，1〜3時間目で学習した知識及び技能を活用し，思考・判断・表現する授業を通して，既習の知識及び技能をどの場面でどのように活用することが有効であるかを考えられるようになり，これこそが「生きて働く知識及び技能」といえると考えています。

[資料1] 保健室利用者の来室理由（札幌市養護教員会「はぐくみ」49号，平成28年度）

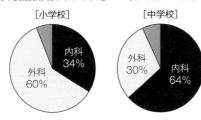

[小学校]　[中学校]

[資料2]「ストレスへの対処法が適切かどうか」を考える際の事例

【ストレッサーへの対処をした人の追加事例】

　アドバイスをいただき，ありがとうございました。怖くても自分のことをわかってもらえるように，クラスメイトに話しかけてみることにしました。まずは，自分からあいさつしようと心に決めて就寝し，朝起きました。ところが，やっぱり話しかけるタイミングや 何を話せばいいかわからないし，もう考え始めると心が苦しくて学校に行けません。

【受け止め方への対処をした人の追加事例】

　アドバイスをいただき，ありがとうございました。ずっと考えた結果，自分ではどうしようもないので，友達に相談することにしました。自分には思いつかない考え方に出会うことができて心が軽くなりました。ところが，明日のことをイメージしても，心配で「こうなったらどうしよう」と考え込んでしまいます。朝，起きて心が弱くなったらどうしよう…眠れない…

【その他の対処法を行った人の追加事例】

　アドバイスをいただき，ありがとうございました。やっぱり好きなことをするのが一番ですよね。好きなことをしてたら忘れますもんね。推しの力は地球を救う…いい言葉ですね。自分も好きな音楽を聞いて，心に余裕を持てるようにしました。おかげでぐっすり眠ることができました。けれど，翌日，登校して学級に入ると，緊張していつもと状況は同じでした。

[資料3] 対処法の分類例

①ストレッサーに対する対処

（例）自分から周囲の人に話しかけてみる，親に相談する。

（特徴）原因を解決することに向かう一方で，そのストレッサーを考える時間が苦痛になる場合もある。

②その他の対処

（例）自分の好きなことをする，リラクセーションをする。

（特徴）ストレスを忘れることができるなど気分転換となる一方で，根本的な解消とはならない。

③受け止め方を見直す対処

（例）「周りの人も自分と同じように緊張しているから大丈夫。時間が解決していく」「今すぐ，友だちがいなければならないわけではないから大丈夫」「人に認められたい欲求が人一倍強いだけで，みんなも同様に悩んでいるはず」などと受け止め方を見直す。

（特徴）実際の状況や場面において，考え方を変える難しさはある一方で，前向きな心を持つことができる。

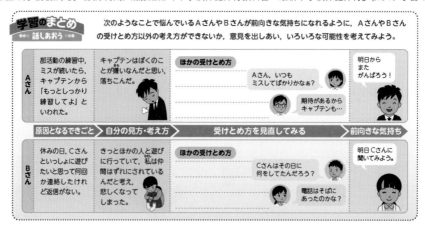

（2）課題を試行錯誤し，粘り強い課題解決を促すために，ワークシートの活用方法を工夫する

　生徒が試行錯誤し，課題解決しようとしている姿をワークシートから見取ろうとする時，ワークシートにはその粘り強い取組がなかなか表現されない現実があります。そこで，生徒が思考判断し，表現したことが明示できるよう，ワークシートのレイアウトや記入方法を工夫しました。以下のように，一度考えた内容を修正したり追加したりする場合は，色を変えて追記するよう指示したり，追記スペースを意図的に作成することは有効です。また，授業を終えたら学びが完結するのではなく，新たに生まれた課題を記入するスペースを設けることで学びの連続性を意識づけることができます。単元が終わっても，生徒が高等学校の学びを意識することにも効果的です。

[資料5] ワークシート

事例に対しての私の対処法

> 好きな音楽を聴いたり、推しの動画を観ます。
> 気分転換にはなっても結局現実に悩んでることは
> 変わらないので私は気分転換を取り入れながら 友だちに
> 相談して 新たな方法を見つけたいと思います。

……… 一度考えた対処法では解決しない状況を提示することで，複数の対処法を組み合わせて，状況に応じて選択していくことが大切であることに気づいていることが，追記している部分（資料5の網掛け箇所）から見取れます。

授業の振り返り

授業	授業を終えて感じたこと・考えたこと	新たに生まれた疑問
❶	私は ストレスを感じやすく、気にしてしまうことが 多くある。 ストレスを気にしなくてもいいような 風になりたい。	どうしたらストレスを 気にしなくてもすむのか？
❷	私には 考えつかなかった 対処法をたくさん 知ることができた。動画から私は日常のストレス を解消することが足りないと気がついた。	リラクセーションって どんなことをするのか気になる
❸	今日やってみた リラクセーションでやる前より 体が軽く なった感じがした。今度 家でもやり入れてみたい。	他にどのような リラクセーションがあるのか
❹	一つの対処法に頼るのではなく、様々な対処 法を組み合わせて行うことでストレスとうまくつきあって いくことができると思った。	たくさん人が経験する 心の病気にならないよう にするにはどうしたらよいか

……… 授業を通して，新たな疑問が生まれており，学びのつながりを実感しながら，主体的に学ぶ態度を引き出すことができます。

……… 授業のまとめのクイズの内容が最後の疑問につながっています。高等学校の学びへの接続を意識したまとめとなりました。

〈飯嶋孝行〉

③ 中学校保健体育科（保健分野）指導案

1. 単元名

中学校　第1学年「ストレスと心の病気」

2. 単元の目標

・ストレスと心の病気（精神疾患）の特徴と対処について，理解することができるようにする。
・ストレスと心の病気に関わる事象や情報から課題を発見し，習得した知識を基に，心身の健康を保つ方法や対策を考えたり，具体的に説明したりすることができるようにする。
・ストレスと心の病気について，自他の課題の解決に向けての学習に自主的に取り組もうとすることができるようにする。

3. 単元について

　2022年4月から，高等学校学習指導要領に「精神疾患の予防と回復」の項目が盛り込まれました。一方で，現行の中学校学習指導要領には「精神疾患」に関する項目は存在しません。「心の健康」を取り扱う項目として，例えば，「心身の機能の発達と心の健康」の（エ）「欲求やストレスへの対処と心の健康」が挙げられ，心の健康を保持増進する方法について理解できるようにするとともに，ストレスへの対処ができるようにする必要があることが記されています[1]。しかし，これは精神疾患について正しい知識を身につけさせる項目とは異なります。現行の中学校教育課程において精神疾患に関する正しい知識を学ぶ機会がないことで，心に不調が生じていることに気づきにくく，本格的な病気の進行・長期化といった状態を招いてしまい，「登校や学習意欲の減退」「進学・進級の妨げ」「ひきこもり」などの要因となる可能性が考えられます。また，精神疾患の発症は思春期から増え始め，そのピークが10代後半から20代であることから[2]，中学生年代から精神疾患に関する正しい知識を学習することの意義は大きいと考えます。
　そこで，本単元を「1　欲求やストレスへの対処と心の健康①」「2　欲求やストレスへの対処と心の健康②」「3　心の病気とは」「4　心の不調への対処」の4時間構成とし，心の健康を保持増進する方法を理解したり，ストレスに対処できるようにしたりすることに加え，心の病気（精神疾患）に関する基本的な知識を身につけることを目標とします。具体的には，心の病気とは不安や気分の落ち込みなどが，その人が普段感じるよりも強く，長引いて，生活に支障を来している状態であることや，心の病気の主な特徴として，誰でも発病する可能性があること，若年で発症する疾患が多いことを理解できるようにします。また，心の病気は不規則な生活習慣や過剰なストレスなどの様々な要因が複雑に絡み合って起こることから，日常生活において，適切な運動や栄養を考慮したバランスのよい食事，十分な休養・睡眠といった調和のとれた生活を心がけることが，予防の観点から重要であることを理解できるようにします。さらに，回復可能性を高めるためには，早期発見・早期治療が重要であり，専門家を含め，信頼できる大人に相談し，適切な支援を受けることが必要であることなどに

ついても理解し，課題解決に向けて自主的に取り組もうとすることができるようにします。

　本単元の学習を通じて，自他の体調に目を向け，心の不調に気がついたり，誰かに相談したり／されたりする機会が増加することが期待されます。また，学習の中で「調和のとれた生活の重要性」に触れることから，他項目とのつながりを意識しながら，日常生活における課題を発見し，心身の健康を保つ方法や対策を考えたり，具体的に説明したりする力を養わせることも大切です。

4．単元計画

	第1時	第2時	第3時（本時）	第4時（本時）
主な学習内容・学習活動	欲求やストレスへの対処と心の健康①	欲求やストレスへの対処と心の健康②	心の病気とは	心の不調への対処
	○心身の健康を保つには，適切な生活習慣を身につけるとともに，欲求やストレスに適切に対処することが必要であること	○ストレスとは，外界から様々な刺激により心と体に負担のかかった状態であり，適度なストレスは精神発達上，必要なものであること，過度なストレスは，心身の健康や生命に深刻な影響を与える場合があること	○心の病気とは，不安や気分の落ち込みなどが，その人が普段感じるよりも強く，長引いて，生活に支障を来した状態であり，その特徴として，誰でも発病する可能性があることや，好発時期が思春期であること ○心の病気は不規則な生活習慣や過剰なストレスなどの様々な要因が複雑に絡み合って起こることから，日常生活において，適切な運動や栄養を考慮したバランスのよい食事，十分な休養・睡眠といった調和のとれた生活を心がけることが予防の観点から重要であること	○心の病気は回復が可能であり，回復可能性を高めるためには，早期発見・早期治療が重要であり，専門家を含め，信頼できる大人に相談し，適切な支援を受けることが必要であること ○心の不調への対処について，自他の課題の解決に向けての学習に自主的に取り組もうとすること
	1．心と体が結びついていると実感した体験を振り返る。 2．心と体は密接に影響し合っており，適切な生活習慣を身につけるとともに，欲求やストレスに適切に対処することが必要であることを理解する。 3．欲求の分類や段階，心の発達と欲求との関係について理解する。 4．欲求が満たされなかった時の気持ちや行動をもとに，欲求に対処する方法について考える。 5．本時の学習の振り返りとまとめをする。	1．ストレスについて知り，心の発達とストレスとの関係について考える。 2．適度なストレスは精神発達上，必要なものであること，強いストレスは，心や体の不調や病気の原因となる場合もあることについて理解する。 3．事例に対応したストレス対処の仕方について考え，意見を交流する。 4．本時の学習の振り返りとまとめをする。	1．悩みや不安があって落ち着かない時の対処法について考え，心の病気の定義を理解する。 2．クイズを通して心の病気の特徴について考え，自分自身に関わる疾患であることを理解する。 3．心の病気の要因について考え，理解する。 4．心の病気の要因を踏まえて自分自身の生活を振り返り，改善点を考える。 5．本時の学習のまとめをする。	1．アニメを視聴し，事例の生徒が体調を崩した原因と心の病気の早期症状を読み取り，ワークシートに記入する。 2．心の病気は回復が可能であり，回復可能性を高めるためには，早期発見・早期治療が重要であり，専門家を含め，信頼できる大人に相談し，適切な支援を受けることが必要であると理解する。 3．心の不調に関して，自分が相談できそうな人や場所について考え，具体的な相談先を理解する。 4．本時の学習の振り返りとまとめをする。

5．本時の指導案（3/4時間目）

（1）本時の目標

・心の病気とは，不安や気分の落ち込みなどが，その人が普段感じるよりも強く，長引いて，生活に支障を来した状態であり，その特徴として，誰でも発病する可能性があることや，好発時期が思春期であることについて理解できるようにする。

・心の病気は不規則な生活習慣や過剰なストレスなどの様々な要因が複雑に絡み合って起こることから，日常生活において，適切な運動や栄養を考慮したバランスのよい食事，十分な休養・睡眠といった調和のとれた生活を心がけることが，予防の観点から重要であることについて理解できるようにする。

（2）展開

□：ねらい　┊┊┊：発問・指示など

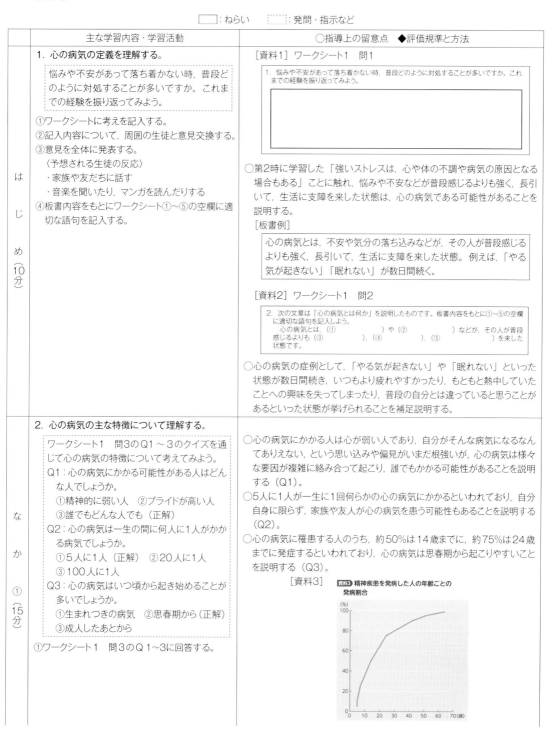

主な学習内容・学習活動	○指導上の留意点　◆評価規準と方法
1. 心の病気の定義を理解する。 悩みや不安があって落ち着かない時，普段どのように対処することが多いですか。これまでの経験を振り返ってみよう。 ①ワークシートに考えを記入する。 ②記入内容について，周囲の生徒と意見交換する。 ③意見を全体に発表する。 〈予想される生徒の反応〉 ・家族や友だちに話す ・音楽を聞いたり，マンガを読んだりする ④板書内容をもとにワークシート①～⑤の空欄に適切な語句を記入する。	［資料1］ワークシート1　問1 1. 悩みや不安があって落ち着かない時，普段どのように対処することが多いですか。これまでの経験を振り返ってみよう。 ○第2時に学習した「強いストレスは，心や体の不調や病気の原因となる場合もある」ことに触れ，悩みや不安などが普段感じるよりも強く，長引いて，生活に支障を来した状態は，心の病気である可能性があることを説明する。 ［板書例］ 心の病気とは，不安や気分の落ち込みなどが，その人が普段感じるよりも強く，長引いて，生活に支障を来した状態。例えば，「やる気が起きない」「眠れない」が数日間続く。 ［資料2］ワークシート1　問2 2. 次の文章は「心の病気とは何か」を説明したものです。板書内容をもとに①～⑤の空欄に適切な語句を記入しよう。 　心の病気とは，（①　　　）や（②　　　）などが，その人が普段感じるよりも（③　　　），（④　　　），（⑤　　　）を来した状態です。 ○心の病気の症例として，「やる気が起きない」や「眠れない」といった状態が数日間続き，いつもより疲れやすかったり，もともと熱中していたことへの興味を失ってしまったり，普段の自分とは違っていると思うことがあるといった状態が挙げられることを補足説明する。
2. 心の病気の主な特徴について理解する。 ワークシート1　問3のQ1～3のクイズを通じて心の病気の特徴について考えてみよう。 Q1：心の病気にかかる可能性がある人はどんな人でしょうか。 ①精神的に弱い人　②プライドが高い人 ③誰でもどんな人でも（正解） Q2：心の病気は一生の間に何人に1人がかかる病気でしょうか。 ①5人に1人（正解）　②20人に1人 ③100人に1人 Q3：心の病気はいつ頃から起き始めることが多いでしょうか。 ①生まれつきの病気　②思春期から（正解） ③成人したあとから ①ワークシート1　問3のQ1～3に回答する。	○心の病気にかかる人は心が弱い人であり，自分がそんな病気になるなんてありえない，という思い込みや偏見がいまだ根強いが，心の病気は様々な要因が複雑に絡み合って起こり，誰でもかかる可能性があることを説明する（Q1）。 ○5人に1人が一生に1回何らかの心の病気にかかるといわれており，自分自身に限らず，家族や友人が心の病気を患う可能性もあることを説明する（Q2）。 ○心の病気に罹患する人のうち，約50％は14歳までに，約75％は24歳までに発症するといわれており，心の病気は思春期から起こりやすいことを説明する（Q3）。 ［資料3］　**資料3 精神疾患を発病した人の年齢ごとの発病割合**

はじめ（10分）

なか①（15分）

		◆心の病気とは不安や気分の落ち込みなどが，その人が普段感じるよりも強く，長引いて，生活に支障を来した状態であり，その特徴として，誰でも発病する可能性があることや，若年で発症する疾患が多いことについて，理解したことを発言したり，ワークシートに記述したりしている状況等を【観察・ワークシート】で捉える。
なか① (15分)		
なか② (15分)	**3. 心の病気の要因について理解する。** 心の病気の要因にはどんなものが考えられるだろうか。できるだけ多く挙げてみよう。 ①ワークシートに考えを記入する。 ②記入内容について，周囲の生徒と意見交換する。 ③意見を全体に発表する。 〈予想される生徒の反応〉 ・不安や悩み，疲れ，ストレス，人間関係など ④板書内容をもとにワークシートに記入する。	○生徒の意見を「生活習慣」「ストレス」「その他」に分類して板書する。 ○心の病気は不規則な生活習慣や過剰なストレスなどの様々な要因が複雑に絡み合って起こることから，日常生活において，適切な運動や栄養を考慮したバランスのよい食事，十分な休養・睡眠といった調和のとれた生活を心がけることが予防の観点から重要であること，また，ストレスへの適切な対処が大切であることを説明する。 [板書例] **心の病気の要因** 不規則な生活習慣 ・運動不足 ・睡眠不足 ・偏食 など 過剰なストレス ・人間関係のトラブル ・失恋 ・転校 など その他 ・マイナス思考 ・自己否定 など
おわり (10分)	**4. 学習のまとめを行う。** 心の病気の要因を踏まえて自分自身の生活を振り返り，改善点について具体的に考えよう。また，心の病気について，今後どんなことを学ばなければならないと思いますか。 ①ワークシートに記入する。 ②意見を全体に発表する。 〈心の病気にかからないための生活の改善点〉 ・スマホを使い過ぎて睡眠時間が短くなっているから，なるべく早く寝るようにする ・ストレスをため過ぎないように，適度に気分転換を行う 〈今後学ばなければならないこと〉 ・心の病気の兆候 ・心の病気になった時の対処方法 ・自分が心の病気にかかっているかどうかを判断するための基準	○心と体の健康は密接に関わっており，生活リズムの安定は心の安定につながることから，「夜更かしスマホ」や「暴飲暴食」といった間違った対処を続けると，心身の健康に悪影響を与えてしまう可能性があることを説明する。 ○本時のまとめとして，心の病気は誰でもかかる可能性があり，好発時期が思春期であること，また，心の病気は不規則な生活習慣や過剰なストレスなどの様々な要因が複雑に絡み合って起こることから，運動，食事，休養・睡眠に留意し調和のとれた生活を心がけること，ストレスへの適切な対処が重要であることについて再確認させる。 ◆心の病気は不規則な生活習慣や過剰なストレスなどの様々な要因が複雑に絡み合って起こることから，日常生活において，適切な運動や栄養を考慮したバランスのよい食事，十分な休養・睡眠といった調和のとれた生活を心がけることが，予防の観点から重要であることについて，理解したことを発言したり，ワークシートに記述したりしている状況等を【観察・ワークシート】で捉える。

6. 本時の指導案（4/4時間目）

（1）本時の目標

・心の病気は回復が可能であり，回復可能性を高めるためには，早期発見・早期治療が重要であり，専門家を含め，信頼できる大人に相談し，適切な支援を受けることが必要であることを理解できるようにする。

・心の不調への対処について，自他の課題の解決に向けての学習に自主的に取り組もうとすることができるようにする。

(2) 展開

	主な学習内容・学習活動	○指導上の留意点　◆評価規準と方法
は じ め (10分)	**1. アニメを視聴し, 心の病気の早期症状を理解する。** これから観てもらうアニメの中では, 主人公が体調を崩してしまいます。その原因と具体的な症状を読み取ろう。 ①「アニメで理解する精神疾患の予防と回復—うつ病編—（4分,「こころの健康教育サニタ」）」を視聴し, ワークシートに記入する。 ②記入内容について, 周囲の生徒と意見交換する。 ③意見を全体に発表する。 〈体調を崩してしまった原因〉 ・毎日深夜まで勉強して寝不足になっていたこと ・「頑張らなきゃ」と自分を追い込んでいたこと 〈具体的な症状〉 ・布団に入ってもよく眠れない ・食欲がほとんどない ・好きだったテレビ番組を楽しめなくなった ・いつもならできていたことが思うようにできなくなった	○生徒の意見を「原因」「症状」に分類して板書する。 ○「原因」のまとめとして, 第3時に学習した「心の病気の要因」を再確認させる。 ○「症状」として, 生徒の意見に不足があれば以下の内容を補足する（アニメ内容より）。 ・授業を聞いても理解できない ・教科書を読んでも頭に入ってこない ・授業中に急に涙が出てきて止まらない ・ベッドから出られず学校を休んでしまった ○これらの症状は心の病気の早期症状であり, 数日間続くと心の病気の可能性があることを説明する。
な か ① (15分)	**2. 心の不調への対処について考え, 理解する。** 先ほどのアニメの主人公のように, もしもあなたが体調を崩し, 心の病気の早期症状が表れた時, どのように対処しますか。また, その理由は何ですか。 ①ワークシートに記入する。 ②周囲の生徒と意見交換する。 ③意見を全体に発表する。 〈対処方法とその理由〉 ・何日か休む：疲れているだけだと思うから ・病院に行く：早く治したいから ④板書内容をもとにワークシートに記入する。	○「医療機関を受診する」と記入した生徒の有無を確認する。 ○心の病気は身体の病気と比べ, 医療機関への受診率が低いこと, 世界保健機関のまとめによれば, 生涯のうち4人に1人は何らかの心の病気にかかっているにも関わらず, 3人に2人は受診の機会を失していること[3], 治療を受けない時間が長引くと重症化リスクが高まる可能性があることを説明する。そのため, 心の不調に気がついたら, できるだけ早期に, 専門家を含め, 信頼できる大人に相談して支援を受けることが重要であると説明する。 ［板書例］ **心の不調への対処** ★「早期発見・早期治療」が重要 ⇨重症化の予防 ⇨専門家を含め, 信頼できる大人に相談し, 適切な支援を受けることで回復可能性が高まる。 …ちょっとおかしい, いつもと違うな, の段階で。
な か ② (15分)	**3. 相談先について考え, 理解する。** 心の不調に気がついた時, あなたは誰／どこに相談しますか。またその相談先を選んだ理由はなぜですか。 ①ワークシートに記入する。 ②周囲の生徒と意見交換する。 ③意見を全体に発表する。 〈相談先とその理由〉 ・保健室の先生：親身に話を聞いてくれるから ・親：自分を一番心配してくれる存在だから ④板書内容をもとにワークシートに記入する。	○生徒の【相談先】に関する意見を「身近」「専門家」に分類して板書する。 ○身近な相談先も大切であるが, 精神保健医療の専門家からの適切な支援が重要であることを強調して説明する。 ○直接会って相談することが難しい場合は, 無料で電話相談が可能な相談先もあることを補足説明する。 ［板書例］ **相談先** ・身近な相談先：友だちや家族, 学校の先生 ・スクールカウンセラー ・精神保健医療の専門家：保健所, 保健センター, 精神保健福祉センター, 精神科病院, 精神科診療所
お わ り (10分)	**4. 単元のまとめを行う。** 心の病気の授業を受ける前と受けた後（今）を比較して, 心の病気に関する知識や考えはどのように変化しましたか。また, 心の不調への対処として, あなたが大切にしようと思ったことは何ですか。 ①ワークシートに記入する。 ②意見を全体に発表する。 〈授業前後の変化〉 ・思春期に発症が多いことを知って気をつけなければならないと思った 〈心の不調への対処〉 ・自分1人で抱え込まず, 信頼できる大人や友人に早めに相談する	○心の病気は回復が可能であり, 回復可能性を高めるためには, 早期発見・早期治療が重要であることを再確認する。 ◆心の不調への対処について, 自他の課題の解決に向けての学習に自主的に取り組もうとしている様子を授業全体を通じて【観察・ワークシート】を中心に捉える。 ◆心の病気は回復が可能であり, 回復可能性を高めるためには, 早期発見・早期治療が重要であり, 専門家を含め, 信頼できる大人に相談し, 適切な支援を受けることが必要であることについて, 理解したことを発言したり, ワークシートに記述したりしている状況等を【観察・ワークシート】で捉える。

7. 活用資料

[資料1] ワークシート1

心の病気とは

年　組　番　氏名 _____

1. 悩みや不安があって落ち着かない時，普段どのように対処することが多いですか。これまでの経験を振り返ってみよう。

2. 次の文章は「心の病気とは何か」を説明したものです。板書内容をもとに①〜⑤の空欄に適切な語句を記入しよう。
　　心の病気とは，（①　　　　　　）や（②　　　　　　）などが，その人が普段感じるよりも（③　　　　），（④　　　　），（⑤　　　　）を来した状態です。

3. 次のQ1〜Q3は心の病気に関するクイズです。正しいと思う選択肢に○をつけよう。
　Q1：心の病気にかかる可能性がある人はどんな人でしょうか。
　　　①精神的に弱い人　　②プライドが高い人　　③誰でもどんな人でも
　Q2：心の病気は一生の間に何人に1人がかかる病気でしょうか。
　　　①5人に1人　　②20人に1人　　③100人に1人
　Q3：心の病気はいつ頃から起き始めることが多いでしょうか。
　　　①生まれつきの病気　　②思春期から　　③成人したあとから

4. 心の病気の要因について，思いつくものをできるだけ多く記入しよう。

5. 心の病気の要因について板書を例にまとめよう。

　　　　　　・　　　・　　　など
　　　　　　・　　　・　　　など
　　　　　　・　　　・　　　など

6. あなたの生活を振り返って，心の病気を予防するために必要なことや改善すべきことは何でしょうか。また，心の病気について，今後どんなことを学ばなければならないと思いますか。考えを記入しよう。
　【心の病気を予防するために今の生活に必要なことや改善すべきこと】

　【心の病気について，今後学ばなければならないこと】

[資料2] ワークシート2

心の不調への対処

年　組　番　氏名 _____

1. アニメの主人公が体調を崩してしまった原因は何でしょうか。また，具体的にどんな症状が表れていたでしょうか。アニメから読み取れた内容をすべて記入しよう。
　【体調を崩してしまった原因】

　【具体的な症状】

2. 先ほどのアニメの主人公のように，もしもあなたに心の病気の早期症状が表れた時，あなたはどのように対処しますか。理由とともに記入しよう。
　【どのように対処しますか】

　【対処方法を選んだ理由】

3. 心の不調への対処について，板書を例にまとめよう。
　★「　　　　　　　　　　」が重要
　　⇨
　　⇨

4. 心の不調に気がついた時，あなたは誰／どこに相談しますか。またその相談先を選んだ理由はなぜですか。　※右の【その他の相談先】は指示があるまで記入しない。

【相談先】	【その他の相談先】
	・身近な相談先：
【相談先を選んだ理由】	
・精神保健医療の専門家：	

5. 心の病気の授業を受ける前と受けた後（今）を比較して，心の病気に関する知識や考えはどのように変化しましたか。また，心の不調への対処として，あなたが大切にしようと思ったことは何ですか。
　【心の病気の授業前後での変化】

　【心の不調への対処】

[資料3] 「**精神疾患を発病した人の年齢ごとの発病割合**」（衞藤隆, 友添秀則他「高等学校保健体育教科書　現代高等保健体育」p.37, 資料3）

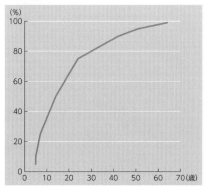

資料3 精神疾患を発病した人の年齢ごとの発病割合

〈山合洋人〉

4 高等学校保健体育科(科目保健)指導案

1. 単元名

高等学校　第1学年「精神疾患の予防と回復」

2. 単元の目標

・精神疾患の特徴及び予防と回復について,理解することができるようにする。
・精神疾患の予防と回復に関わる事象や情報から課題を発見し,習得した知識を基に,心身の健康を保ち,不調に早く気づくために必要な個人の取り組み,専門家への相談や早期の治療などを受けやすい社会環境を整えるための対策を考え,適切な方法を選択し,それらを説明することができるようにする。
・精神疾患の予防と回復について,自他や社会の課題の解決に向けての学習に主体的に取り組もうとすることができるようにする。

3. 単元について

　わが国の疾病構造や社会の変化に対応して,健康を保持増進するためには,1人ひとりが健康に関して深い認識を持ち,自らの健康を適切に管理すること及び環境を改善していくことが重要であることを理解できるようにする必要があります。また,個人の行動選択やそれを支える社会環境づくりなどが大切であるというヘルスプロモーションの考え方に基づいて,現代社会の様々な健康課題に関して理解するとともに,その解決に向けて思考・判断・表現できるようにする必要があります。

　そこで,本単元では,精神疾患の特徴として,精神機能の基盤となる心理的,生物的,身体的,社会的な機能の障害などが原因となり,認知,情動,行動などの不調により,精神活動が不全になった状態であること,若年で発病する疾患が多く,誰もが罹患しうること,適切な対処により回復し生活の質の向上が可能であることなどを理解できるようにします。

　また,精神疾患への対処として,身体の健康と同じく,適切な運動,食事,休養及び睡眠など,調和のとれた生活を実践すること,早期に心身の不調に気づくこと,心身の不調の早期発見と治療や支援の早期の開始によって回復可能性が高まること,人々が精神疾患について正しく理解するとともに,専門家への相談や早期の治療などを受けやすい社会環境を整えることが重要であること,偏見や差別をなくすことが大切であることなどを理解できるようにします。

　さらに,精神疾患の予防と回復について,習得した知識を基に,心身の健康を保ち,不調に早く気づくために必要な個人の取り組み,専門家への相談や早期の治療などを受けやすい社会環境を整えるための対策について思考・判断・表現できるようにします。

4．単元計画

	第1時（本時）	第2時（本時）	第3時（本時）	第4時（本時）
	精神疾患の定義・要因及び特徴	精神疾患の特徴的な症状と対処及び自他や社会の課題	精神疾患の予防と回復及び対処	精神疾患に関する個人の取り組みと社会的な対策
	○精神疾患は，精神機能の基盤となる心理的，生物的，身体的，社会的な機能の障害が原因となり，認知，情動，行動などの不調により，精神活動が不全になった状態であること ○精神疾患は，誰もが罹患しうること，若年で発病する疾患が多いこと，適切な対処により回復し生活の質の向上が可能であること	○思春期に発病することが多い精神疾患の特徴的な症状及び対処の仕方を理解できるようにすること ○精神疾患の予防と回復における事象や情報などについて，個人及び社会生活と関連づけたりして，自他や社会の課題を発見すること	○「早期症状の例」を学習することにより，症状に気づき，できるだけ早期に専門家に援助を求めることが有効であること ○実生活で活用できるよう解決方法を選択し，その理由を説明できるようにすること	○精神疾患の予防と回復には，人々が精神疾患について正しく理解するとともに，社会環境を整えることが重要であること，あらゆる偏見や差別は許されないことを理解できるようにすること ○精神疾患の予防と回復について，自他や社会の課題の解決に向けた学習活動に主体的に取り組むことができるようにすること
主な学習内容・学習活動	1．精神疾患は，高校生である自分たちも含めて，誰もが罹患する可能性がある疾患であることを知る。 2．本時の学習のポイントを確認する。 3．精神疾患の定義について理解する。 4．精神疾患の要因について考える。 5．思春期に発病することが多いうつ病について，特徴的な症状と対処の仕方を理解する。 6．精神疾患は思春期に発病しやすい特徴があることを知る。 7．本時の学習のまとめ	1．精神疾患は，生活習慣病と同様に国民に広く関わる疾患であり，若い世代にとって生命に関わる疾患であることを知る。 2．本時の学習のポイントを確認する。 3．思春期に発病することが多い統合失調症について，特徴的な症状及び対処の仕方を理解する。 4．思春期に発病することが多い不安症・摂食障害について，特徴的な症状及び対処の仕方を理解する。 5．近年，社会問題化している精神疾患であるギャンブル等への依存の仕組みについて理解する。 6．現代社会における精神疾患の課題について考える。 7．本時の学習のまとめ	1．精神疾患の予防と回復には，適切な運動，食事，休養及び睡眠など，調和のとれた生活を実践すること，心身に起こった反応については体ほぐしの運動などのリラクセーションの方法でストレスを緩和することが重要であることを理解する。 2．精神疾患の早期発見のための早期症状について理解する。 3．精神疾患に関して，自分が相談できそうな場所や人について，ワークシートに記入する。精神保健医療の専門家等への援助の求め先について理解する。 4．実生活において，うつ病に罹患したと思われる友人や知人を想定し，自分ができる対応について考え，発表したりワークシートに記入したりする。	1．精神疾患を有する総患者数の推移のデータから，精神疾患へどのように対処したらよいかについて考える。 2．精神疾患に罹患する人の多くが病院を受診していない要因を考える。 3．精神疾患の予防と回復のために，私たちにできることを複数の視点（周囲・当事者・社会）から考える。 4．自分や社会に潜在する精神疾患への偏見や差別の問題に対して，各人に何ができるのかを考える。 5．精神疾患の予防と回復には，人々が精神疾患について正しく理解するとともに，社会環境を整えることが重要であること，あらゆる偏見や差別は許されないことを理解する。

5．本時の指導案（1/4時間目）

（1）本時の目標

　思春期に発病することが多い精神疾患の定義・要因と特徴的な症状，及び早期発見と治療等の適切な対処により回復し生活の質の向上が可能なことを理解できるようにする。

（2）展開

□：ねらい　□：学習内容　□：発問・指示など

	主な学習内容・学習活動	○指導上の留意点　◆評価規準と方法
導入（5分）	1．精神疾患は，高校生である自分たちも含めて，誰もが罹患する可能性がある疾患であることを知る。 これから，高校生にとって身近な"ある病気"の特徴をいくつか示します。"ある病気"とは，どんな病気のことか予想してみよう。 ・隣席の生徒と自由に相談しながら病名を予想する。 ・いくつかの病名が出たところで，"ある病気"とは精神疾患のことであることを確認する。	○授業開始時に教科書は閉じておくよう指示をする。病名を予想することで，生徒の興味・関心を高める。 【生徒へ示す"ある病気"の特徴】 ①およそ5人に1人以上が生涯に1回は経験する可能性がある病気です。 ②思春期に発病しやすい特徴があります。 ③早期発見と早期治療によって，回復が可能な病気です。 ○精神疾患は特別な病気ではなく，自分たち高校生も含めて，誰もがかかりうる病気であることを理解できるようにする。
展開①（10分）	2．本時の学習のポイントを確認する。 ・思春期に発病することが多い精神疾患の定義・要因と特徴的な症状を理解しよう。 ・適切な対処（早期発見と治療等）により回復し生活の質の向上が可能なことを理解しよう。 ━━━精神疾患の定義や要因について理解する。━━━ 3．精神疾患の定義について理解する。 ・精神疾患は"心の病気"ともいわれますが，心の働きに関係している身体の器官はどこでしょう。 　［答］脳 ・脳は普段どんな働きをしていますか。 〈予想される反応〉 記憶する，考える，うれしさや悲しさを感じる，ルールやマナーを守る 精神疾患にかかると日常生活にどのような支障が生じるでしょう。 〈予想される反応〉 ・落ち込みが続く ・無気力になる ・朝起きられなくなる 4．精神疾患の要因について考える。 精神疾患の発病の要因として，どのようなものが考えられますか。 〈予想される反応〉 ストレス，人間関係，過労，睡眠不足など	○学習のポイントを確認することで，本時の学習内容への見通しを持たせる。 ［板書例］ 脳が基盤となる機能 ①知的機能……記憶や理解 ②情意機能……感情や思い ③社会性………社会生活に必要な態度や行動 精神疾患とは，①②③などの「精神機能」が損なわれ，学習や就労，対人関係などの日常生活に支障を来している状態。 ○精神疾患とは，「不安や気分の落ち込みなどが，その人が普段感じているよりも強く，長引いて，生活に支障を来した状態であること」を説明し定義の理解を促す。 ［板書例］ 精神疾患の発病の要因 ①生物的要因……脳機能の障害 ②心理的要因……物事の捉え方・考え方 ③身体的要因……過労による睡眠不足 ④社会的要因……人間関係，環境の変化 これらの要因が複雑に絡んでいる。
展開②（20分）	━━━思春期に発病することが多いうつ病の特徴的な症状や対処の仕方を理解する。━━━ 5．思春期に発病することが多いうつ病について，特徴的な症状と対処の仕方を理解する。 「始めは，心の不調よりも体の不調（眠れない・食欲低下・体がだるい等）として表れることが多い。」この精神疾患は何でしょう。 　［答］うつ病 うつ病に罹患した主人公（女子高校生）を描いたアニメーションを視聴します。（約4分）	［資料1］ 思春期に起きやすい精神疾患 Q：始めは，心の不調よりも体の不調（眠れない・食欲低下・体がだるい等）として表れることが多い。 A：この精神疾患は⇒　うつ病 アニメーション視聴

○うつ病の「特徴的な症状」,「発病の主な要因」,「回復のために大切なこと」に留意して視聴するよう伝える。

※精神疾患の特徴的な症状や対処のポイントの理解には,視聴覚教材の活用が効果的です。アニメーションは,こころの健康教室サニタHP[iii]よりダウンロードができます。

展	（アニメ視聴後）うつ病の「特徴的な症状」,対処のポイントとなる「発病の要因」及び「回復のために大切なこと」について,それぞれ気づいたことを（保健ノート等に）記入しましょう。主人公,母親・友人のセリフを参考にします。	○必要に応じてシナリオ（うつ病編）を配布する（こころの健康教室サニタHP[iii]よりダウンロード可能）。

○うつ病の「特徴的な症状」,対処のポイントとなる「発病の要因」及び「回復のために大切なこと」について,それぞれ気づいたことを（保健ノート等に）記入しましょう。主人公,母親・友人のセリフを参考にします。

・各自で保健ノート等へ記入した後に,周囲と記入した内容を比較・共有する。

うつ病の「特徴的な症状」とはどんな症状でしょう。

・「身体不調（睡眠の不調・食欲低下・体がだるい）」「思考力・集中力・エネルギーの低下」「落ち込んだ気分が続く」「生きていても仕方がないと思う（無価値感）」等の症状が表れることを理解する。

○比較・共有により気づいたことは赤色のペンでノートへ記入するよう指示する。

［資料2］

うつ病の特徴的な症状
○身体不調（睡眠の不調・食欲低下・体がだるい）
○思考力・集中力・エネルギーの低下
○落ち込んだ気分が続く
○生きていても仕方がないと思う（無価値感） など

うつ病の発病には,どのような要因が関連しているでしょう。

・「環境の変化」「過度なストレス」「物事の受け止め方」「寝不足などの不規則な生活習慣」等が関連していることを理解する。

○「うつ病は,ストレスだけで発病するものではなく,生活環境や習慣,本人の考え方のクセなどが複雑に関係していること」「それらを見直して修正したり,自分の身近に頼れる人や場所などを作っておくことが予防につながること」を補足説明する。

うつ病への対処で大切なことはどんなことでしょう。

・「周囲の病気への理解と共感的な態度」「不調に気づいたら,できるだけ早期に信頼できる大人や専門機関に相談すること」が大切なことを理解する。

○「周囲は罹患者が何でもいえるような共感的な態度で接すること」,「『ちょっとおかしいかな』『いつもと違うかな』という段階で,周囲や専門機関へ相談すること」が早期発見・治療につながることに気づくようにする。

6. 精神疾患は思春期に発病しやすい特徴があることを知る。

「精神疾患を発病した人の年齢ごとの発病割合」を示したグラフから,どのようなことが読み取れますか。

・グラフから読み取れることを周囲と相談しながら考える。

精神疾患が思春期に発病しやすい理由としてどんなことが考えられますか。

〈予想される反応〉
・進学や就職など大きな不安やストレスを受けやすい時期にある
・経験が浅くトラブルやストレスなどに上手に対処できない
・脳が発達途上にあり未成熟なため

現在,思春期にある皆さんは,どんなことに気をつけて生活をしたらよいでしょうか。

〈予想される反応〉
・ストレスや不安を1人で抱え込まずに友人などに悩みを聞いてもらう
・自分なりのストレス解消法をみつける

○何らかの精神疾患を抱えて生活している人を対象に調査した結果,約50％は14歳までに,約75％は24歳までに発病しており,精神疾患を発病しやすい時期が思春期であることに着目できるようにする。

［資料3］

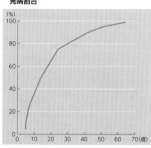

資料3 精神疾患を発病した人の年齢ごとの発病割合

○思春期に精神疾患が発病しやすい理由や予防のための対処の仕方を考える学習活動を通じて,精神疾患について,誰もが関係するもの（自分事と）として,認識することが大切であることに気づくようにする。

展開②20分

展開③8分

	7. 本時の学習のまとめ	○精神疾患は, 誰もが罹患しうる可能性があり, 思春期の発病が多いこと, 早期発見と治療等の適切な対処により回復し生活の質の向上が可能なこと等, 本時の学習内容を振り返らせる。また, 「生活の質の向上が可能」とは, 疾患を持ちながらも充実した生活を送れるという意味であることを補足する。
ま と め (7分)	本時の学習内容を振り返って, 「精神疾患の予防と回復のために大切なこと」「精神疾患に対する考え方で変化したこと」「授業を通じて感じたこと」について (保健ノート等へ) 記入しましょう。	
	・保健ノート等への記入を通して, 本時の学習内容を振り返る。	◆(学習活動3・4・5・6) 「精神疾患は, 精神機能の基盤となる心理的, 生物的, または社会的な機能の障害などが原因となり, 認知, 情動, 行動などの不調により, 精神活動が不全になった状態であること」, 「精神疾患は, 誰もが罹患しうること, 若年で発病する疾患が多いこと, 適切な対処により回復し生活の質の向上が可能であること」について, 理解したことをいったり書いたりしている内容を【観察・ワークシート】で捉える。
	・思春期に発病することが多い精神疾患の定義・要因と特徴的な症状を理解すること。 ・早期発見と治療等の適切な対処により回復し生活の質の向上が可能であること。	

6. 本時の指導案(2/4時間目)

(1)本時の目標

・思春期に発病することが多い精神疾患の特徴的な症状や対処の仕方を理解できるようにする。
・精神疾患の予防と回復について, 個人及び社会生活と関連づけたりして自他や社会の課題を発見できるようにする。

(2)展開

```
▭:ねらい    ▭:学習内容    ▭:発問・指示など
```

主な学習内容・学習活動	○指導上の留意点 ◆評価
1. 精神疾患は, 生活習慣病と同様に国民に広く関わる疾患であり, 若い世代にとって生命に関わる疾患であることを知る。	[資料4] 「患者数や死亡者数が多い」 「きめ細かな対応が必要」などの理由により, 医療法＊に定められる疾病。 (＊医療法施行規則) 4 疾病⇒ がん, 脳卒中, 糖尿病, 心疾患(心筋梗塞) 5 疾病⇒ 精神疾患 (2013年に追加)
医療法（医療法施行規則）に定められた4疾病「がん, 脳卒中, 糖尿病, 心疾患 (心筋梗塞)」に精神疾患が加わり5疾病となった理由を考えましょう。	
・隣席の生徒と話し合いながら考える。	○4疾病に精神疾患が加わったのは, 「患者数が増加し, 国民に広く関わる疾患となっていること」「早期治療への医療連携が必要なこと」「自殺と精神疾患の高い関連性」が主な理由であることを説明する。
導 入 (6分)	資料5「年齢階級別の死因順位」から, どのようなことが読み取れますか。	[資料5] **年齢階級別の死因順位**
	・若い世代（10～39歳）の最多の死因は自殺であり, 深刻な状況にあることを表から読み取る。	

[資料5]
年齢階級別の死因順位

年齢階級	第1位 死因	割合(%)	第2位 死因	割合(%)	第3位 死因	割合(%)
10～14歳	自 殺	28.6	が ん	19.2	不慮の事故	12.4
15～19歳	自 殺	50.8	不慮の事故	18.2	が ん	8.7
20～24歳	自 殺	57.0	不慮の事故	13.1	が ん	7.0
25～29歳	自 殺	52.1	が ん	10.5	不慮の事故	9.7
30～34歳	自 殺	41.1	が ん	17.1	不慮の事故	8.6
35～39歳	自 殺	30.1	が ん	23.0	心 疾 患	8.4
40～44歳	が ん	27.9	自 殺	20.6	心 疾 患	11.2
45～49歳	が ん	32.3	自 殺	13.1	心 疾 患	12.3
50～54歳	が ん	36.7	心 疾 患	13.0	自 殺	8.8
55～59歳	が ん	41.6	心 疾 患	13.1	脳血管疾患	7.3

○高校生を含む若い世代における自殺の原因や動機には, その多くに精神疾患などの健康問題が背景にあることに気づくようにする。
○15～34歳の死因で, 自殺が占める割合は約40～50%であることを補足する[1]。

	2. 本時の学習のポイントを確認する。	○学習のポイントを確認することで，本時の学習内容への見通しを持たせる。
	・思春期に発病することが多い精神疾患の特徴的な症状や対処の仕方を理解しよう。 ・精神疾患の予防と回復について，個人及び社会生活と関連づけながら課題を発見しよう。	

思春期に発病することが多い精神疾患について特徴的な症状や対処の仕方を理解する。

展 開 ① （15分）	3. 思春期に発病することが多い統合失調症について，特徴的な症状及び対処の仕方を理解する。	[資料6] 思春期に起きやすい精神疾患 Q：10代後半から20代前半での発病が多い。約120人に1人の割合で発病する。 A：この精神疾患は⇒ 統合失調症 アニメーション視聴
	「10代後半から20代前半での発病が多く，約120人に1人の割合で発病する。」この精神疾患は何でしょう。 [答] 統合失調症	
	統合失調症に罹患した主人公（男子高校生）を描いたアニメーションを視聴します。（約4分）	
	（アニメ視聴後）統合失調症の「特徴的な症状」について，気づいたことを（保健ノート等へ）記入しましょう。	○アニメーションを視聴することで，多くの生徒にとって馴染みのない統合失調症の特徴的な症状等について具体的に理解できるようにする。
	・各自で保健ノート等へ記入した後に，周囲と記入した内容を比較・共有する。 	○比較・共有により気づいたことは赤色のペンでノートへ記入するよう指示する。
	統合失調症の「特徴的な症状」とはどんな症状でしょう。	[資料7]  統合失調症の特徴的な症状 ・幻覚：聞こえないはずの声が聞こえるような気がする。 ・妄想：誰かに心を読まれたり，見られているような気がする。 ※「〜のような気がする」⇒早期発見のポイント
	・初期症状として，「聞こえないはずの声が聞こえるような気がする【幻覚】」「誰かに心を読まれたり，みられているような気がする【妄想】」等が表れることを理解する。	
	統合失調症への対処で大切なことはどんなことでしょう。	
	・アニメの内容をもとに，周囲と相談しながら考える。 ・軽度の幻覚や妄想は早期発見のポイントとなること。また，統合失調症の初期には，「〜のような気がする」という軽微な幻覚や妄想の症状が表れることを理解する。	○「幻覚や妄想といった症状に気づいても，周囲や専門機関への相談をためらう間に，治療の開始が遅れて症状が悪化してしまうこと」「保健所などの身近な相談機関から専門機関での治療へとつなげる方法があること」を補足する。 ◆【学習活動3】 思春期に発病することが多い精神疾患の特徴的な症状や対処の仕方について，理解したことを言ったり書いたりしている内容を【観察・ワークシート】で捉える。
展 開 ② （8分）	4. 思春期に発病することが多い不安症・摂食障害について，特徴的な症状及び対処の仕方を確認する。	○不安症の特徴的な症状について，教科書や資料をもとに説明する。
	うつ病や統合失調症の他に，思春期に発病することが多い不安症と摂食障害の「特徴的な症状」を確認しましょう。	[資料8] 不安症の特徴的な症状 ○社交不安症 ・人前での行動への強い不安 ○パニック症 ・息苦しさ，めまい感などにより，死んでしまうかもという強い恐怖感 ⇒バスや電車の中などの閉ざされた空間に不安を感じる。
	・不安症には，社交不安やパニック症などがあることを整理する。 ・社会不安症では「人前での行動への強い不安」，パニック症では「息苦しさ，めまい感などにより，このまま死んでしまうかもしれないという強い恐怖感」「バスや電車の中，授業中の教室内など閉ざされた空間でのパニック発作の不安」等の症状があることを確認する。	

展開 ② (8分)	・摂食障害には，神経性やせ症や神経性過食症などがあることを整理する。 ・「体型と体重に対する極端なこだわりから，ごくわずかしか食べない神経性やせ症」「大量に食べて（過食）吐く（嘔吐）を繰り返してしまう過食症」等の症状があることを確認する。 ・「摂食障害は思春期の女性に多い病気であるが，男性にも一定数みられること」を確認する。 ┌─────────────────────┐ │ 不安症と摂食障害への対処の仕方について確認 │ │ しましょう。 │ └─────────────────────┘ ・不安症と摂食障害は，どちらも「医療機関での治療が必要であり，治療により回復が可能なこと」を理解する。	○摂食障害の特徴的な症状について，教科書や資料をもとに説明する。 [資料9] **摂食障害の特徴的な症状** ○神経性やせ症 体型や体重にこだわり， ごくわずかしか食べない。 ○神経性過食症 大量に食べて（過食）吐く （嘔吐）をくり返す。 ※本指導案では，「高等学校学習指導要領（平成30年告示）解説保健体育編」に示された4つの精神疾患の「うつ病」と「統合失調症」の学習に重点を置いています。 各学校の実態に応じて，「摂食障害」や「不安症」に重点を置く展開も考えられます。
展開 ③ (6分)	5. 近年，社会問題化している精神疾患であるギャンブル等への依存の仕組みについて理解する。 ┌─────────────────────┐ │ 世界保健機関（WHO）では“ある行為”にの │ │ め り込んでいる状態を疾病に分類しています。 │ │ それはどんな行為でしょう。 │ │ [答] ギャンブル（ギャンブル障害），ゲーム（ゲー │ │ ム障害） │ └─────────────────────┘ ・「アルコール依存やニコチン依存のような“物質”への依存」や「行き過ぎたギャンブル・買い物・ゲーム・スマートフォンの使用のような“行為”への依存」が社会的な問題となっていることを理解する。	[資料10] **近年，社会問題化している精神疾患** **ギャンブル等への依存** ギャンブル等により脳内の中枢神経が興奮して快感が得られると，より強い刺激を得ようとする。 ⇒自分の意思ではコントロールできなくなる。 嗜癖（しへき） ○「ギャンブルなどによって，中枢神経を興奮させる神経伝達物質（ドーパミン）が脳内に放出されて快感・多幸感が得られること」「その行為が繰り返されると，より強い刺激を得ようとして，自分の意思では行動をコントロールできなくなること」「ギャンブル等をやめたくてもやめられない状態のことを，医学的には『嗜癖』ということ」を説明する。
展開 ④ (10分)	┌───────────────────────────────┐ │ 精神疾患の予防と回復について，自他や社会の課題を発見できるようにする。 │ └───────────────────────────────┘ 6. 現代社会における精神疾患の課題について考える。 ┌─────────────────────┐ │ 「心疾患，がん，精神疾患」は，先進国におい │ │ て社会的コストが高い病気とされています。この │ │ 病気のうち精神疾患は高い順から何番目に位置 │ │ するでしょう。 │ │ [答] 1番目（社会的コストは心疾患やがんを上 │ │ 回ると試算されている） │ └─────────────────────┘ ┌─────────────────────┐ │ 精神疾患の社会的コストが，心疾患やがんを上 │ │ 回っている理由について，考えられることを（保 │ │ 健ノート等へ）記入しましょう。 │ └─────────────────────┘ 〈予想される反応〉 ・若者や働き盛りの健康が損なわれたり生命が失われるから ・若者の進学や就職といった将来に影響を与えるから ・自分の不調に気がついても相談先がわからずに放置してしまい治療が遅れてしまうから ・各自で保健ノート等へ記入した後に，周囲と記入した内容を比較・共有する。 ┌─────────────────────┐ │ 精神疾患と予防における事象や情報などについ │ │ て，健康に関わる原則や概念を基に整理したり， │ │ 個人及び社会生活と関連づけたりして，自他や │ │ 社会の課題を発見する。 │ └─────────────────────┘	○先進国における病気や障害における社会的コスト（疾病により失われた寿命＋疾病による生活への障害を余儀なくされた期間）は，精神疾患が心疾患やがんを上回り全疾患中最大と試算されており，精神疾患は現代社会において重要な健康課題となっていることを説明する。 ○習得した知識を基に，精神疾患が人々の生活や生命に甚大な影響を及ぼしている理由を考える学習活動を通じて，自他や社会の課題を発見できるように適宜助言する。 ○比較・共有により気づいたことは赤色のペンでノートへ記入するよう指示する。 ◆（学習活動6） 精神疾患の予防と回復における事象や情報などについて，個人及び社会生活と関連づけたりして，自他や社会の課題を発見している内容を【観察・ワークシート】で捉える。

	主な学習内容・学習活動	○指導上の留意点　◆評価
まとめ（5分）	7. 本時の学習のまとめ 　本時の学習内容を振り返って，「私たち高校生がなぜ精神疾患について学ぶ必要があるのか」について（保健ノート等に）記入しましょう。 ・保健ノート等への記入を通して，本時の学習内容を振り返る。	○精神疾患を"自分事として認識"した上で振り返りを記入するよう伝える。 ○振り返りを通じて，若者や働き盛り世代の生命や生活に大きな影響を与える精神疾患は，自分たち高校生にとって健康課題の中心的課題であることに気づくことができるようにする。

7. 本時の指導案（3/4時間目）

（1）本時の目標

・精神疾患の予防と回復には，身体の健康と同じく，適切な運動，食事，休養及び睡眠など，調和のとれた生活を実践すること，早期に心身の不調に気づくこと，心身に起こった反応については体ほぐしの運動などのリラクセーションの方法でストレスを緩和することなどが重要であることを理解できるようにする。

・「早期症状の例」を学習することにより，症状に気づき，できるだけ早期に専門家に援助を求めることが有効であることを実生活で活用できるよう解決方法を選択し，その理由を説明できるようにする。

（2）展開

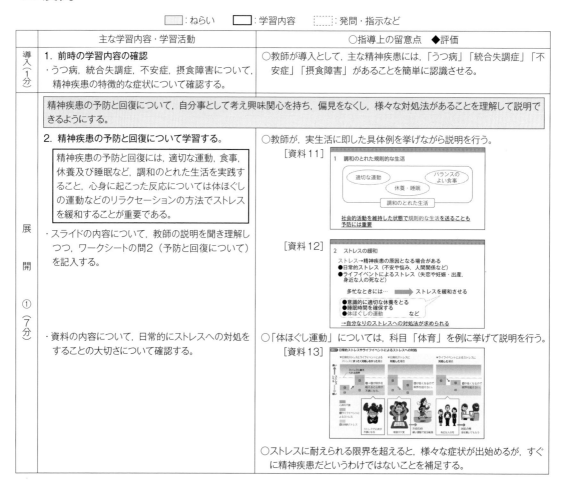

展開②（10分）	3．早期発見のための早期症状について学習する。 自分の生活に重ね合わせ理解しよう。 ・スライドの内容について，教師の説明を聞き理解しつつ，ワークシート問3に精神疾患の早期症状チェック項目に当てはまるものをチェックする。 	○教師が，主な精神疾患の早期症状例の説明を行う。 ［資料14］  ［資料15］ ［精神疾患の早期発見・早期治療 資料3 精神疾患の早期症状チェック項目の画像］ ○教師が，ワークシートのチェック項目で，生徒が不安にならないように，実施に際して机間指導しながら観察し，適切な助言を与える。
展開③（5分）	4．精神疾患に関して，援助を求めることを学習する。 精神疾患に関して，自分が相談できそうな場所（人）について書き出してみよう。その際，その理由もつけ加えてみよう。 ・個人：2分 ・班内意見交換：30秒×4 〈予想される回答〉 ・先生，養護教諭，親，友人，恋人，先輩 ・メンタルクリニック，心療内科 ・電話等の相談窓口 ・SNS等の相談窓口	○教師が，精神疾患の早期発見のため，援助の求め方について説明を行う。そのために，生徒に対して既習の知識で，援助（相談）を求める場所や人について考えさせる。 ◆早期に心身の不調に気づき，早期に専門家に援助を求めることが有効であることを理解できるようにする。【観察・ワークシート】 ※グループ内で，考えを共有するときには，各自の意見を否定せず，お互いの意見を尊重しながら意見交換をさせるように配慮する。
展開④（7分）	5．専門家への援助の求め先について学習する。 ・スライドの内容について，教師の説明を聞き理解しつつ，ワークシート問5に身近な相談先，精神保健医療の専門家を記入する。 	○教師が，専門家等への援助の求め先について具体例を挙げながら説明を行う。 ［資料16］  ○専門家への援助の求め先には，「身近な相談先」「精神保健医療の専門家」がある。「身近な相談先」も大切であるが，「精神保健医療の専門家」への援助が重要であることを強調して説明をする。 ※可能であれば，精神科病院等で行われる回復に向けた治療には，①薬物治療，②精神療法（認知行動療法），③環境調整があることをつけ加えて説明する。
展開⑤（15分）	6．実生活において，身近に精神疾患の早期症状かなと思われる人がいたら，どのように対応をするか学習する。 身近に「うつ病」になったと思われる友人や知人がいた時，その人に対してどのようなアドバイスができますか，考えよう。 ・ワークシート問6に具体のアドバイスとその理由を記入しよう。 〈予想される回答〉 「いつもと様子が違うようだけど，相談したいことはない？」「専門の病院で診てもらったほうがいいよ」とアドバイスする。 【理由】本人が気づいていない「うつ」の早期症状ではないかとアドバイスを行うことによって，「うつ」の早期発見・早期治療に結びつくから。	○対応には，アドバイス，傾聴，寄り添うことなど，様々な方法があることを伝え，1つの方法に囚われて考えないように伝える。 ［資料17］ワークシート　問6  ◆精神疾患と予防における事象や情報について，健康に関わる原則や概念を基に整理したり，個人及び社会生活と関連づけたりして，自他や社会の課題を発見している。【観察・ワークシート】

	主な学習内容・学習活動	○指導上の留意点　◆評価
ま と め (5分)	7. 本時の学習のまとめをする。 ・スライドの内容について，教師の説明を聞き理解しつつ，本時の振り返りを行う。	○教師が，スライドについて説明をし，本時の振り返りを行うとともに，次の授業では社会環境について学ぶことを伝える。 [資料18]

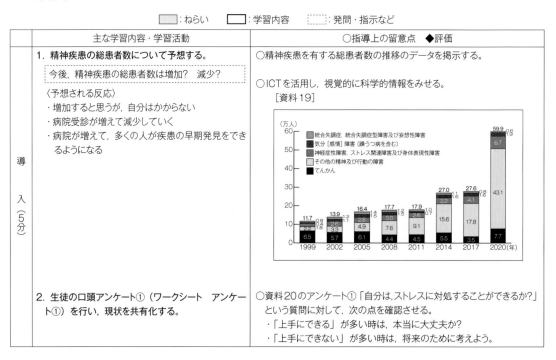

8. 本時の指導案（4/4時間目）

（1）本時の目標

・精神疾患の予防と回復には，人々が精神疾患について正しく理解するとともに，専門家への相談や早期の治療などを受けやすい社会環境を整えることが重要であること，あらゆる偏見や差別は許されないことを理解できるようにする。

・精神疾患の予防と回復について，課題の解決に向けての学習に主体的に取り組もうとすることができるようにする。

（2）展開

　　　　　　　　　　　　　　　▨：ねらい　　▭：学習内容　　⬚：発問・指示など

	主な学習内容・学習活動	○指導上の留意点　◆評価
導 入 (5分)	1. 精神疾患の総患者数について予想する。 今後，精神疾患の総患者数は増加？　減少？ 〈予想される反応〉 ・増加すると思うが，自分はかからない ・病院受診が増えて減少していく ・病院が増えて，多くの人が疾患の早期発見をできるようになる	○精神疾患を有する総患者数の推移のデータを掲示する。 ○ICTを活用し，視覚的に科学的情報をみせる。 [資料19]
	2. 生徒の口頭アンケート①（ワークシート　アンケート①）を行い，現状を共有化する。	○資料20のアンケート①「自分は，ストレスに対処することができるか？」という質問に対して，次の点を確認させる。 ・「上手にできる」が多い時は，本当に大丈夫か？ ・「上手にできない」が多い時は，将来のために考えよう。

	3. 学習のねらいを知る。 　精神疾患の予防と回復のためには，私たちや社会には何が必要だろうか。
展 開 （35 分）	4. 発症者の3人に2人が未受診であることを教師が伝え，生徒の口頭アンケート（ワークシート　アンケート②③）を行い，現状を共有化する。 　なぜ，人々は病院を受診しないのか？ 〈予想される反応〉 ・具合が悪いのは思い込みだと思っている ・変だと思われる ・恥ずかしい ・親に相談しても，信じてもらえない ・治療費が高そう ・自分がまさか精神疾患だとは思わない ・自分よりもっと苦しんでいる人が行くべき ・誰にも相談できない ・以下のことを理解する。 　・精神疾患への根深い偏見や差別（スティグマ）があること 　・あらゆる偏見や差別は許されないこと 　・偏見や差別のない，精神疾患を持っても安心して暮らせる社会を目指すことが大切であること	[資料20] ワークシート　アンケート②③ ②インフルエンザの症状が出たら，病院を受診しますか？　自分は病院受診を　　する　・　しない ③心の健康が保てなくなったら，病院を受診しますか？　自分は病院受診を　　する　・　しない ○アンケートの結果を用いて，病院に行きにくい要因を生徒の言葉から引き出し，本音に迫っていくことで差別や偏見を導き出す。この授業の肝になる対話活動である。 ○偏見，差別を助長するような発言が出た時は，態度や行動を変えるタイミングであり，偏見や差別の影響を理解し，精神疾患は誰でもかかりうるという事実を認識させる。 ○教師が偏見（スティグマ）の知識を整理する。 　・精神疾患の人に対する偏見 　　例）関わりたくない，変だ，大変そうだ 　・自身の内なる偏見や差別に初めて気づかされる場合がある 　・隠さなければいけないと感じている場合には，専門家の支援を求めたり積極的に治療に臨んだりすることはできない [資料21] 
	5. 精神疾患当事者のインタビュー動画を視聴する。	○生徒が視聴するのに適した部分を選定しておく。 　[資料22] こころの健康教室サニタの授業教材  うつ病寛解者インタビュー（40秒～3分まで） https://sanita-mentale.jp/material.html
	6. 病院を受診せずに治療が遅れる人を減らすための方法を考える視点を焦点化する。 ・ワークシート　問1に取り組む。 〈予想される反応〉 【例】 ・周　囲： 　　友人・家族・学校 ・当事者 ・社　会： 　　市町村・医療体制・報道	○この焦点化は前時の予防と回復に関する【個人の取り組み】ではなく，精神疾患の差別や偏見を減らしていくための個人や社会の取り組みであることを示す重要な授業の方向づけである。この後の活動で個人の具体的な対処の仕方（例:好きなことをする）が出てこないようにする。 【例】 ・周　囲： 　　いつでも相談しやすいような関係を作る。精神疾患に対する偏見を持たない。 ・当事者： 　　自分の精神疾患に対する偏見をなくす。 ・社　会： 　　精神疾患の正しい知識を広める宣伝をする。病院受診の金額などの内容を示す。

展開（35分）		○教師が様々な視点を複数の視点に束ねる。 ○3つの視点から思考を深めていくことを目指すが，1つや2つしか引き出せない場合もある。その際は，視点を徐々に広げていく。 [資料23] 
	7. 精神疾患の予防と回復のために，私たちにできることを複数の視点から考える（個人で考える）。	○コロナ禍でグループ学習ができない場合は，列ごとにプリントを回し，よいアイディアに印をつけたり，アイディアを赤色で書き込むなどの工夫をする。
	8. 個人で考えたことを3〜4人のグループで交流し，考えを深める。	○対話的な学びができるように，話しやすい雰囲気をつくる。
	9. 実際に日本ではどのような対策が行われているかを教師が伝える。 例）・世界メンタルヘルスデー ・精神疾患は「5疾病」のうちの1つ ・従業員50人以上の企業では，ストレスチェックを義務づけられる ・公的機関から精神疾患の情報提供がある	○高等学校の学びの特色の1つ「健康を支える環境（社会）づくり」という見方・考え方を踏まえると，「社会」という視点から考えることは外せない。
まとめ（10分）	10. 本時までの単元のまとめをする。 4時間の授業を振り返って，精神疾患の予防と回復に必要なことは，どのようなことだろうか。様々な視点で考えよう。 ・精神疾患の予防と回復には，個人の取り組みと社会の取り組みの両方が必要であること ・自分や社会が持っている偏見をみつめ，各人に何ができるのかについて，粘り強く考えを深めよう。	◆精神疾患について正しく理解し，専門家への相談や早期の治療を受けやすい社会環境を整えることが重要であること，偏見や差別の対象でないことについて，理解し発言できるようにする。【観察・ワークシート】 ◆精神疾患の予防と回復について，課題の解決に向けての学習に主体的に取り組もうとしている。【観察・ワークシート】
	11. 最後に専門的な立場の人から高校生へのメッセージを視聴する。	○専門的な立場の外部講師（例えば，精神科医など）に，現状悩んでいる人の多さと未受診の人がいることへの懸念を踏まえて，高校生への明るいメッセージをまとめとすることが有効である。

9. 活用資料

(1) 1/4時間目の活用資料

[資料1] 思春期に起きやすい精神疾患

思春期に起きやすい精神疾患

Q：始めは，心の不調よりも体の不調（眠れない・食欲低下・体がだるい等）として表れることが多い。

A：この精神疾患は⇒ **うつ病**

アニメーション視聴

[資料2] うつ病の特徴的な症状

うつ病の特徴的な症状

○身体不調（睡眠の不調・食欲低下・体がだるい）

○思考力・集中力・エネルギーの低下

○落ち込んだ気分が続く

○生きていても仕方がないと思う（無価値感）　など

（資料1・2：イラストはこころの健康教室サニタHP[iii]より抜粋）

[資料3] p.124の資料3と同

（2）2/4時間目の活用資料

[資料4] 医療法に定められる疾病

「患者数や死亡者数が多い」
「きめ細かな対応が必要」などの
理由により，医療法＊に定められる
疾病。（＊医療法施行規則）

4疾病⇒ がん，脳卒中，糖尿病，
心疾患(心筋梗塞)
5疾病⇒ 精神疾患（2013年に追加）

[資料5] 年齢階級別の死因順位

年齢階級別の死因順位

年齢階級	第1位		第2位		第3位	
	死因	割合(%)	死因	割合(%)	死因	割合(%)
10～14歳	自　殺	28.6	が　　ん	19.2	不慮の事故	12.4
15～19歳	自　殺	50.8	不慮の事故	18.2	が　　ん	8.7
20～24歳	自　殺	57.0	不慮の事故	13.1	が　　ん	7.0
25～29歳	自　殺	52.1	が　　ん	10.5	不慮の事故	9.7
30～34歳	自　殺	41.1	が　　ん	17.1	不慮の事故	8.6
35～39歳	自　殺	30.1	が　　ん	23.0	心 疾 患	8.2
40～44歳	が　　ん	27.9	自　殺	20.6	心 疾 患	11.2
45～49歳	が　　ん	32.3	自　殺	13.1	心 疾 患	12.3
50～54歳	が　　ん	36.7	心 疾 患	13.0	自　殺	8.8
55～59歳	が　　ん	41.6	心 疾 患	13.1	脳血管疾患	7.3

[資料6] 思春期に起きやすい精神疾患

思春期に起きやすい精神疾患

Q：１０代後半から２０代前半での
発病が多い。約１２０人に１人
の割合で発病する。

A：この精神疾患は⇒ 統合失調症

アニメーション
視聴

[資料7] 統合失調症の特徴的な症状

統合失調症の特徴的な症状

・幻覚：聞こえないはず
の声が聞こえるような
気がする。

・妄想：誰かに心を読まれたり，
見られているような気がする。

※「～のような気がする」
⇒早期発見のポイント

[資料8] 不安症の特徴的な症状

不安症の特徴的な症状

○社交不安症
人前での行動
への強い不安

○パニック症
・息苦しさ，めまい感
などにより，死んで
しまうかもという
強い恐怖感

⇒バスや電車の中など
の閉ざされた空間に
不安を感じる。

[資料9] 摂食障害の特徴的な症状

摂食障害の特徴的な症状

○神経性やせ症
体型や体重にこだわり，
ごくわずかしか食べない。

○神経性過食症
大量に食べて（過食）吐く
（嘔吐）をくり返す。

[資料10] ギャンブル等への依存の仕組み

近年，社会問題化している精神疾患
ギャンブル等への依存

ギャンブル等により脳内の中枢神経が興奮して快感
が得られると，より強い刺激を得ようとする。
⇒自分の意思ではコントロールできなくなる。

（しへき）
嗜　癖

（資料5：厚生労働省「令和4年版自殺対策白書」）
（資料6～9：イラストはこころの健康教室サニタHP[注] より抜粋）

（3） 3/4時間目の活用資料

[資料11] 調和のとれた規則的な生活

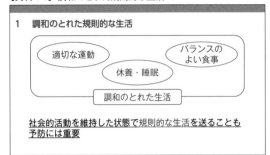

[資料12] ストレスの緩和

[資料13] 日常的ストレスやライフイベントによるストレスへの対処

[資料14] 精神疾患の早期発見・早期治療

[資料15] 精神疾患の早期症状チェック項目

[資料16] 精神疾患への支援

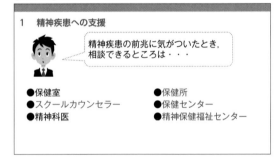

[資料18] 精神疾患の早期発見・早期治療

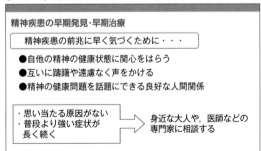

（資料11・12・14・15・16・18：大修館書店「現代高等保健体育　授業用パワーポイントスライド集」）

（資料13：衞藤隆，友添秀則他「高等学校保健体育教科書　現代高等保健体育」p.38，資料1）

精神疾患の予防と回復及び対処　ワークシート

年　　組　　番　氏名

1. 本時の目標

○前時の確認【主な精神疾患】　うつ病，統合失調症，不安症，摂食障害

2. 予防と回復について

・（　　　　　　　　　）
・（　　　　　　　　　）　　　　　　　調和のとれた生活
・（　　　　　　　　　）
体ほぐしなどのリラクセーション
・（　　　　　　　　　　　）　　　　自身や友だち・家族
・（　　　　　　　　　　　）　　　　自身や友だち・家族

3. 精神疾患の早期症状チェック項目に当てはまるものをチェックしよう。

① □ この1週間で，寝つきが悪かったり朝の目覚めが早過ぎたりすることがありますか？
② □ 食欲不振や過食がありますか？　体重減少，体重増加がありますか？
③ □ この2，3ヵ月で活動性の低下や，物事に対する興味の減退はありますか？
④ □ 日常的な問題に悩むことが多いですか？
⑤ □ 読書やテレビをみるのに集中できなかったり，忘れ物をしやすかったりしますか？
⑥ □ 将来についてどのように考えていますか？「人生は生きるに値しない」とか，「すべてを終わりにしたい」と思うことがありますか？
⑦ □ 他の人に比べて，人前でドキドキしやすいですか？
⑧ □ 強い恐怖を伴う動悸や発汗，震え，めまいの発作はありますか？
⑨ □ あなたの言動が「奇妙で理解しづらい」と人からいわれることがありますか？
⑩ □ 誰もいないのに，他人の声が聞こえることがありますか？

4. 精神疾患に関して，自分が相談できそうな場所について，書き出してみよう。その際，具体の説明もつけ加えること（個人→班で発表）。

相談できる場所	具体の説明
①	
②	
③	

5. 専門家への援助の求め先について

①
　ア
　イ

②
　ア
　イ

6. 身近に「うつ状態」が長く続いた友人や知人がいた時，その人に対してどんなアドバイスができるか，考えてみよう。
（個人の意見 → 各グループで意見交換を行い簡条書きでまとめてみよう）

アドバイス	理　　由
①	①
②	②
③	③

（4）4/4時間目の活用資料

［資料19］精神疾患を有する総患者数の推移（厚生労働省「令和4年版自殺対策白書」）

[資料20] ワークシート

精神疾患に関する個人の取り組みと社会的な対策　ワークシート

年　　組　　番　氏名 _____

授業で学んだ知識を整理しよう

....
....
....
....

アンケート（先生からの質問に対し，当てはまる方に○をつけ，空白にその理由を書こう）

①自分は，ストレスに対処することができるか？
上手にできる　・　上手にできない

②インフルエンザの症状が出たら，病院を受診するか？　自分は病院受診を
する　・　しない

③心の健康が保てなくなったら，病院を受診するか？　自分は病院受診を
する　・　しない

どのように対処していくとよいだろうか？
※他者との交流で得た意見は赤で記入

問1　病院を受診せずに治療が遅れる人を減らすために，どんな方法があるか，考えて記入して
みよう。

周　囲	当事者	社　会

授業を終えて考えたことをまとめよう

....
....
....
....

[資料21] 偏見のない社会

2　偏見のない社会

偏見や差別　➡　相談や受診の先のばし　➡　回復の遅れ

偏見やその影響を理解し，偏見を減らすことが大切

➡
●「精神疾患は誰もがかかりうる」という認識
●思いやる心の育成
●配慮ある社会づくり

[資料23] 地域におけるケア

1　地域におけるケア

資料2 地域における包括的なケアのための環境整備

精神疾患の患者が，地域の一員として安心して自分らしい暮らしができるように，医療，障害福祉・介護，住まい，社会参加（就労，地域の助け合い，教育が包括的に確保された地域包括ケアシステムの構築が進められている。

（資料21·23：大修館書店「現代高等保健体育　授業用パワーポイントスライド集」）

〈第1・2時：佐藤真一／第3・4時：霜村誠一〉

① 英　国

1. 英国における精神保健教育の目的

　英国，カナダ，オーストラリアなどでは初等中等教育において，長く精神保健教育が行われてきた歴史があります。これは，中学生・高校生の時期に学校教育においてメンタルヘルスに関する正しい知識を学ぶことは，その後の精神的な健康の増進のために大変重要と考えられてきたからです。

　思春期・青年期は，心理的，社会的に発達課題をこなしていく大切な時期であり，誰しもが不安や感情の揺れを呈し，精神的に不安定となりやすい時期です。また，精神疾患は思春期・青年期が好発年齢であり，その多くは25歳までに発病するといわれ，若年者のおよそ20%は何らかのメンタルヘルスの問題を抱えているとの報告もあります[1]。

　生徒本人やクラスメイトがメンタルヘルスの問題を抱えた時に，その問題に気づき，早期に周囲に助けを求めることは，心の健康を保ち社会生活を送っていくために重要であり，専門的な支援や治療に早くつながるためにも大切です。適切なタイミングで支援が行われない場合，学校生活のみならずその後の社会生活への影響も大きくなります。そのため，中学生・高校生のうちから，メンタルヘルスリテラシーと呼ばれる「心の健康の増進，精神疾患の予防，早期発見・早期介入のために必要となる知識や考え方」を身につけることが精神保健教育の目標とされています。

　早期に助けを求め，支援につながるためには，精神疾患に関する正しい知識や考え方を身につけることが大切であり，学校教育の場はメンタルヘルスに関する正しい知識や考え方を育むために最適な場と考えられています。そのため，英国では，以前からほぼすべての学校で精神保健教育が長年実施されてきました。そして，2020年9月よりそれが完全に義務化され，これまで以上に重要視される流れとなっています。そこで大切にされていることは，生徒自身が精神疾患を他人事ではなく「誰もがかかる可能性のあるもの」として，自分のこととして学べることです。また，生徒だけではなく，教員や家族を含んだ学校環境全体でメンタルヘルスの向上に取り組む姿勢が重要視されてきました。

2. 精神保健教育とスティグマ

　もう1つ，英国で精神保健教育が重視されている理由は，中学生・高校生の時から正しい知識や考え方を持つことで，精神疾患に関するスティグマ（偏見や差別）の軽減につながると考えられていることです[2]。そうすることで，メンタルヘルスに関してオープンに話し合うことができ，お互いに助け合える姿勢が身につくことが期待されています。

　精神疾患に関する正しい知識の不足は，スティグマを持つことにもつながると考えられています。例えば，精神疾患に関する誤った固定観念を持つことが，精神疾患を持つ人に対しての偏見や差別的な行為につながる可能性があります。そして，精神疾患に対するスティグマを持っていると，自らがメンタルヘルスの問題を抱えた場合にも，そのことを他者に知られることへの恐れから周囲に助けを求めることや，医療機関の受診を避ける結果につながるといわれています[2]。

　英国は，こういった精神疾患に対するスティグマを減らすための取り組みに力を入れている国で，2007年よりTime to Changeと呼ばれる国家規模での大規模なアンチスティグマキャンペーンが実施されてきました[3]。一般市民を対象としたメディア・インターネットを用いた啓発や，精神疾患を

持った当事者との交流イベントに加え，学校の生徒・教員，職場の雇用者などを対象とした教育的な介入などが行われてきました。学童期から思春期にかけて精神疾患に対するスティグマは形成，固定化するといわれ[2]，この大切な時期に学校教育で正しい知識を身につけることがスティグマ軽減の点からも重要視されているのだと思います。

3. 多民族・多文化社会と精神保健教育

　英国では，精神保健教育は他の関連した多様性教育と相互に協調した形で教えられることが英国教育省により推奨されています[4]。現在，英国では保健教育に加え，性教育，宗教教育，人間関係の教育が必修科目として学校で教えられていますが，この背景には，英国が歴史的に英連邦諸国から多くの移民を受け入れてきたことも関係していると思われます。英国は多民族，多宗教で特徴づけられる文化的多様性を持つ社会であり，このような多様性は国を特徴づける包括的な価値とみなされてきた歴史があります。そして，社会の多様性を，偏見を持たずに受容し，個性を尊重できる考え方を身につける場をつくることも学校教育の大切な役割の1つと捉えられています。

　精神疾患への偏見が，援助希求や早期治療を阻害してしまうことは前述のとおりですが，LGBTなどの性的マイノリティ，宗教や人種に対する偏見や差別が精神的な健康へ悪影響を及ぼすこともわかっており[5]，生徒のメンタルヘルスの向上を考える上でこれらの偏見の問題も授業の中で扱われています。例えば，精神保健教育の中では，精神疾患に対する偏見の軽減を目的とした授業も行われますが，それに加えて，他の必修科目の中でLGBTなどの性的マイノリティ，宗教や人種の多様性に関する理解を深め，偏見を軽減するための内容も扱われています。このように，偏見を持たずに他者を理解し，多様性を受容する考え方を身につけるための教育が英国では重視されています。

4. 英国の初等中等学校教育

(1) 英国の教育課程（図1）

　英国はイングランド，ウェールズ，スコットランド，北アイルランドの4地域から構成され，それぞれの地域が異なった教育制度を有しています。英国の総人口の約9割を占めるイングランドとウェールズでは共通の教育制度が用いられており，ここではイングランドとウェールズの教育制度について解説します。

　英国の初等中等教育は，初等教育6年（5-11歳）と中等教育7年間（11-18歳）で構成されます。そのうち義務教育は，初等教育6年と中等教育の最初の5年間の合計11年間です。初等教育はプライマリースクール（初等学校）で行われ，教育課程としてKey Stage 1 （KS1：5-7歳）とKey Stage 2 （KS2：7-11歳）に分けられています。義務教育の中等教育はセカンダリースクール（中等学校）で行われ，Key Stage 3 （KS3：11-14歳）とKey Stage 4 （KS2：14-16歳）に分けられます。

　11年間の義務教育を修了後に，大学などの高等教育へ進学するために学ぶ2年間の課程をシックスフォーム（Sixth Form）と呼び，教育課程としてはKey Stage 5 （KS5：16-18歳）と呼ばれます（図1）。KS1からKS5までの教育段階ごとに，各科目で教えられるべき内容と到達目標が具体的に示されています[6]。

(2) 英国の学校評価制度（Ofsted）

　日本との大きな相違点として，英国では全国の学校の質を担保するために，全国統一の基準で外部監査を行う仕組みがあります。Ofsted （教育水準局）と呼ばれる機関が，全国の学校の授業を実際に視

図1　英国の教育課程（文部科学省「諸外国の教育統計 令和3（2021）年版」[7] を改変）

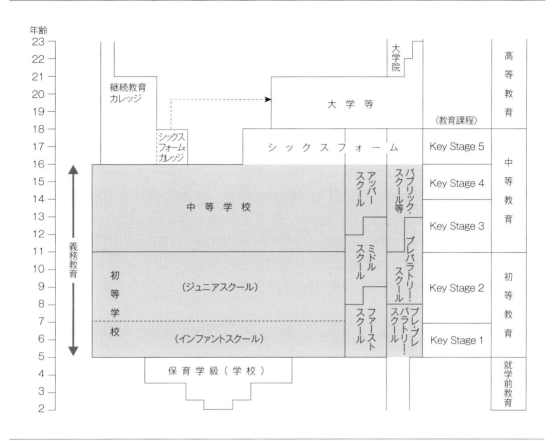

察し，教育の質，生徒の学力到達度，生徒の安全や健康管理などの項目が評価されます。それぞれの項目は「Outstanding, 優秀」「Good, 良」「Requires Improvement, 要改善」「Inadequate, 不適切」で評価され，改善のための具体的なアドバイスが示されます。Ofstedの学校評価は全国に公表され，生徒や保護者が進学する学校を選択するための貴重な判断材料となっています[8]。

　Ofstedの評価には精神保健教育に関する項目も含まれ，生徒の学校生活，そして将来にわたり精神的な健康を保つための知識や考え方を得られる教育が行われているか，という点も評価されます。後述する精神保健教育の義務化の流れも相まって，生徒のメンタルヘルスは今後より評価の重点が置かれる流れにあると思われます。

5. 英国の精神保健教育の概要

（1）精神保健教育の必修化

　英国の初等中等教育で教えられる教科は，①ナショナルカリキュラムで指定された必修科目（数学，英語，理科，歴史，地理，音楽，体育など），②ナショナルカリキュラム以外に指導が義務づけられた必修科目（保健教育，人間関係の教育，性教育，宗教教育など），③学校独自の教育活動から構成されています[6]。
　精神保健教育や薬物，アルコールに関する教育を含む「保健教育」は，2020年9月までは必修科

目ではなく，PSHE（Personal, Social and Health Education：人格，社会性，保健の教育）という科目の中で行われてきました。PSHE は各学校の裁量で，保健，薬物とアルコール，性と人間関係，栄養と体育，経済・個人財政などが扱われ，必修科目ではないものの英国のほぼすべての学校で長年実施されてきた歴史があります。

しかし，必修科目ではないために，一部の学校では精神保健教育が必ずしも十分な時間教えられていない状況にあることが問題とされてきました。精神保健の授業時間の確保が，生徒の十分な知識やスキル獲得のためには重要であり，精神保健教育の必修化に向けた議論が行われてきました。

そして，2020 年 9 月に「保健教育」は必修化され，すべての学校の初等中等教育において精神保健の授業を行うことが義務化されました。現在は，「保健教育」は「人間関係の教育」「性教育」とともに RSHE（Relationships Education, Relationships and Sex Education and Health Education）という必修科目で扱われるようになっています[4]。

（2）whole-school approachと精神保健教育の位置づけ

英国の学校における精神保健教育は，whole-school approach（全学校環境へのアプローチ）の理念に基づき実施されることが英国教育省のガイダンスで推奨されています。whole-school approach は生徒のメンタルヘルスの向上，精神疾患の早期発見，早期介入のために WHO により提唱されたモデルです（図 2）[9]。

図 2 に示したとおり，生徒のメンタルヘルスの向上のために重要な要素は，大きく分けると，①精神保健教育により生徒自身が精神的な健康を保つための正しい知識や考え方を身につけること，②学校環境全体を皆が安心して学校生活を送れるものとすること（校風，教職員への教育，保護者との連携），③学校外の機関（医療，福祉，支援機関など）との連携の 3 領域といわれています。精神保健教育はその一環として実施されることが推奨されています。図 2 は，whole-school approach を 4 段階の介入対象に分けて表したものです。

1 番上の階層は，生徒，教職員，保護者を含む学校環境全体への介入であり，教員や保護者へのメンタルヘルスに関する研修も含まれます。第 2 段階に位置するのが生徒全体に対する授業での精神保健教育であり，生徒自身が正しい知識や考え方を身につけるための教育が行われます。第 3 段階は生徒の約 20 ～ 30％が対象とされるもので，学校内での追加支援が必要な生徒に対する心理社会的な配

図2　WHOが提唱する4段階のwhole-school approach（Wyn, J. et al., 2000[9] を改変）

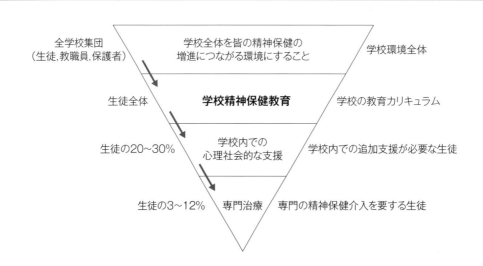

慮や支援が行える体制作りです。そして，1番下の第4段階が，専門の精神医療サービスへの紹介をスムーズに行える連携の構築とされています。例えば，ロンドン北部イズリントンの児童思春期の精神医療サービスは，イズリントンのすべての初等中等学校の教職員に教育プログラムを提供するとともに，医療と学校の連携を図っています[10]。このように，生徒に対する精神保健教育と同時に，学校環境全体をメンタルヘルスの向上につながるような，皆が助け合い，困った時に相談しやすい風土を作っていくことが大切にされています。

　whole-school approachに基づく精神保健教育の実施に当たっては，特に保護者との連携が大切にされています。英国教育省や英国公衆衛生庁のガイダンスでも，生徒の精神保健の向上のためには，学校と保護者のコミュニケーションが重要とされています。例えば，授業で扱われるメンタルヘルスに関する内容が保護者にも共有されること，そして利用可能な心理社会的なサポートについての情報が保護者に提供されることが推奨されています[4]。そうすることで，追加の心理的な援助が必要な生徒がいた場合に，学校と保護者が連携し，まずは学校内で実施可能な心理的な支援が行われ，それでも解決しない場合には，適切なタイミングで専門医療機関への紹介がなされる体制の構築につながると思われます。

6．英国の精神保健の授業で扱われる内容

（1）英国の精神保健教育の概要

　英国教育省のガイダンスでは，精神保健について生徒に教える目的は，「精神的な健康を維持するために必要な知識の獲得」と「自分や他者の精神的な不調のサインを認識し，早期に適切なサポートを得るための知識の獲得」とされています[4]。

　さらに，授業を通して精神疾患に関するスティグマを軽減できるように取り組むべきであることも強調されています。そのために，「精神疾患は他人事ではなく，誰しもがかかる可能性のあるものであり，適切な支援で回復可能であること」が初等中等教育を通して教えられます。さらに，学校，クラスにメンタルヘルスに関してオープンに話し合える雰囲気を作ることが大切にされています。正しい知識や考え方を得るために，皆で話し合い，他者に助けやアドバイスを求めることがオープンに行える環境づくりを学校に求めています。

　初等教育では，感情のコントロール，ストレスや不安への対処，いじめの問題，助けを求める方法などの総論的な内容が教えられ，その後，中等教育の中でより具体的な個別の精神疾患に関する内容が扱われる構成となっています。精神疾患の概念の本質的な理解が可能となるのは，身体疾患の場合と比べてより高い年齢になってからになるといわれており，具体的な精神疾患の理解に関する内容は11歳以降の中等教育から扱われています。

（2）各教育段階における精神保健教育の内容[11]

(より詳細な教育内容，到達目標に関しては，吉村優作「英国における中高生に対する精神保健教育」pp.1239-1240[12]に掲載)

①初等教育（KS1・KS2：5-11歳）

　初等教育の前半の2年間（KS1）では，自己や他者の感情を認識し，それを表現する方法や，感情をコントロールするための方法，そして感情のコントロールがうまくいかない時に周囲に助けを求める方法が教えられます。その他にも，いじめの影響や対処についての内容も教えられます。

　初等教育の後半の4年間（KS2）では，メンタルヘルスを保持するための具体的な方法，精神疾患には誰もがかかりうること，適切な支援により回復可能であることが教えられます。その他にも，い

じめやハラスメント，差別行為への対処方法や，アルコールや薬物の害についての内容も教えられます。

②中等教育（KS3・KS4・KS5：11-18歳）

中等教育の義務教育期間の5年間（KS3・KS4）では，精神疾患に関するスティグマの内容も扱われます。スティグマの影響や，スティグマの問題を解決するために正しい知識や考え方を持つ必要があることなどが教えられます。また，うつ病，不安症，摂食障害といった代表的な精神疾患の症状やどのような支援や治療があるか，といったより具体的な知識も扱われます。その他にも，アルコールや薬物の乱用や依存に関する内容も教えられます。

義務教育終了後の2年間のKey Stage 5では，それまでの内容に加え，より具体的で実践的なストレスや不安への対処方法が扱われます。さらに，精神疾患の治療に関する専門機関の種類や役割（どのような場合にどこに相談すればよいか）についての知識が教えられます。

（3）使用されている教材

英国には日本のような教科書検定制度はないために，精神保健教育に使用される教材の種類は各学校の裁量に任せられています。使用できる教材として，PSHE Associationという機関から，授業で使用できる教材や具体的な授業プランが公開されています[11]。その他にも，複数の出版社が教科書や授業に使える資料を出版しており，インターネット上にも公開されています[13][14]。いずれの教材も，感情のコントロール，ストレスへの対処，困った時に相談する方法，具体的な精神疾患の予防，症状，治療，偏見や差別に関する内容など，メンタルヘルスリテラシーを向上させるための内容が含まれます。

7．日本において参考にできる点

英国の精神保健教育で大切にされていることは，それが単に生徒が精神疾患の知識を得るだけのものにしないことです。例えば，whole-school approachとして，生徒だけでなく，保護者，教職員といった学校に関わる皆が正しい知識や考え方を得て，学校環境全体がメンタルヘルスの向上につながる風土となることを目指しています。この考え方は，日本でも大いに参考にできるところだと思います。

さらに，授業を通して精神疾患へのスティグマを軽減させることも精神保健教育の重要な目的の1つとされています。そのために，「精神疾患は他人事ではなく，誰しもがかかる可能性のあるものであること」というメッセージ，精神疾患に関して皆でオープンに話し合える環境作りが重視されています。こういった学校教育におけるスティグマ軽減の取り組みは，生徒自身のその後のメンタルヘルスの向上につながるだけでなく，皆が助け合い，多様性を受容できる世の中になるための基盤となりうるものです。

このように，精神疾患の知識獲得だけでなく，学校環境全体へのアプローチ，スティグマ軽減の取り組みは，日本での精神保健教育にも大変参考になるところだと思われます。

〈吉村優作〉

② カナダ

　本稿では，学校の授業内で精神疾患を含めたメンタルヘルス教育が広く実施されているカナダの例を紹介します。中学生・高校生を対象とした教育プログラムをはじめ，学校教員向け，保護者向け等の様々なプログラムの用意があり，また，それぞれのプログラムに対する効果検証による知見が積み重ねられています。最近では，学校を中心に地域を巻き込んだ包括的なメンタルヘルスリテラシーの教育的アプローチが，不調を抱えた中高生が早期に適切なケアにつながることに貢献した可能性を示す知見が報告されました。カナダでの先行事例の紹介を通じて，学校でのメンタルヘルス教育による効果，またその実施に際して，現時点で考えられる課題を検討します。

1. カナダの教育制度

　カナダの教育制度は，大きく初等と中等に分かれ，初等教育は，就学前教育（幼稚園）から6年生（州によっては8年生）までの児童生徒が対象で，中等教育では，7年生から12年生までの生徒の教育が行われています。各州の教育法（Education Act）に基づき教育課程が策定され，教科・科目構成は各州により異なりますが，基本的には，芸術，言語，第二言語，算数・数学，社会，科学，保健体育等で構成されています。各学校で用いる教科書の指定はなく，学校あるいは教師がそれぞれ選択しています。

2. カナダの学校メンタルヘルス教育プログラム

　カナダでは，日本に先行して，学校でのメンタルヘルスリテラシーの教育プログラムが実施されてきました。その導入背景には日本と同様の理由があります。約5人に1人が一生のうちに何らかの精神疾患を経験し，誰もが経験する可能性があり，その精神疾患の多くは12〜25歳の思春期に始まります。その上で，思春期における精神疾患対策として，予防，早期発見・適切な対処から良好な回復まで，幅広いニーズへの対応が急務でした。特に，精神疾患を含めメンタルヘルス不調はその症状に自分自身では気がつきにくいこと，気がついたとしても各人やその周囲の大人もその状況を認められないこともあります。これらのことから，早期にメンタルヘルス不調の症状に気がつき，適切な対処につなげるための，メンタルヘルスリテラシー向上が重要だとして，教育プログラムの導入が求められました[iv]。

　学校は，思春期の中高生が1日のうちの多くの時間を過ごすことから，思春期における精神疾患対策を展開する上で，最適な場所であると考えられます。図1には，カナダでのメンタルヘルス教育プログラムの枠組みであるSchool-based Pathway to Care model（学校を拠点としたメンタルヘルスケアモデル）を示しました[1]。

　思春期の中高生が，日々の生活の中で関わる人々が記され，学校には，生徒，学校教員，他には事務スタッフやスクールカウンセラー等の専門職，学校周囲の地域には，生徒の保護者・かかりつけ医／プライマリケア医（家庭医），精神医療の専門家がいることが示されています。学校を中心とするコミュニティ全体でのメンタルヘルスリテラシーの底上げと必要なアプローチが提案されています。

　学校内では，生徒を対象にした精神疾患を含めたメンタルヘルス授業（Mental health curriculum），学校教員はその授業を実施するための知識やスキルを身につけるプログラム，ゲートキーパーとして

図1　School-based Pathway to Care model（学校を拠点としたメンタルヘルスケアモデル）

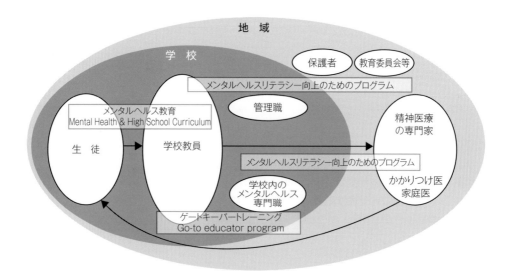

必要なスキルを高めるトレーニングが実施されます。保護者・教育委員会等の利害関係者，また，地域の保健医療の専門家等にも，学校内で実施されるメンタルヘルス教育の内容が共有されます。その地域の思春期中高生におけるメンタルヘルス課題とその対処について，共通の理解を図ることを目指す工夫がされています。

　このように，学校を中心として地域全体で思春期のメンタルヘルス課題に取り組むことの目的には，次の4つがあります[1]。①生徒，学校教員，保護者のメンタルヘルスリテラシーを高めることにより，メンタルヘルスケアに対する態度の改善，精神疾患に対する偏見を減らすこと，②精神疾患等のメンタルヘルス不調時の症状を早期発見し，タイムリーなメンタルヘルスケアにつなげること，③学校と医療機関等の専門家間の連携を強化すること，④メンタルヘルスケアを受けている生徒が，学校でもニーズに合ったサポートを受けられる枠組みを提供することです。

3．メンタルヘルスリテラシーとは

　メンタルヘルスリテラシーは一言で述べるならば，精神疾患に関する知識や信念です。1990年代後半，オーストラリアのAnthony Jorm博士が学術論文の中で，「精神疾患・障害に関する正しい知識を獲得しておくことで，不調や病の早期発見や治療，あるいは予防に対する備えができるだろう」という意図から，市民における精神疾患への関心を高めるためのキーワードとして用いました。最近では，カナダのStanley Kutcher博士が，ヘルスリテラシーの定義（健康の維持，増進するのに必要な情報にアクセスし，その情報を理解し活用するための，意欲や能力を決定する認知・社会的スキル）を踏まえて概念を下記のように整理・定義し，広く用いられるようになっています[iv]。

4．メンタルヘルスリテラシーの定義[iv]

　「精神保健の向上，メンタルヘルス不調・障害の予防，早期発見・診断，治療の継続や回復，のそ

れぞれの土台として基本的に必要な力やスキルである」とし，具体的に次のスキルが挙げられています。

①心の健康を維持するために何をすべきか理解していること
②精神疾患の症状とその対処方法を理解していること
③精神疾患に対して偏見を持たないこと
④援助希求行動の意図：精神的な問題で困った時に，いつ，どこで助けを求めるのかを理解していること。その相談先で何を期待できるのか，何が得られるのかを理解していること

School-based Pathway to Care modelでは，思春期の中高生及びその周囲の大人のメンタルヘルスリテラシー向上に向けたプログラムが含まれています。上記の"メンタルヘルスリテラシー"の定義を示したKutcher博士は，Dalhousie university (Halifax, Nova scotia) に所属していた頃（現在はカナダ上院議員を務める），数々のメンタルヘルスリテラシーの教育プログラムを開発しました。開発されたプログラムや効果検証に関する報告書は，TeenMentalHealth.orgのwebサイトに数多く掲載されています[2]。本稿では，生徒向けの授業プログラム，学校教員向けのプログラムを紹介します。

5. Mental Health & High School Curriculum

中高生を対象とした，精神疾患を含めたメンタルヘルスに関する知識と対処スキルを身につけるための授業です[3]。表1には，授業内で扱われる内容を示しました。

モジュール1～6には，「精神疾患に対する誤解や偏見」「精神疾患の背景理解」「精神疾患の具体的な症状」「精神疾患を経験した当事者との対話」「援助希求行動と社会資源の利用」「ポジティブメンタルヘルス」が含まれます。各モジュールは，50～60分の授業に収まるように用意されており，基本的にはモジュール1から順番に進め，すべてのモジュールを行うことが推奨されています。モジュール3の「精神疾患の具体的な症状」は，他のモジュールよりも多くの時間を要する（50～60分間の授業を2回割り当てる）ことが望ましいとされています。

モジュール1に，「精神疾患に対する誤解や偏見（スティグマ）[4]」が置かれていることは，このプログラムの特徴的な点の1つです。社会にはスティグマがはびこっていること，このスティグマにより援助希求行動が妨げられる場合があることを学習し，その上で，スティグマ軽減のために自分にもできることがあるというメッセージが含められています。モジュール2では，「精神疾患の背景理解」として，脳機能に関する説明，精神疾患の症状が脳機能の不調を反映していること，生物学的要因だけでなく複雑な要因が絡み合って生じ，身体疾患と同様に医学的治療が有効であることが扱われます。他のモジュールよりも学習時間が多く設定されているモジュール3では，精神疾患の定義，思春期に起こりやすい精神疾患とその症状として，具体的な疾患名（統合失調症，うつ病，不安症，摂食障害，PTSD，ADHD，OCD，物質使用障害等）が挙げられています。早期に適切な治療を受けることで回復可能性が高まることも扱われます。モジュール4では，精神疾患を経験した当事者から，発症から治療の開始，回復までのプロセスを学ぶ中で，実際の生活の様子を知る機会を設けます。モジュール5では，学校内外で利用可能な援助希求先やその利用方法について，生徒が実際に不調を抱えた際に，1人で抱え込まず，助けを求めるための具体的な方法・スキルを提示し，モジュール6では，「ポジティブメンタルヘルス」として，日々のメンタルヘルスの維持・向上についての学習が行われます。

モジュール1～6のプログラム全体を通じて，視聴覚教材を用いて学習することが推奨されています。モジュール3で，各種精神疾患の症状について扱う際にはアニメが用いられますが，例えば，中高生を主人公としたストーリーの中で，その症状や生活への影響，回復に至るプロセスが描かれた短いアニメが使われています。その他には，モジュール4の精神疾患を経験した当事者との対話では，当事者が学校を訪問してその経験についての話を直接聞く，あるいは，インタビュー映像を視聴する場合もあります。他には，グループごとの調べ学習を行い，その後で，それぞれのグループでの学び

表1　生徒が Mental Health & School Curriculum で学習する内容

モジュール	内　　　　容
モジュール1： 精神疾患に対する誤解や偏見（スティグマ）	・精神疾患に対する誤解や差別・偏見（スティグマ）が存在すること ・スティグマは，援助希求行動の大きな障壁であること ・精神疾患とその対処について理解を高めることは，スティグマの軽減に有効であること ・正確な情報は，精神疾患に対する態度を変えうること ・スティグマ軽減のために，誰もができることがあり，実行する責任があること
モジュール2： 精神疾患の背景理解	・精神疾患の有無に関わらず，メンタルヘルスはすべての人に関係すること ・脳は，知覚・思考・感情，身体活動をコントロールする機能を持つこと ・精神症状は，脳機能の不調を反映していること ・精神疾患は，生物学的要因を含む複雑な要因が絡み合って起きること。身体の病気と同様に，早期治療が有効であること ・環境変化への適応過程で生じるストレス反応は，誰にでも起きる正常な反応であること
モジュール3： 精神疾患の具体的な症状	・精神疾患は，知覚・思考・感情・身体活動等，その人の日常生活に著しい困難を生じている状態のこと ・思春期に起こりやすい精神疾患とその症状（統合失調症，うつ病，不安症，摂食障害，PTSD，ADHD，OCD，物質使用障害など） ・身体疾患と同様に，精神疾患は回復可能であること，早期に適切な治療を受けるほど予後がよいこと
モジュール4： 精神疾患を経験した当事者との対話	・精神疾患は，日常生活の大部分に影響を与えること ・適切なサポートや治療により，生活機能の回復が期待できること
モジュール5： 援助希求行動と社会資源の利用	・学校や地域には，助けを求める方法や相談先として数多くの選択肢があること ・日常生活での浮き沈みと深刻な状態（精神疾患を疑う状態）の判断 ・精神疾患の有無に関わらず，誰もがメンタルヘルス向上のためにサポートを受けられること
モジュール6： ポジティブメンタルヘルス	・メンタルヘルスを維持／向上させるために，積極的／建設的な対処戦略が役立つこと ・メンタルヘルスの維持／向上のためのスキル

を他のグループの生徒に共有するという学習形態をとる場合もあります。対象の生徒や学校の状況に合わせて，各学校教員による工夫がされています。

6．Mental Health & High School Curriculum の授業実施による生徒の変化

　生徒は，Mental Health & High School Curriculum を受講することで，一定の効果を得られることが，厳密な効果検証研究の知見によって示されています[5]。この授業を受ける生徒と受けない生徒をクラスごとにランダムに分け，授業実施前と授業実施後に回答するアンケート結果をそれぞれ比較しました。この検証方法は，ランダム化比較試験と呼ばれます。授業実施により期待される生徒の変化は，メンタルヘルスリテラシーの向上ですが，より具体的には，a）精神疾患とその対処に関する知識の向上，b）精神疾患に対する偏見の軽減，c）メンタルヘルス不調時における援助希求行動の意図の促進です。効果検証の結果，Mental Health & High School Curriculum の授業を受けた生徒は，受けていない生徒と比べて，a），b），c）それぞれのスコアが大きく改善していたことが確認されました。別の地域の学校を対象に行われた研究では，授業実施直後だけでなく，1年後まで，授業実施によるメンタルヘルスリテラシー向上の効果が持続していたことが報告されました[6]。

7．Mental Health & High School Curriculum Teacher's Guide（Guide）

　学校教員が，生徒への Mental Health & High School Curriculum の授業を実施するために必要な知識やスキルを身につけるための研修プログラムです。この研修プログラムは，表1で示した授業内容に沿って，1日（6〜8時間）かけて実施されます。研修を受講した学校教員には，受講後の確認テストに合格することで，各学校での授業実施資格が与えられます。この Guide は，web サイトから

PDFでのダウンロードが可能です（日本からも無料でダウンロード可能です）[3]。全体で166ページあり，その中で，モジュール1から6までの授業内容について，網羅的に解説されている他，授業実施案（授業の進め方の例）を含め授業内で活用可能な資料（インターネットを通じて取得できるアニメやインタビューの紹介等）が豊富に掲載されています。Guideを受講した学校教員の変化について，研修プログラム受講の事前事後テストを用いた効果検証結果により，Guideを受講した学校教員では，授業実施のために必要なスキルとして，精神疾患に関する知識と態度が改善していることが確認されました。

8. Go-to educator training program

　学校教員は，生徒の周囲にいる身近な大人の1人です。生徒の変化（不調や症状）に早く気がつき，適切な対処を施す，あるいは相談を促す／適切なケアにつなげるといったいわゆる「ゲートキーパー」としての役割も期待されます。ゲートキーパーの役割とは，具体的には，「気づき：家族や仲間の変化に気づいて，声をかける」「傾聴：本人の気持ちを尊重し，耳を傾ける」「つなぐ：早めに専門家に相談するように促す」「見守り：温かく寄り添いながら，じっくりと見守る」ことです[7]。

　本プログラムで扱う内容は，Guideで扱うような精神疾患に関する基本的な知識の発展編として，ゲートキーパーに必要な知識やスキルが含まれています。表2には，Go-to educator training programの内容を示しました[8]。

　パート1では，学校教員の役割やメンタルヘルスリテラシーの定義等を導入として学び，パート2で，精神疾患の原因（要因）が複雑であること，学校やクラスにおいても精神疾患は高頻度に発生していることを扱います。自殺の問題にも触れます。パート3は，精神疾患の具体的な症状を詳細に学びます。パート4では，精神疾患の治療やケアの方法の実際として，学校外の専門家との連携のあり方やつないだ先でのケアや支援では何が行われるのかが扱われます。パート5では，生徒のもう1つの生活の場である家庭との連携を図る方法を学びます。Go-to educator training programの基本コースは，パート1からパート5の構成で，所要時間は約8時間で設定されています[8] [9]。さらに，コア

表2　Go-To Educator training programで扱われる内容

セクション	内　　　　容	所要時間
パート1： 導入	・学校教員の役割 ・メンタルヘルスリテラシーとは？ ・学校を中心としたメンタルヘルスケアモデル ・メンタルヘルスに関する専門用語	1時間
パート2： メンタルヘルス不調の要因	・精神疾患の原因（要因）の複雑さ ・学校／クラスにおける精神疾患の有病率 ・精神疾患と自殺の関係	1時間
パート3： 精神疾患の早期発見戦略	・脳の発達と精神疾患等のメンタルヘルス不調 ・学校で生徒のメンタルヘルス不調に気づくためのヒント ・思春期に起きる精神疾患（統合失調症，うつ病，不安症，摂食障害，PTSD，ADHD，OCD，物質使用障害など） ・早期発見や適切な対処のために学校に求められること	4時間
パート4： 支援や治療の原則	・根拠に基づくケアとは？ ・精神疾患のケア，サポートの目的 ・学校におけるメンタルヘルスサポート ・守秘義務について ・学校外の専門家と連携する方法	1時間
パート5： 保護者との連携	・保護者への説明／コミュニケーションの取り方 ・保護者に対するゲートキーパートレーニングの実施方法	1時間
パート6： （希望者）コアトレーナー実習	・各学校でメンタルヘルス対策を実現するための戦略 ・教材の活用方法／補足資料の確認 ・指導のポイントと実践	4時間

トレーナー実習として，パート6が用意されており，パート6を受講することで，Mental Health & High School Curriculum Teacher's GuideやGo-to educator training programの講習実施者(指導者)を務める資格が得られます。

Go-to educator training program の効果検証は，カナダの6つの州（Ontario, Nova Scotia, New Brunswick, Newfoundland, Alberta, Manitoba）で事前事後テストによって行われ，プログラムを受講した学校教員の精神疾患に関する知識と態度が改善したことが確認されました。さらに，Alberta州では，医療機関と学校の共同研究から，生徒用のプログラム（Mental Health & High School Curriculum）と学校教員用のプログラム（Guide及びGo-to educator training program）の包括的な継続実施が，思春期生徒におけるメンタルヘルス不調時の適切な医療機関受診に有効に機能する可能性が報告されています[10]。

9. 周囲の大人へのプログラム

前述のSchool-based Pathway to Care modelでは，地域全体ですべての利害関係者のメンタルヘルスリテラシー向上にも取り組むことが求められています。生徒の保護者へのアプローチとしては，生徒が学校の授業で学習する内容（Mental Health & High School Curriculum）と同じものをwebサイト等から保護者向けに配信することが促されています。精神疾患を含めたメンタルヘルス上の課題に対して，生徒とその保護者が共通の理解をしていることが重要です。学校には，教員以外にも，生徒と日常的に関わる存在としてスクールカウンセラーやスクールソーシャルワーカー等がいます。この専門職者には，Go-to educator training programに当たる内容のプログラムの実施が推奨され，その中で，特に，病院等の学校外の専門機関の利用・紹介方法について，実務として役立つ知識を提供することが望ましいとされています。

10. 日本で参考にできる点

カナダの実践例から学ぶ点として，「学校教員による精神疾患を含めたメンタルヘルス教育・授業は生徒のメンタルヘルスリテラシー向上に有効であること」「学校教員は，メンタルヘルスについて学ぶことで，授業の実施者としてだけでなく生徒の身近な大人の1人として，ゲートキーパーとしての知識やスキルを高められること」「学校を中心に地域の利害関係者すべてがメンタルヘルスについて学ぶことで，思春期生徒のメンタルヘルス向上や不調時の援助希求行動を促すことができること」があります。カナダでは，生徒が学校の授業で学ぶ内容（Mental Health & High School Curriculum）を基準に，それを教えるための学校教員向けプログラム（Mental Health & High School Curriculum Teacher's Guide），ゲートキーパーとしての知識やスキルを身につけるためのプログラム（Go-to educator training program）が発展編として実施されています。

日本においては，高等学校保健体育に「精神疾患の予防と回復」が追加され，2022年度より高校生が公教育で精神疾患について学ぶ機会を得ました。地域全体でメンタルヘルスリテラシーを向上させる大きなチャンスといえるかもしれません。カナダと同様に，この高等学校保健体育での学習内容を基準とした，学校教員及び地域の周囲の大人が精神疾患を含めメンタルヘルスについて共通の理解ができるような研修等の教育プログラムが求められます。

これを推し進めていくためには，これまでのカナダの実践において，1つ1つ丁寧に効果検証がされていたように，日本においても研究者と連携し，適切なデータ収集による効果検証が行われることが，もう1つ重要な点かもしれません。厳密な効果検証から得られる知見は，教育プログラムの改良に役立ち，未来の学校・生徒のメンタルヘルス向上に大きく貢献するでしょう。

〈小塩靖崇〉

生徒に対する目標に準拠した評価と評価の観点

　2018年改訂学習指導要領においては，すべての教科・科目等の目標及び内容が「知識及び技能」「思考力，判断力，表現力等」「学びに向かう力，人間性等」の育成を目指す資質・能力の3つの柱で整理されました。観点別学習状況の評価については，それらを踏まえた教育目標や内容に基づき，各教科を通じて，「知識・技能」「思考・判断・表現」「主体的に学習する態度」の3観点で評価します。従って，保健体育の評価はもちろん，そこに示されたメンタルヘルス教育においても，授業の評価はこれらの3観点で評価することになります。

　高等学校保健体育の「精神疾患の予防と回復」は学習指導要領の目標や内容に照らして，その実現状況を表1に示した評価規準に基づき評価します[i]。その際，「十分満足できる」状況と判断されるものをA，「おおむねできる」状況と判断されるものをB，「努力を要する」状況と判断されるものをCのように評価します。これらの評価規準はそれぞれの授業に活用されますが，最終的には3観点バランスよく，単元全体を通じて総合的に評価できているか確認することになります。

〈森良一〉

表1　単元「精神疾患の予防と回復」の評価規準（公益財団法人日本学校保健会「精神疾患に関する指導参考資料」）

知識・技能	思考・判断・表現	主体的に学習に取り組む態度
①精神疾患は，精神機能の基盤となる心理的，生物的，または社会的な機能の障害などが原因となり，認知，情動，行動などの不調により，精神活動が不全になった状態であること，心身の不調時には，不安，抑うつ，焦燥，不眠などの精神活動の変化が，通常時より強く，持続的に生じること，心身の不調の早期発見と治療や支援の早期の開始によって回復可能性が高まることについて，理解したことを言ったり書いたりしている。 ②うつ病，統合失調症，不安症，摂食障害などの精神疾患は，誰もが罹患しうること，若年で発症する疾患が多いこと，適切な対処により回復し生活の質の向上が可能であることについて，理解したことを言ったり書いたりしている。 ③精神疾患の予防と回復には，身体の健康と同じく，適切な運動，食事，休養及び睡眠など，調和のとれた生活を実践すること，早期に心身の不調に気付くこと，心身に起こった反応については体ほぐしの運動などのリラクセーションの方法でストレスを緩和することなどが重要であること，できるだけ早期に専門家に援助を求めることが有効であることについて，理解したことを言ったり書いたりしている。 ④人々が精神疾患について正しく理解するとともに，専門家への相談や早期の治療などを受けやすい社会環境を整えることが重要であること，偏見や差別の対象ではないことについて，理解したことを言ったり書いたりしている。	①精神疾患と予防における事象や情報などについて，健康に関わる原則や概念を基に整理したり，個人及び社会生活と関連付けたりして，自他や社会の課題を発見している。 ②精神疾患の予防と回復について，習得した知識を基に，心身の健康を保ち，不調に早く気付くために必要な個人の取組，専門家への相談や早期の治療などを受けやすい社会環境を整えるための対策を整理している。	①精神疾患の予防と回復について，課題の解決に向けての学習に主体的に取り組もうとしている。

② メンタルヘルス教育の評価測定のための スケール

1. はじめに

　高等学校保健体育に「精神疾患の予防と回復」の授業が追加されるなど，学校でメンタルヘルス教育に取り組む機会が増えてきました。多くの学校教員にとって，実施した授業が児童生徒にどのような変化（効果）をもたらすのかは，大きな関心事の１つでしょう。学校で行われる授業実践を適切に評価し，児童生徒の変化を「見える化」することは，「今後どのように授業を改善できるか，そのために何が必要か」等を考える際に役に立ちます。本稿では，学校でのメンタルヘルス教育の評価について説明します。

2. メンタルヘルスリテラシー教育の評価

　学校の授業で，精神疾患を含めたメンタルヘルスの課題とその対処について学ぶことは，School-based mental health literacy education（学校で実施するメンタルヘルスリテラシー教育）と呼ばれています[iv]。学校でのメンタルヘルスリテラシー教育の評価とは，言い換えれば，その授業が児童生徒にどのような効果（変化）をもたらすのかについて予め仮説を立て，その仮説に基づいた検証を行うことです。図１に，メンタルヘルスリテラシー教育の評価のプロセスを示しました。メンタルヘルスリテラシーの教育を受けることで，「精神疾患を含めメンタルヘルス不調は自分事であり学ぶ必要がある」という気づき，授業で扱われる内容を知識として習得すること，「不調時には誰かに助けを求めるべ

図1　メンタルヘルスリテラシー教育の評価のプロセス

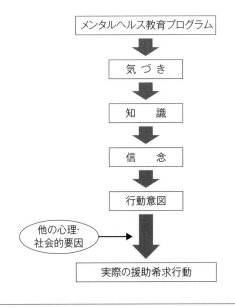

きだ」といった信念，「不調時には誰かに相談しようと思う」のような行動意図，そして「不調を感じた際に相談する」という実際の行動につながる可能性があります。

　実際には，数回の授業のみで，すぐに児童生徒の行動が期待どおりにすべて変化・コントロールできるわけではありません。日々の生活上で生じる心理的・社会的要因にも影響された上で，その結果として実際の行動変容が起こります。図のような評価のプロセスを事前に検討し，授業の実施前から実施後，継続的に測定することで，その結果を踏まえた次に必要なアクションが明らかになります。例えば，「授業によって知識は向上したが，態度や行動を変えるまでには至らなかった」という状況を確認することができ，授業や日々の取り組みについて合理的に考える機会を持つことができるでしょう。

3．評価項目

　メンタルヘルスリテラシー教育は，主な評価項目として，知識や行動意図が用いられてきました[iv]（メンタルヘルスリテラシーの定義について⇒参考 3-2-② 海外における中高生への精神保健教育　②カナダ）。尺度（質問項目）が開発されており，そのいくつかは日本語でも使用可能です。精神疾患に関する知識評価には，MIDUS: Mental Illness and Disorder Understanding Scale（15項目0〜60点，〈例〉「精神科の病気（うつ病，統合失調症など）は，とてもありふれた病気である」）があります[1]。行動意図の評価には，RIBS：Reported and Intended Behaviour Scale（4項目4〜20点，〈例〉「将来，メンタルヘルスの問題を抱えている人と働いてもよいと思う」）があります[2]。実際の行動についてどのように測定できるのかは，研究上で大きな課題で，多くの先行研究では，実際の行動につながる可能性が高いと考えられる「行動意図」の評価に留まっています。学校現場でメンタルヘルス教育による実際の行動変化（不調時の援助希求行動）を評価するとすれば，保健室への来所・相談回数や内容の記録を用いることが1つのアイデアかもしれません（⇒参考 3-4-② メンタルヘルス教育Q&A　Q22）。

　メンタルヘルスリテラシー教育に含まれる内容を細分化すると，例えば「メンタルヘルス不調の症状に関する内容」「援助希求行動・援助行動を促す内容」「精神疾患に対する偏見の是正に関する内容」があります。つまり，評価尺度を利用する際には，実施する授業の目的や内容とその評価尺度に含まれる質問項目が一致しているかの確認が必要です。

　なお，メンタルヘルスリテラシー教育による知識から行動までの変化を継時的に捉えるためには，少なくとも授業の実施前と実施後の2回，効果が持続しているかの検証をするには3回以上の測定が必須です。これまでは質問紙を用いた研究が行われてきましたが，より簡便な方法の開発が望まれます。全国の学校で共通のデータ収集やモニタリングシステムが整備されることで，メンタルヘルス教育の評価が格段に容易になることが期待されます。

4．まとめ

　学校でのメンタルヘルス教育が児童生徒にどのような効果（変化）をもたらすのかを見える化するための評価について概説しました。メンタルヘルス教育を実施する際には，その授業に期待する効果，また適切な評価手法を用いることが大切です。今般高等学校保健体育に導入された「精神疾患の予防と回復」での授業実践についても，生徒のメンタルヘルスリテラシー向上に貢献したのか，また，生徒自身あるいは周囲の友だち・家族がメンタルヘルス不調を抱えた際の行動にどのように影響するのか，をより詳しく知ることに役立つでしょう。実施した授業を見直し，改善することもできます。学校で多様なメンタルヘルス教育が実施され始めた今日，正しく評価された実践報告が，学校内外で広く共有されること，また，その中から優れたメンタルヘルス教育実践の知見が集積されることが望まれます。

〈小塩靖崇〉

学校でのメンタルヘルス対応の基本

1. 対応の基本方針

　学校で，児童生徒のメンタルヘルスの問題に最初に気づくのは誰でしょう？「学級担任」と「養護教諭」がそれに近いと考えられます。なぜなら，多くの児童生徒は初期において「体調不良」や「クラスに入りにくい」「学校を休みがち」というような症状や行動がみられるからです。最初は「身体の不調」の訴えが多く見受けられます。「夜眠れない」「食欲がない」……そのうちに，「意識がなくなる」等の症状がみられることもあります。「貧血」「低血圧」「てんかん」等，最初は内科的疾患があるのではと疑います。しかし，内科受診を通して器質的な疾患がないことを除外していくと，最終的に「うつ病」や「不安症」，時には「摂食障害」等のメンタルヘルスの問題がみえてきます。最初からメンタルヘルスの問題がみえるわけでなく，「これではない」「あれではない」と外側の症状（内科的疾患）を徐々に剥がしていくことで，その内面に「メンタルヘルス」の問題（課題）がみえてくるのです。

　このメンタルヘルスの問題は，最初に気づいた学級担任や養護教諭だけで対処できるものではありません。児童生徒に関わるすべての関係者が「正しい知識」を持つこと，「早期発見と適切な処置で，回復が期待できる」ことを知っていること，関係者全員が組織「チーム学校」として対応することが望まれます。関係者全員が「正しい知識と支援方針」を共有して支援することで，児童生徒は「安心安全に学校生活を送ることができる」ことを基本として知っておいてほしいと思います。

2. 課題解決の進め方

(1)「チーム学校」としてのプロセス[1]

　近年，社会が大きく変化し続ける中で，子どもたちを取り巻く状況の変化や多様化，複雑化した課題に向き合うため，学校においても教職員だけではなく，多様な人材（専門家）が学校運営に参画することにより，学校の教育力・組織力を効果的に高めていくことが求められています。このことは，メンタルヘルスに関する子どもたちへの対応についても同様です。

　現在，学校現場では「チーム学校」というキーワードで子どもたちの支援組織を示すことが多くなっています。これは，中央教育審議会答申（2015年12月21日）の「チームとしての学校のあり方と今後の改善方策について」が元になっています[2]。

　「チーム学校」のプロセスとして，①課題の把握，情報収集，②アセスメント，ケース会議，③支援の実施，環境の整備，④支援方法の再検討の4つに分けて説明します（図1）。

図1 「チーム学校」としての課題解決のプロセス

| ①課題の把握
情報収集 | ②アセスメント
ケース会議 | ③支援の実施
環境の整備 | ④支援方法の再検討
（①へフィードバック） |

① 課題の把握，情報収集

　まず，課題を抱える児童生徒について，学級担任，学年の他教諭，養護教諭，教育相談担当等で情報を収集します。月に３日以上の欠席があること（年間30日以上の欠席は不登校の扱いになるため，月に３日以上の欠席は要注意です），または内科疾患的な困り感（眠れない，食欲がない等）を訴えて保健室や相談室へ相談に訪れる等，「気になる」と感じる児童生徒の情報を学校内の教職員で多面的にみていきます。毎日の健康観察や担任面談，生活アンケート，いじめアンケート等からも気になる児童生徒の情報を拾っていくことができます。初期の段階で見逃さずにみつけて，次のアセスメントにつなげていくことが大事です。また，「気になる」と感じた時点で，健康相談や個別の保健相談[3]も実施します。児童生徒の心身の健康問題の多様化に伴い問題解決に当たって組織的に対応することが大切ですが，まずは個別の保健相談等で[4]本人から情報を得ることが，課題の把握，情報収集にもつながります。また，１回だけの相談で関係が切れてしまうと課題が把握しづらくなるため，「受診したら結果を教えてね」「心配なことがあったらまた来てね」などと，温かい対応で関係を切らないこと，そして「温かい目で，冷たくみる（冷静に課題を見極める）」ことが大切です。

② アセスメント，ケース会議

　校長のリーダーシップのもと，必要な人材（専門家）を加えて，アセスメント[*1]を含めたケース会議[*2]を行います。最初は，関係する少人数で行っても構いません。専門的な知識が必要ということになれば，学校医[*3]，スクールカウンセラー[*4]，スクールソーシャルワーカー[*5]の参加も考えられます。それぞれの役割については，次の項で説明しますが，メンバーには役割があり，組織的に課題解決をするためにこの会議を行うということです。また，課題を解決するためには，アセスメントが必要です。もし対象となる児童生徒が既に医療機関を受診している場合には，主治医（専門医）の見立てが最重要となります。学級担任や養護教諭には，児童生徒本人や保護者の了解を得て，主治医の見立てや情報をケース会議で共有し，児童生徒が安心安全に登校できるための支援方法や環境整備を提案していくことが求められます。

③ 支援の実施，環境の整備

　校内の委員会等で決定した内容を全教職員へ周知する必要がある場合は，職員会議等を通じて報告し「チーム学校」としての支援方法や環境整備を共有して，実践することが重要です。この支援方法や環境整備がうまくいった場合には，児童生徒は安心安全に学校の中で過ごすことができるようになると思います。反対にうまくいかなかった場合は，どこを改善すればよいのかを検討して修正していきます。

＊１ アセスメント：解決すべき問題や課題がある事例の家族や関係者等の情報から，その児童生徒のストレングス（強み）や学校で困っていること，そのような状態に至った背景について探ること。見立て。

＊２ ケース会議：支援を必要としている子どもの事例に対して，支援方針とチームとしての役割分担を決定するための「支援会議」です。担任１人ではできないことも，教職員や関係機関がチームを組み，役割分担をすることで，支援の幅や可能性が飛躍的に広がります。児童生徒本人や家庭が求めている支援をどうやって届けていくかを決定し，実行していくことが「ケース会議」の目的です。

＊３ 学校医：学校保健安全法第23条に規定され，非常勤の嘱託員の性格を有する特別職として位置づけられています。職務については，健康相談，保健指導，健康診断，疾病の予防等，学校における保健管理に関する指導や助言を行います。多くの場合，内科または小児科，眼科，耳鼻咽喉科ですが，近年の児童生徒の心身の健康問題の多様化により，精神科，産婦人科，整形外科，皮膚科などの専門医が設置されている学校もあります[5]。

＊４ スクールカウンセラー（SC）：「心の専門家」として，児童生徒の心の問題に対するケアや心理的なサポートを担当します。いじめや不登校，友人関係や家族関係，精神疾患など，様々な問題や悩みを抱える子どもがいます。そのような問題を抱える子どもたちの相談を受け，助言をする中で，子どもの心のケアやサポートを行います[6]。

＊５ スクールソーシャルワーカー（SSW）：福祉の視点から，児童生徒が置かれた環境の改善を図る役割です。家庭内での虐待や貧困，ヤングケアラーなどの問題から不登校に陥っているケースもあります。スクールソーシャルワーカーが情報を集めて状況を把握した上で，児童生徒の家族，学校，地域などに働きかけることで状況の改善を目指します[6]。

④支援方法の再検討（①へフィードバック）

定期的に支援方法や環境整備についてチェックし，必要があれば再検討を行います。また，新しい課題がみつかった場合も同様で，①に戻り，支援方法等の再検討を行っていきます。児童生徒が卒業や転学した際には，本人と保護者の同意を得て，進学先（転学先）へ情報提供（申し送り）を行い，支援を続けます（同意が得られない場合や，進学先での支援を必要とされない場合は行いません）。

（2）「チーム学校」での支援の全体像と諸役割

前述のプロセスを，学校内の教職員や専門スタッフ，外部の協力機関が連携して行っていきます。ここからは，図2に示したような支援の全体像の中で，それぞれの立場にどのような役割を果たすことが求められるのか，解説していきます。

● A　管理職（校長・教頭・副校長）

校内の委員会を受け，情報を整理し，必要に応じて児童生徒への学校組織（全体）としての支援を推進し，環境の整備を整えていく立場にあります。学校の設置者（教育委員会）への報告の窓口でもあり，必要に応じてスクールカウンセラー，スクールソーシャルワーカーの派遣を依頼できる立場でもあります。児童生徒の進級や卒業に関する決定権があります（⇒参考　3-4-②　メンタルヘルス教育Q&A　校長編，教頭・副校長編）。

● B　保健主事

学校保健に関わる学校全体の活動に関する調整や組織活動（学校保健委員会等の運営）など，学校保健の管理に当たる教員です[7]（⇒参考　3-4-②　メンタルヘルス教育Q&A　保健主事編）。

● C　学級担任

児童生徒の変化にいち早く気づける立場であり，保護者への連絡も一番とりやすい立場でもあります。児童生徒の困り感，保護者の困り感に寄り添える立場にあるため，情報を的確に把握するとともに，1人で抱えこまずに他の教職員や校内の委員会へ機を逃さずに相談することが大切です（⇒参考　3-4-②　メンタルヘルス教育Q&A　学級担任編）。

図2　「チーム学校」でのメンタルヘルス支援の全体像

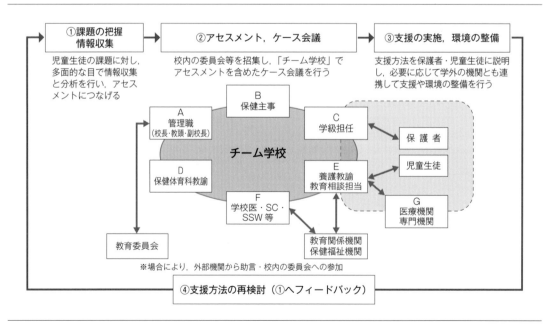

図3　アセスメントシートの例

年　組　氏名		住所		
年　月　日生	歳　担任		記入者	

気になること

これまでの支援の状況

欠席状況等

| 関係機関 | | かかりつけ医 | |

アセスメント(情報収集)短期
本人の状況(現状,生育歴など)

家庭の状況(気になること,家族構成,保護者の意向など)

本人に関する情報(学力面,行動面,健康面,発達検査・知能検査の数値など)

アセスメント(見立て)

プランニング(目標)
長期
短期

プランニング(手立て)

具体的な目標	誰が	誰に	手立て・役割
①			
②			
③			

特記事項・備考

● D　保健体育科教諭

「体育」だけでなく,「保健」を児童生徒に教える担当の教員。「心の健康」について,授業の中で正しく教えることができる大切な位置にあります（⇒参考　3－4－② メンタルヘルス教育Q&A　保健体育科教員編）。

● E　養護教諭・教育相談担当

学級担任からの相談を受けて,児童生徒から直接情報を収集し,相談をしやすい立場にあります。同時に,教職員以外の専門スタッフから専門的な助言をもらいやすい立場にもあります。図3のようなアセスメントシートを作成して課題のアセスメントを行い,校内の委員会を招集してケース会議を行いながら支援方法や環境の整備を行っていく役目を果たします（⇒参考　3－4－② メンタルヘルス教育Q&A　養護教諭編）。

● F　教職員以外の専門スタッフ（学校医,スクールカウンセラー,スクールソーシャルワーカー等）

養護教諭や教育相談担当から相談を受けて,専門的な見地からの助言を行う立場にあります。また,必要に応じて地域の教育関係機関や保健福祉機関,医療機関とつながり,更なる助言を得ることも,児童生徒や保護者への直接の相談を行うこともできます。

● G　医療機関・専門機関

児童生徒,保護者にとって「メンタルヘルス」の頼みの綱となる専門機関には,早期に受診し,適切な助言や治療を受けることで児童生徒の精神状態が安定し,安心して生活することが期待できます（⇒参考　3－4－② メンタルヘルス教育Q&A　Q29）。

3.　留意点:進級や卒業への配慮

メンタルヘルス支援に当たっては,進級や卒業への配慮が必要です。小学校・中学校等の義務教育においては,病気や不登校が原因で原級留置になることはほとんどなく,年齢に達すれば進級・卒業ができている現状です（最終的には,進級認定・卒業認定会議を経て決定されます）。しかし,高等学校においては,欠席や単位修得の不認定によって原級留置になることがあります。進級や卒業ができない状況になると,原級留置でその学校（学年）にとどまることや転学・退学を選択する場合も考えられます（高等学校卒業程度認定試験を受け,大学や専門学校へ進学する場合もあります）。ここで大切なのは,精神疾患を有する生徒の不利益とならないよう,全教職員が病気への理解を深め,その生徒の将来のために適切な決定や配慮がなされることです。進路に際して適切な決定や配慮がなされるために,日頃から校内研修会等を実施して精神疾患に対する正しい理解と対応力を持つことが大事です。

〈清末昭子〉

② メンタルヘルス教育Q&A

校長編

Q1 メンタルヘルス教育における校長の役割は?

A 　校長が「メンタルヘルス教育を推進している」ということを示すのは，教員だけでなく児童生徒や保護者，地域関係機関への影響力も大きいと思われます。全教職員がメンタルヘルス教育を理解し，組織として対応するためには「メンタルヘルス委員会」などの名称で委員会を立ち上げ，関係者全員で関わることが大事です。また，児童生徒の事例に対する共通理解と対応について検討する「ケース会議」や教員の資質向上のための「教員研修会」も必要です。心の問題も身体の問題と同じようにきちんと対応すれば，早期に発見することができたり，早期に治療を開始することにより回復も期待できます。校長のリーダーシップによる取り組みの結果，学校生活を楽しく過ごすことができるようになる子どもも増えるのではないかと思います。また，校内の体制を構築するだけでなく，外部の学校保健関係者の協力を得るために，「学校保健委員会」においても，学校としてメンタルヘルス教育を推進することを伝えることで学校医や関係機関の理解や協力を得ることができると思います。メンタルヘルス教育の研修会や講演会の開催に伴う予算の確保など，学校独自の予算を計上することはもちろんですが，教育委員会に申請し，教職員以外のスタッフ（精神科医，スクールカウンセラー，スクールソーシャルワーカー等）を充実させたり，その予算を確保したりするのは他の人にはできない役割です。また，医師会や大学，地域の保健所・保健センター等に講師派遣を依頼したりする必要があることを教育委員会に説明できるのも，校長の大事な役割ではないでしょうか。

　なお，文部科学省「教職員のための子どもの健康観察の方法と問題への対応」には，資料1のように書かれています。

資料1　校長・教頭等の役割のポイント
　（文部科学省「教職員のための子どもの健康観察の方法と問題への対応」[1] より抜粋）

> ①メンタルヘルスの理解を深める。
> ②心の健康問題の対応に当たってリーダーシップを取る。
> ③メンタルヘルスの理解と対応に関する校内研修を実施する。
> ④教職員や保護者が管理職に相談しやすい，人間関係つくりに努める。
> ⑤教職員，保護者，学校医等との連携を図り，信頼関係の確立に努める。
> ⑥養護教諭がその役割を十分果たせるような校務分掌に位置付ける。
> ⑦校内組織（教育相談部等）が有効に機能できるように体制の整備を図る。
> ⑧校内委員会や地域の関係機関と適切な連携が図れるネットワークつくりに努める。
> ⑨対応策に当たっての決定権を持つ。

Q2 （高等学校の）保健体育の授業で精神疾患を学習することになったこのタイミングを生かし，学校全体としてメンタルヘルス教育を推進したいが，具体的に何からはじめるのがよいか？

A 　保健体育の授業で精神疾患を学習することになったことを他教科の教員は知らないと思われますので，「学校全体としてメンタルヘルス教育を推進したい」と声に出していっていただくほうがよいと思います。メンタルヘルスについて関係教職員で情報を共有し，適切な対応を図るために，「メンタルヘルス委員会」などの名称の委員会を設置し，週に１回程度開催することから始めたらいかがでしょうか。保健体育科の教員やメンタルヘルス教育に明るい教員（教育相談担当，養護教諭等）に原案を作成させ，職員会議で全教員に諮って推進していくのがよいと思います。校長をはじめ，学年主任や養護教諭，教育相談担当などのメンバーで，具体的な課題について検討することで，よりよい解決策を発見するだけでなく，担任が１人で抱え込むことや間違った対応の予防につながります。すでに，教育相談委員会などの組織がある場合は，Q28の「メンタルヘルス委員会の例」などを参考にして内容やメンバーを見直し，開催回数を増やすなど既存の委員会を活性化することで機能していくと思います。さらに，週に１回〜月に１回の「ケース会議」を開催し，心の健康課題を抱えた児童生徒への対応の仕方などについて検討することで，状況把握や情報共有ができるだけでなく，精神疾患を発見し，早期に対応することにより回復が期待できると思われます。「メンタルヘルス委員会」や「ケース会議」に，校長が出席し，校長自ら実行しようとする姿勢は，教職員のやる気にもつながると思います。

Q3 自校で教員向けのメンタルヘルス教育に関する研修を行いたい。どのように行ったらよいか？

A 　児童生徒には，担任や教科担当者，部活動顧問など，多くの教員が関わって生活していますが，心の健康問題を抱えた児童生徒の対応は，養護教諭やスクールカウンセラーに任せておけばよいと思っている教員も少なくありません。校長を始め，全教員が基礎的な知識を身につけるために，「研修」の機会を企画することは，とても大事です。精神科医などの専門家を講師とした「研修会」を開催することで精神疾患の基礎知識や対応の仕方等について理解が深まると思います。可能であれば，全員参加の校内研修会を毎年開催することをお勧めします。研修会の日程が決まったら，全教員を対象に，「どんなことを聞きたいですか」「対応で困っていることはありますか」などのアンケートをとり，講師の先生と事前に打ち合わせを行えば，教員の期待に応える研修会が開催できるのではないでしょうか。研修によるスキルアップの結果，メンタルヘルスに関して的確な対応ができる教員が増えたり，心の健康問題を抱えている児童生徒の早期発見も期待できると思います。

Q4　自校でメンタルヘルス教育に関するティームティーチングや出前授業を行いたい。どうやって講師を探したらよいか？　また，実際に行う際のポイントは？

A　ティームティーチングや出前授業の講師は，「精神科医」や「臨床心理士」など，メンタルヘルスの専門家や「大学教授」「保健師」等の活用が考えられます。学校医を通して，医師会から紹介してもらったり，教育委員会や保健所・保健センターで紹介してもらうことも可能だと思いますが，自校の養護教諭が講師のリストを用意している場合もありますので，確認した方がよいと思います。講師を公的な機関に依頼する場合，講師謝礼は無料ですが，それ以外は講師謝礼が必要になりますので，予算を確保することも考えておく必要があります。講師が決まったら，事前の打ち合わせを行い，自校の児童生徒のメンタルヘルスの状況をデータで示したり，学校が困っていることなどを伝えれば，ニーズに合った授業になると思います。

Q5　教員自身のメンタルヘルス向上のために，校長ができることは？

A　校内でできることとしては，精神科医や臨床心理士などの専門家を講師とした「校内研修会」を定期的に開催することがよいと思います。年に1～2回の研修会を実施するとともに，教員を教育委員会主催の研修会など，「外部の研修会」に積極的に参加させることが教員自身のメンタルヘルス向上につながると思います。さらに，研修会に参加した教員を講師として，研修した内容を報告する「伝達講習会」を設けたりすることで，教員自身のレベルアップも期待できます。外部の研修会に参加していない教員も，繰り返し聞くことで，徐々にメンタルヘルス教育に対する理解が深まり，自然に身についていくのではないでしょうか？

Q6　自校でいじめや不登校などの課題がある。校長としてすべきことは？

A　児童生徒の状況を踏まえ，「いじめ対策委員会」や「不登校対策委員会」を設置し，学校全体で継続的な支援が必要であることを判断できるのは，校長をおいて他にいません。情報共有や必要な支援を調整するだけでなく，必要に応じて「心のケア」のためのカウンセラー（スクールカウンセラーとは別に）を教育委員会等に派遣依頼できるのも校長の役目だと思います。

● **いじめに関して**（⇒参考 **2-3-②** 児童虐待・いじめ）

　いじめについては，絶対にあってはならないという姿勢で，実態を把握すること

が大事です。当該児童生徒（いじめている，いじめられている）両方からの聞き取りだけでなく，第三者からも話を聞き，情報を整理するとともに，担任や教科担当者，養護教諭や教育相談担当など，教職員からの情報を収集し，課題解決に当たる必要があります。いじめが起きている場合，当該児童生徒だけでなく，他の児童生徒も同じような問題で困っていることも考えられますので，全校の児童生徒を対象とした無記名のアンケート調査を行うなど，学校全体の状況を把握した上で，正確な情報に基づいて対応することも大事です。また，困った時には，いつでも相談できる環境をつくるなど，学校をあげていじめを防止する対策を考える必要があると思います。「メンタルヘルス委員会」の中で検討することも可能だと思いますが，「いじめ対策委員会」など，いじめに特化した組織があれば，いじめを未然に防止したり，いじめが起きても早めの対応ができるのではないでしょうか？

● **不登校に関して**（⇒参考 **2-3-③** 不登校・ひきこもり）

　不登校については，担任から定期的に情報を収集し，長期の不登校だけでなく，休みがちな児童生徒も含めて現状を把握することが大事です。担任や学年主任，養護教諭などに任せっきりにしないで，校長自ら，自校の状況を知っておいてほしいと思います。「不登校対策委員会」など，不登校に対応した組織があれば，学校全体で不登校の状況を的確に把握できるとともに，担任をサポートしたり，登校したくなるような環境整備を行うなど，児童生徒の状況に応じた対策を考えることもできるのではないかと思います。児童生徒に対する具体的な対応としては，授業に出席できなくても家を出るところから始め，学校に行く練習，担任と会って帰る，保健室に顔を出す，学校に行くことができるようになったら，授業に1時間出席してみる……少しずつできるようになったことを褒めるなどの方法を「不登校対策委員会」や「職員会議」などを通して教員にアドバイスすることも大事だと思います。

教頭・副校長編

Q7 メンタルヘルス教育における教頭・副校長の役割は？

　普段，職員室にいて教員からの報告や児童生徒への対応についての相談，教員自身のことを相談されたりするのは，校長ではなく教頭・副校長だと思われます。教員の担任のような立場で「相談しやすい」「親身になってくれる」「的確な助言をくれる」と思われるような対応を心がけてくださると素晴らしいと思います。必要に応じて，校長への報告や連絡がなされていれば，教員は，教頭・副校長を信頼し，結果的に学校をあげたメンタルヘルス教育につながるのではないでしょうか。また，児童生徒や保護者への対応，校内の人間関係，教員自身が疲れていないか，不調を抱えていないかなど，様々なことに気を配っていただけると，さらによいと思います。

　資料1「校長・教頭等の役割のポイント」には重要な点が9項目書かれていますが，教頭・副校長は，『④教職員や保護者が管理職に相談しやすい，人間関係つくりに努める』『⑤教職員，保護者，学校医等との連携を図り，信頼関係の確立に努める』などが特に大事だと思います[1]。

保健主事編

Q8 メンタルヘルス教育における保健主事の役割は?

A　学校保健活動において，保健主事は「チーム学校」の中心的存在としてメンタルヘルス教育を推進する立場にあります。校長のリーダーシップの下，長期的展望に立った「学校保健計画」を作成し，養護教諭と連携を図りながら実践していくことが大事です。また，管理職を含む学校関係者や保護者，学校医や地域関係機関などの連携による「学校保健委員会」を運営する役割もあります。学校内における取り組みだけでなく，保護者や地域など，関係者全員の理解と協力によるメンタルヘルス教育を推進することも保健主事の果たす役割だと思います。

　なお，「教職員のための子どもの健康観察の方法と問題への対応」には，資料2のように書かれています。

資料2　保健主事の役割のポイント
（文部科学省「教職員のための子どもの健康観察の方法と問題への対応」[1] より抜粋）

> ①学校保健活動が円滑に行えるように総合的な学校保健計画の策定を行う。
> ②学校保健と学校全体の活動に関する連絡調整を行う。
> ③学校，家庭，地域の関係機関等との連携を深めるため，学校保健委員会の活性化を図る。

学級担任編

Q9 メンタルヘルス教育における学級担任の役割は?

A　学級担任は，児童生徒や保護者の「窓口」になるという大切な役割があります。また，児童生徒と最も近い関係にあるため，小さな変化に気づく機会が多いと思います。担任として，クラスのすべての児童生徒に気を配り，「教室に入れない」「学校に行けない」などの症状が出てくる前に，「何か困ったことがあれば何でも話して」という温かい雰囲気を醸し出し，困っている児童生徒を1人でも見過ごさないクラス経営を行うことが大切です。保護者にとっても同様に，何か困った時や心配なことがあった時は，迅速丁寧に対応する必要があります。いつも「ファーストタッチ」が温かいこと，「この先生なら大丈夫」と児童生徒からも保護者からも信頼される存在であってほしいと思います。

　しかし，自分1人で解決するのが難しいと判断したら，学年主任や養護教諭等へ相談できる柔軟さも必要です。関係者と情報を共有し，連携を図りながらチームで対応するとともに，症状によっては，関係機関や専門医につなぐことも大事です。

なお，「教職員のための子どもの健康観察の方法と問題への対応」には，資料3のように書かれています。

資料3　学級担任の役割のポイント（文部科学省「教職員のための子どもの健康観察の方法と問題への対応」[1)] より抜粋）

①メンタルヘルスに関する基本的な知識の習得に努める。
②朝の健康観察や授業時間，休み時間，給食・昼食の時間，放課後の活動などにおいて，子どもの表情，言葉，身体，行動や態度，人間関係に現れたサインをとらえるため，きめ細かな観察をして心の健康問題の早期発見に努める。
③問題のある子どもだけでなく，すべての子どもについて理解するよう努める。
④この子はいつも○○な子だからという先入観にとらわれず，様々な視点から子どもをみるようにする。
⑤保護者及び子どもが担任に相談しやすい人間関係つくりに努める。
⑥養護教諭をはじめ，関係者と連携しながら組織的に対応する。
⑦養護教諭と相互に連携して健康相談，保健指導を行う。

Q10　児童生徒のどんな様子に気を配れば，早期発見につなげることができる？

A
　成績が優秀であったり，スポーツができたり，また，逆に，問題を起こしたりするような目立つ児童生徒は教員が気にかけることが多いのですが，いわゆる普通の子，おとなしい子は，名前すら覚えてもらえないこともあります。担任は，児童生徒全員が不公平感を感じないような対応を心がけてほしいと思います。児童生徒が困った時は，いつでも相談できるように，年度当初のホームルーム・学級活動で「何か困ったことがあったら，いつでも相談に来なさい」といっておくと，相談しやすくなります。相談に来た時は，優しい対応で「どうしたの？」というような言葉をかけ，どんなに忙しくても忙しそうにしないでください。実際に時間がない時は，例えば「会議があるので，１時間後でも大丈夫か？」など，話を聞く時間を約束するほうがよいと思います。
　小学校の場合は，担任が児童と一緒に過ごす時間が多いので，話をする機会もあると思いますが，中学校や高等学校の場合は，担任と生徒が関わる時間が少ないので，可能であれば新年度始まってすぐの４月中に「個別面談」などの時間を設定し，５分でも10分でも１人ひとりと話をする機会を設けるほうがよいと思います。話をしている中で悩みや不安などを話すこともありますし，「何か困ったことがあったら，相談に来なさい」などと伝えておけば早期発見につながると思います。また，夏休み明けの９月にも，同じような面談を行うことができれば，さらに効果があるのではないでしょうか。

Q11 児童生徒の気になる様子に気がついた時には，どのように対応すべき？

A　児童生徒の様子をよく観察し，精神疾患が疑われるような症状に気がついても，いきなり精神科ではなく，体の問題から解決していくほうがよいでしょう。例えば，頭痛や腹痛が続いたり，体重が減少するなど，体の症状がある場合は，養護教諭と連携して内科の受診を勧め，その結果が「異常なし」であれば，次に公的機関への相談または精神科・心療内科への受診という進め方のほうが，本人だけでなく保護者の理解も得られやすいと思います。「子どものために，一緒に考えましょう」という態度で接すれば，公的機関への相談や精神科・心療内科の受診についても理解してもらえると思います。ただし，深刻な状況の場合は，「メンタルヘルス委員会」などの組織を活用して早めに検討し，チームで対応する必要があります。チームによる対応は，それぞれの役割による継続的な支援につながるため，担任の不安を取り除くだけでなく，負担の軽減にもなると思います。

Q12 児童生徒から悩みを打ち明けられたらどうする？
例：「眠れない」「何もやる気が起きない」「強い不安を感じる」など。

A　まず，時間を作って，よく話を聞いてください。「眠れない」「何もやる気が起きない」などの症状の場合は「うつ病」の可能性もありますし，「強い不安を感じる」などの症状の場合は「不安症」などの精神疾患の可能性も考えられます。日頃から，メンタルヘルスに関する基本的な知識の習得に努め，担任が自分1人で解決できる問題かどうか判断する力を身につけることも大事です。1人で抱え込まずに，必要に応じて，学年主任や養護教諭，教育相談担当などに相談し，チームで対応してください。ただし，保護者との連携が必要な場合や医療機関につなぐ必要がある場合，学校の「窓口」になるのは担任であることを忘れないようにしてください。

Q13 いじめと思われる場面に遭遇したらどうする？

A　いじめは「見過ごさない」ことを態度で示すことが大事です。まず，当該児童生徒（いじめている，いじめられている）両方から話を聞いてください。みている第三者がいる場合は，その児童生徒の意見も聞くこと，また，クラス内で起こっていることであれば，クラス全員からの聞き取りを行ってください。聞き取りは，担任が1人で話を聞いて報告するのではなく，児童生徒1人に対して複数の教員で行ってください。校内に「いじめ対策委員会」などの委員会があれば，委員会に諮り，各児

童生徒への対応を行っていきます。いじめられた児童生徒がリストカットをするようになったり，自殺を考えるほど苦しんでいるなどの状況については，養護教諭やスクールカウンセラーと連携を図ってカウンセリングを行う等などの配慮が必要です。同時に，いじめた児童生徒についても，きちんと対応し，再発を防止するための対策を考える必要があります。また，他の児童生徒が同じような問題で困っていることも考えられますので，クラスの１人ひとりと面談を行ったり，無記名のアンケート調査を行うなど，クラス全体の状況を把握するとともに，学校全体のいじめ防止につなげる必要もあると思います。

⇒参考 2-3-② 児童虐待・いじめ

Q14　保護者から相談された場合，どのように対応すべき？

例：「自分の子どもが精神疾患だ」「子どもが精神疾患の治療を受けている」「子どもがうつのような気がする」「子どもが学校に行きたくないといっている」「自分自身（保護者）が精神疾患を抱えている」など。

A
　　担任として，日頃から保護者との信頼関係を築いておくことが，とても大事です。保護者から相談されたら，学校での様子を伝えるとともに家庭での状況を聞いてください。保護者からの相談は，電話より対面で行う方がよいと思います。「お困りのご様子ですね……」などとねぎらう言葉から入り，その子どものよいところを先に伝えると，話に入りやすいかと思われます。精神疾患の治療を受けている場合は，病院名や主治医名，飲んでいる薬や学校で気をつけることなどを確認した方がよいと思います。受診していない場合，学校と家庭の情報のやりとりの中で，保護者から「どうしたらいいですか？」という相談を受けたら，養護教諭やスクールカウンセラーにつないだり，公共の専門機関への相談や精神科・心療内科への受診を勧めることも可能になると思います。自治体によって違いがあると思いますが，公共の機関としては，教育相談センターや保健所・保健センター，子ども家庭支援センターなど，相談できるところはいくつもあります。受診が必要な状況なのか，どの病院にかかったらよいかなどの相談であれば，公共の機関を利用することも方法の１つです。

　　保護者が精神疾患を抱えている場合，子どもが家事一切を行っているなどのヤングケアラーになっていることも考えられます。そのようなケースの場合は，「メンタルヘルス委員会」などの校内の組織にスクールソーシャルワーカーや要保護児童対策地域協議会などの担当者にもチームに加わっていただいて，児童生徒への支援を考えていくことも必要です。

⇒参考 2-3-③ 不登校・ひきこもり

Q15 新型コロナウイルス感染症の影響でマスク生活が続き，児童生徒の表情がみえづらく，コミュニケーションも減ってしまった。アドバイスがほしい。

A 　可能であれば，短時間でも児童生徒1人ひとりと話をする時間を作ったらどうでしょうか？　児童生徒の現在の状況や困っていることなどを聞いたりすることで，担任と児童生徒の信頼関係が深まると思います。個別に話をする時間がなければ，ホームルーム・学級活動の時間を使って，クラス全員で話し合う機会を設けるのもよいかもしれません。例えば，「アフターコロナに向けて」などのテーマで話し合う機会を持つのもよいと思いますが，新型コロナウイルス感染症やマスクなどのことだけでなく，児童生徒が興味関心のあるようなテーマ（勉強，進路，規則，部活動，趣味，恋愛等）で話し合うのも効果的です。テーマについては児童生徒に考えさせ，テーマが決まったら，そのテーマに合った質問項目を作り，○×の札（A4の紙を2つに切って，○と×を書く）で賛成・反対の意思表示を行います。その後，席を移動し，賛成・反対の2つに分かれて意見を交換することによって，多くの児童生徒が発言したり，内容によっては笑顔になったりすることも期待できます。

Q16 SNSとの上手なつきあい方を児童生徒に伝えたい。どんなポイントがあるか？

A 　多くの人がSNSを活用している現在，SNSのメリットとデメリットをきちんと伝え，児童生徒が判断できるような指導がよいでしょう。学校においても，SNSの利用は学習の一翼を担っていると思われます。しかし，ゲーム依存，SNS依存で睡眠時間や家庭学習時間の減少，それに伴って朝起きるのがつらい，朝食をとらない……，それらが遅刻する原因となる等，生活習慣の乱れにもつながっています。
　「学習につながる」SNSにするために，家庭での勉強や食事，入浴などの時間を優先し，「基本的生活習慣」を確立することの大切さを伝えてほしいと思います。養護教諭と連携を図り，学級活動・ホームルーム活動の時間を使って，ティームティーチングで授業を行うのもよいと思います。また，学校医や精神科医などの専門家を講師として，「SNSとの上手なつきあい方」や「ゲーム依存症・スマホ依存症」などのテーマで，学年や全校児童生徒を対象とした講演会等を企画して指導することも効果があるのではないかと思います。
⇒参考　2-2-④　ゲーム依存症・スマホ依存症

Q17 ゲーム依存ではないかと心配な児童生徒がいる。担任として何ができるか？

A

　依存の対象は様々なので，アルコール依存症や薬物依存症などと同じようにゲーム依存やスマホ依存になっている生徒もいると考えられます。生活のリズムが乱れたり，睡眠障害になっていたり，体調を崩したり，学校を休みがちになるなど，日常生活に支障がある場合は，本人の努力で解決することは難しいと思われます。まず，児童生徒本人の状況を把握し，養護教諭やスクールカウンセラーと連携を図って，児童生徒や保護者に対して，ゲーム依存の症状や治療法などについて正しい知識を提供することが大事です。家族が「ゲームはやめなさい」とか，「時間を短くしなさい」などと叱っても治るものではありませんので，公共の相談機関や医療機関につなぐ必要があります。担任のサポートと保護者の協力で早めに治療を開始することができれば依存症の回復も期待できると思います。また，当該児童生徒だけでなく，他にもゲーム依存の児童生徒がいる可能性がありますので，クラスの児童生徒全員にゲーム依存についての情報を提供することも大事です。

⇒参考　2-2-④ ゲーム依存症・スマホ依存症

保健体育科教諭編

Q18 メンタルヘルス教育における保体教諭（中学校・高等学校）の役割は？

A

　2022年度から高等学校の科目保健で「精神疾患の予防と回復」について学習することになりました。保健の授業を通して，メンタルヘルスの正しい知識を身につけることや精神疾患は誰でもかかる可能性があること，また，早期に発見し，適切な対応をすれば回復が期待できることなどを指導する必要があります。授業で学ぶことにより，メンタルヘルスについて生徒の理解が深まり，精神疾患を身近な問題として捉え，差別や偏見を持たない生徒の育成に役立つことが期待できます。さらに，生徒自身が心の不調を感じた時は，早めに誰かに相談することや助けを求めることの大切さを教えておくことも大事です。保護者に相談したり，学校内であれば養護教諭やスクールカウンセラーなどに相談することや公的な機関の情報を伝えることが二次予防につながるのではないかと思います。

　また，保体教諭は，体育の授業中にリストカットや拒食症など，生徒の体の変化に気づきやすい状況にあります。生徒の健康状態を把握するとともに，小さな変化を見落とさないようにすることが精神疾患の早期発見につながるのではないでしょうか。

Q19 体育授業時に，リストカットの跡のようなものがある生徒をみつけた。どのように対応すべきか？

A 　リストカットの疑いがあっても，「これは，どうしたの？」など，すぐに声をかけずに，担任や養護教諭などと情報共有を行ってください。複数の教員で相談し，誰が，どのように声をかけた方がよいのか検討した上で，効果的な対応を行う必要があります。
　リストカットについては，ほとんどの生徒が息苦しさの中で自傷していることが多いので，本人の苦しい気持ちを認めるような姿勢で関わることが大事です。しかし，気をつけなくてはいけないこともあります。精神疾患は複数で対応することが基本的な考え方ですが，リストカットは，特に個人で抱え込まないように気をつけたい疾患の１つです。例えば，母親からの愛情不足が原因でリストカットしている場合，誰かに愛情を求めて，寄りかかってくることがあります。話を聞くことも優しく接することも大事なことですが，早めにメンタルヘルス委員会などの組織を活用し，複数の教員で対応する方法を考えてください。また，状況によっては，学校関係者の対応だけでなく，保護者との連携を図るとともに，精神科・心療内科などの医療機関につなげて治療を行うことも必要です。治療を開始したとしても医療機関に丸投げするのではなく，保護者，教職員，医療機関で情報を共有しながら関係者全員で対応することが回復への近道です。
⇒参考 2−3−① 自傷

Q20 「スポーツの前にエナジードリンクを飲む」という生徒がいる。保体教諭の立場から，どんなアドバイスをすべきか？

A 　集中力を高めてスポーツを頑張りたいという目的で，スポーツ前にエナジードリンクを飲む生徒もいるのではないかと思いますが，エナジードリンクにはカフェインが含まれているため，依存を形成する可能性があります。エナジードリンクは，適度に使用すれば頭をすっきりとさせ意欲を高める効能があるといわれていますので，スポーツ前に飲むと覚醒した感覚で集中できるように感じるのではないでしょうか。カフェインは適度に摂取していれば問題ありませんが，容量や用法を間違えるとカフェイン中毒になり，頭痛，胃痛，吐き気，眠れないなどの症状がみられるようになります。また，過剰摂取すると呼吸困難や意識が消失することもありますので，飲み方に気をつける必要があるというアドバイスを行ってください。
⇒参考 2−2−③ 市販薬・エナジードリンクへの依存

Q21 保体教諭が授業以外の場面でできることは？

A

　　保体教諭は，児童生徒の在学中の健康だけでなく，生涯にわたる健康にも影響を及ぼす重要な授業を行っている，大事な存在です。保体教諭としての知識を生かし，様々な場面で心と体の健康教育に関わってほしいと思います。授業以外の場面では，担任であったり，各分掌，部活動顧問等，それぞれの立場で児童生徒に関わることも多いと思います。例えば，部員数が多い部活動においては，在学中に1回も試合に出してもらう機会がない生徒がいるなど，部員1人ひとりがどのような気持ちでいるのかを推し量ることの重要性や，全員の心のケアを行う必要性を他の教員にも伝えてほしいと思います。また，「保健主事に関する状況調査報告書」によれば，保健主事に任命されている教員で最も多い教科は保健体育です[2]。中学校における保健体育の割合は44.7％，高等学校における割合は55.8％という状況から考えると，保体教諭は「チーム学校」の中で，メンタルヘルス教育の中心的な存在になる可能性が高いと思います。メンタルヘルスの知識がある保健主事として，メンタルヘルス教育の推進における保体教諭の果たす役割は大きいのではないでしょうか。

養護教諭編

Q22

メンタルヘルス教育における養護教諭の役割は？

A

　　保健室には，様々な課題を抱えた児童生徒が相談に訪れるので，いつでも誰でも相談できる環境を整える必要があります。例えば，入学式の後のオリエンテーションや新学期の始業式の後などに，養護教諭が話をする時間を設けて顔をみせ，その際，「困った時や話を聞いてほしい時は，いつでも来てください」などの言葉を伝えておくと，保健室に行きやすくなると思います。また，いつも保健室のドアを開けておくなど，児童生徒が気軽に来室できる工夫も行ってください。相談を受けた後は，児童生徒から得た情報を整理し，課題の背景について分析を行い，校内の委員会等で具体的な支援方法を提案してください。相談結果だけでなく，保健室利用状況や保健調査の集計結果等についても，職員会議を通して児童生徒のメンタルヘルスの状況を全教員に伝えることで，メンタルヘルス教育の様々な取り組みに対する理解が得られるようになると思います。また，養護教諭は，精神疾患の症状や対応について質問されることもありますので，精神疾患について最新の情報を学んでおくことも大事です。関係機関等から情報を収集したり，担任等と連携して児童生徒や保護者の支援に努めることも養護教諭の役割だと思います。しかし，心の健康問題を抱えた児童生徒全員が保健室に来るわけではありません。相談したくても保健室に行けないで1人で悩んでいる児童生徒もいるはずです。保健ニュースの配布や講演会の開催等，全校の児童生徒に対応するために発信していくことも大事です。

　　なお，「教職員のための子どもの健康観察の方法と問題への対応」には，資料4のように書かれています。

①子どもの心の健康問題の解決に向けて中核として校長を助け円滑な対応に努める。
②学級担任と連携した組織的な健康観察，健康相談，保健指導を行う。
③子どもの心身の健康状態を日ごろから的確に把握し，問題の早期発見・早期治療に努める。
④受診等の必要性の有無を判断する。
⑤子どもが相談しやすい保健室の環境作りに努める。
⑥子どもの訴えを受け止め，心の安定がはかれるように配慮する。
⑦常に情報収集に心がけ，問題の背景要因の把握に努める。
⑧子どもの個別の教育支援計画作成に参与する。
⑨学校ではどこまで対応できるのか見立てを明瞭にする。
⑩校内関係者や関係機関等との連携調整を行う。
⑪医学的な情報を教職員等に提供する。
⑫地域の医療機関や相談機関等の情報を教職員等へ提供する。

Q23 メンタルヘルスの不調を抱えた児童生徒が保健室に来た時，どんな態度で迎えるのがよいか？　相談に応じる際のポイントは？

A 　児童生徒が1人で保健室に行くのは勇気のいることです。養護教諭はどんな人か，不安を感じながら来室する児童生徒もいることでしょう。日頃から，来室しやすい雰囲気，相談しやすい環境，来室した児童生徒への言葉かけも大事です。優しい言葉かけや雰囲気など，「話してみようかな？」「また，来たいな」と思うような温かい「ファーストタッチ」を心がけてください。相談が必要と思われる場合は，他の児童生徒がいない時間・場所を確保して話を聞き，「よく話してくれたね」「1人で悩んでいたんだね」「つらかったね」など，相談してよかったと思うような対応を行ってください。しかし，児童生徒が心と体を切り離して考えるのは難しいため，体の不調を訴えることがほとんどですが，内科的な疾患が除外されて，初めて「メンタルヘルス」を実感できるようになります。体の不調についての相談であれば，内科などへの受診を促し，結果を聞いた上で継続的に支援を行ってください。ただし，1回目の来室で，「リストカット」や「死にたい」などの発言がみられる場合は，緊急性があると判断し，教育相談担当やスクールカウンセラー等につなぐと同時に，担任や管理職への報告も必要です。親身になって話を聞くことも大事ですが，心の健康問題を抱えていたり，精神疾患が疑われたりした場合は，養護教諭が1人で抱え込まないことの重要性を忘れないでください。

Q24 児童生徒からメンタルヘルス不調が窺われる深刻な相談（自殺の示唆など）があった時は，どう対応すればよいか？

A 　養護教諭が深刻な内容の相談を受けたとしても，学校の窓口は担任です。どんな情報でも担任抜きで解決するのはよくありません。生徒から「誰にもいわないでください」といわれた場合でも，とりあえず話を聞いた上で，「担任に話しましょう」

とか「保護者に話しましょう」などと，本人から話すように促してください。児童生徒本人が話したくないといっても，担任や管理職には報告しておく必要があります。教員には守秘義務がありますので，児童生徒の個人的な情報を伝えても大丈夫です。自殺の示唆などの深刻な相談だけでなく，児童生徒のメンタルヘルスに関する問題は，担任や学年主任，管理職，教育相談担当などと情報を共有し，複数で対応してください。

　例えば，リストカットしている児童生徒が保健室に毎日来る場合，養護教諭は親身に対応し，話を聞くことも大事ですが，1人で抱え込んだ結果，養護教諭自身がメンタルヘルスの不調に陥ることもあります（⇒参考 2-3-① 自傷）。保健室の中で起きている問題なので，養護教諭自身で解決しなくてはいけないという責任感は，解決につながらないこともあります。必要に応じて担任や学年主任，管理職にも情報を伝え，複数の関係者で対応策を検討し，情報を共有しながら連携して対応してください。同時に，担任を通して保護者にきちんと伝えることも大事です。

　自殺を示唆するような生徒への対応として「TALKの原則」（資料5）が挙げられます。

資料5　TALKの原則（文部科学省「教師が知っておきたい子どもの自殺予防」[3]を一部改変）

Tell	言葉に出して心配していることを伝える。
	〈例〉「死にたいくらいつらいことがあるのね。とってもあなたのことが心配だわ」
Ask	「死にたい」という気持ちについて，率直に尋ねる。
	〈例〉「どんな時に死にたいと思ってしまうの？」
Listen	絶望的な気持ちを傾聴する。子どもの気持ちを否定せず，まずは死にたくなるほどつらい状況を理解することが必要。
Keep safe	安全を確保する。危険と判断したら，子どもを1人にしないで寄り添い，他からも適切な援助を求めるようにする。

Q25 他の教員（担任など）との連携がうまくいかない時はどうしたらよいか？
例：担任が忙しそうで相談する時間がない，精神疾患・メンタルヘルスに理解のない教員がいる。

A　学校における児童生徒の窓口は担任なので，担任との連携は不可欠です。情報共有を行い，チームで対応するために，担任の他に副担任や学年主任など信頼できそうな教員を交え，「複数の教員」に情報を伝えておくと（担任が）「聞いていない」等のトラブルが少なくなると思われます。また，児童生徒や保護者も担任に心を開かない可能性もありますので，相性のよい教員を交える等の工夫も行ってください。また，精神疾患・メンタルヘルスに理解がない教員には，可能であれば，精神科医を講師とした「教員研修会」等を企画して研修を行うことにより，担任だけでなく全教員の理解を深めることにつながります。研修を継続することや支援の環境を整えていくと同時に，児童生徒本人から担任に相談するように促すのも，担任を巻き込む方法の1つです。逆に，担任等から養護教諭に問題がある（話が長い，要領を得ない等）といわれないために，資料はA4判1枚程度で理解しやすいものを作成し，短時間で要点を絞って説明すると相手に伝わりやすいと思われます。間違っても，養護教諭自身が忙しそうにしないでくださいね。

Q26 自校でメンタルヘルス教育に関する取り組みを推進したい。養護教諭としてできることは?

A

　新しい取り組みを始める時は，準備が必要です。例えば，自校の児童生徒のメンタルヘルスの状況を把握し，管理職を含む全教員に実態を理解してもらうことから始める方がスムーズだと思います。保健室利用状況からみえてきたメンタルヘルスの状況や精神疾患の疑いのある児童生徒数を報告したり，全校児童生徒を対象とした「健康実態調査」や「生活アンケート」などを行って結果を報告することは，実態把握のための重要な情報であり，教員の理解にもつながると思います。健康実態調査や生活アンケートを行う場合，食事・睡眠などの質問項目の中に，「悩みや不安がありますか」などの質問項目をさりげなく入れると回答しやすい内容になると思います。また，集計したデータを全国調査結果などと比較すると，自校の状況が明らかになります。様々なデータを基に，全教員にメンタルヘルス教育の必要性を訴えることで，周りの協力が得られるようになると思います。

　「メンタルヘルス教育」が，自校の「健康課題」であり，課題解決の方法として研修会などの取り組みを行いたいと思っても，いきなり実行するのは難しいので，前年度から準備をしておく必要があります。例えば，学校保健委員会等で自校の実態を報告し，協議事項として課題解決を行うことが必要であることを確認しておきます。また，年度当初に「分掌の目標」としてメンタルヘルス教育推進を挙げて，その具体的な対策として研修会を提案します。単年度で達成することが難しい場合は，次年度に実施するように学校保健委員会のメンバー全員で確認し，記録を残します。

　講師を必要とする取り組みの場合は，前年度から講師謝礼を予算化する必要もあります。「教員研修会」だけでなく，可能であれば精神科医を講師として招き，「生徒対象講演会」を実施したり，PTAと連携を図って，「保護者対象講演会」を企画することができれば，メンタルヘルスに対する保護者の理解も得られるようになると思います。「教員研修会」や「生徒対象講演会」「保護者対象講演会」の開催に備えて，講師をお願いできそうな専門家のリストを用意しておいたほうがよいでしょう。

Q27 スマホ依存に関する家庭向け通信を発行したい。一方で、学校の方針としてICTを推進していて難しさも感じる。どのような情報を発信すればいいか？

A

　スマホ依存の対応もICTの推進も、どちらも大事なことです。学校の方針としてのICT推進とスマホ依存の対策を指導することは矛盾しないと思われます。コロナ禍でも、ICTのお陰でオンライン授業ができたり、連絡事項や課題配信、アンケート回収等、学校になくてはならないツールとなっています。

　ICTを否定的に捉えるのではなく、上手な使い方を踏まえた指導を考えてほしいと思います。スマホ依存やゲーム依存が睡眠時間の減少、家庭学習時間の減少、生活習慣の乱れにつながっていることも事実ですが、ICTだけを気にするのではなく、依存症の種類や予防など、依存全体についての通信を作成したらいかがでしょうか。

　「高等学校学習指導要領解説」（2018年告示）保健体育編の精神疾患の予防と回復には依存症のことが示されていて、例えば、高等学校保健体育の教科書には、精神疾患の特徴の中に、「ゲームやスマートフォンの依存症」について書かれているものもあります[4]。保健体育科の教諭とも連携を図りながら、学校全体でスマホ依存に対する理解を深め、生徒に指導すると同時に、保護者にも発信していくことが必要だと思います。家庭向けの通信を発行する場合、PTAの役員と連携することができれば、PTAの通信に載せていただくなど、さらに効果的な情報発信ができるのではないでしょうか。

⇒参考　**2-2-④** ゲーム依存症・スマホ依存症

ミニコラム　児童生徒、保護者への接し方

すべての教職員に知っておいていただきたい心がけがあります。
それは、児童生徒、保護者への接し方の「か・き・く・け・こ」です。

　　か：関係を切らないで
　　き：緊張を和らげましょう
　　く：薬（医師から処方された薬）や助言を上手に使い
　　け：経過観察を丁寧に
　　こ：言葉のかけ方1つで学校への信頼感が高まります

（清末昭子作成）

　児童生徒が安心安全に学校生活を送るためには、こうしたことの重要性に全教職員が理解を示し、温かい言葉かけを行うことが必要です。

Q28

メンタルヘルス教育における，チーム学校の理想的な連携の仕方は？

A
　メンタルヘルス教育は，一部の教員が担当すればよいというものではありません。「メンタルヘルス委員会」などの名称の委員会を週に1回程度開催し，校長も含めた関係者全員で情報を共有し，組織として対応することが大事です。担任や養護教諭等が子どもへの支援が必要と気づいた時や，子ども本人や保護者から深刻な相談を受けた場合などには「メンタルヘルス委員会」で検討する必要があります。当該児童生徒が安心して生活できるようにするために，①教員1人ひとりが自分の役割を果たすこと，②情報収集と分析を行うこと，③環境整備を行うこと，④継続して支援すること，⑤保護者と連携を図ること，⑥必要に応じて医療機関につなぐことなどが考えられます。
　「メンタルヘルス委員会」については，図1の例を参考にしてください。

図1　メンタルヘルス委員会の例（日本学校保健会「子どものメンタルヘルスの理解とその対応」[4]を一部改変）

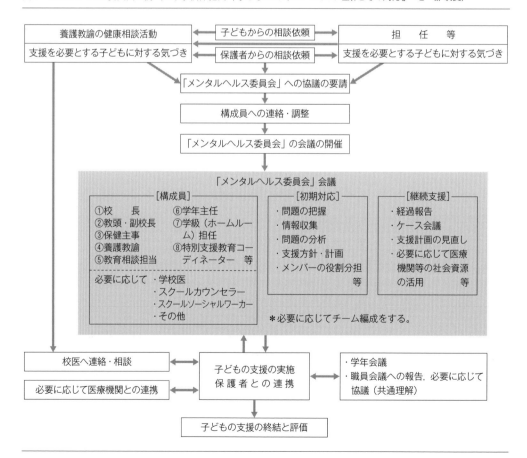

医療につなげるタイミング・つなげ方は？　その際，学校にできることは？

A

　学校関係者や保護者が対応しても改善されなかったり，悪化したりする場合が，医療につなげるタイミングだと思われます。当該児童生徒や保護者が「困った」と感じた時，学校に行けない・教室に入れない・人の目が気になる等の症状が表れた時も，医療につなげた方がよいでしょう。ただし，頭痛や腹痛，体重減少など，身体的な症状がある場合は，内科の受診から始めた方が保護者の理解が得られやすいと思います。内科を受診した結果「異常なし」であれば，次は，公的機関への相談や精神科・心療内科を勧めることが容易になってきます。症状にもよりますが，状況をさらに悪化させないために，早めに医療につなげることをお勧めします。また，精神科や心療内科を受診することができても，主治医にお任せでなく，教員と保護者が連携を図り，治療の状況をみながら，学校でできることを行っていけば，回復も早いのではないでしょうか。

　保護者から「医療機関はちょっと敷居が高い」といわれる場合は，「教育センター」や「精神保健福祉センター」「保健所・保健センター」など，公共の相談窓口を勧めてください。高校生の場合，進級や卒業が危ういと判断した時は，学校側から受診を勧めたほうがよいと思います。学校側から提供できる情報として，自治体の相談機関のリストや思春期に対応できる精神科・心療内科のリストを用意しておけば，保護者の相談に対して的確なアドバイスができると思います。

具体的な医療機関・相談窓口は？

A

　自治体によって違いがあると思いますが，公共の機関としての相談窓口はいくつもあり，多くの専門家が対応してくれます。教育相談センターや精神保健福祉センター，保健所・保健センターなどは，無料で相談できます。精神科・心療内科などの医療機関は抵抗があるという保護者には，最初はこちらをお勧めしたほうがよいと思います。医療機関の受診が必要な状態かどうかの判断や病院の選び方など，公共の機関に相談することで解決につながると思います。

　公共機関の相談窓口を利用した結果，治療が必要と判断された場合や継続的な支援が必要な場合は医療機関につなげてください。医療機関の選び方としては，思春期外来など，思春期の問題に対応できる精神科や心療内科をお勧めします。児童生徒や保護者から聞かれた時に備えて，医療機関や相談できる関係機関の一覧を作成し，全教職員で情報を共有しておいた方がよいと思います。なお，地域の相談窓口については，表 1 を参考にして，必要と思われる関係機関の住所や電話番号などを調べて一覧を作っておけば，いざという時に困らないと思います。

表 1　地域の主な関係機関等一覧（日本学校保健会「子どものメンタルヘルスの理解とその対応」[4]）を一部改変）

	地域社会の主な関係機関等	対　象	主な相談の内容	関連法規
①	教育センター等 教育委員会所管の機関	幼児・児童・生徒	不登校，友人関係，障害，学習や進路の悩み等	な　し
②	児童相談所 （家庭児童相談室等）	児童（満18歳に満たない者）	子どもの発達，障害，児童虐待，しつけ，育児の悩み，不登校，非行等の相談	児童福祉法，児童虐待の防止に関する法律
③	福祉事務所	特に年齢制限はない	生活保護，母子生活支援施設への入所，知的及び身体障害（児）福祉に関する相談	社会福祉法関連法規（生活保護法，児童福祉法，母子及び寡婦福祉法）
④	精神保健福祉センター	特に年齢制限はない	精神保健及び精神障害者福祉に関する相談及び指導 ひきこもりの問題に悩む家族に対する相談窓口（2001年度に指定） 精神障害者保健福祉手帳の交付等	精神保健及び精神障害者福祉に関する法律（精神保健福祉法）
⑤	発達障害者支援センター	特に年齢制限はない	発達障害に関する相談	発達障害者支援法
⑥	保健所 （保健センター）	特に年齢制限はない	うつ病，ひきこもり，アルコール問題，思春期の健康相談，エイズに関する相談等 （身近な健康問題は市町村保健センターで対応している）	地域保健法
⑦	警　　察	特に年齢制限はない	少年非行の問題，ストーカーなどの被害，児童虐待，いじめなどの問題等の相談	警察法 刑事訴訟法　等
⑧	家庭裁判所	特に年齢制限はない	少年の非行や虞犯についての対応の仕方，及び夫婦関係，親権，その他の人間関係に関する法的問題の相談	裁判所法
⑨	少年鑑別所	少年法での「少年」（20歳に満たない者）	非行の問題，家庭内暴力，交友関係の問題，性の問題などの相談	少年法 少年院法
⑩	民生委員・児童委員	特に年齢制限はない	児童に関しては特に，虐待の防止・早期発見，在宅援助などを行っている	民生委員法 児童福祉法
⑪	電話の相談 （いのちの電話など）	特に年齢制限はない	特に内容についての制約はないが，自殺防止やいじめ相談等の利用が多い	な　し
⑫	特別支援学校	特に年齢制限はない	特別支援教育に関する相談	学校教育法

Q31 医療につながった後に，学校がすべきことは？

A 　精神科・心療内科に通院しているという情報をキャッチした教員が担任以外の場合でも，保護者への確認は担任が行った方がよいと思います。状況によっては，学年主任や管理職，養護教諭など，関係教員も同席して，複数で話を聞くほうがよいかもしれません。通院や服薬の状況，学校で配慮することなどがわかったら，学校で気をつけることや配慮すべきことをまとめ，校内の関係者で情報を共有して，子どもが学校で困らないような環境を整えてください。保護者からの情報だけでなく，主治医に聞きたいことがある時は，保護者を通して質問したほうがよいと思います。さらに詳しい情報や主治医からのアドバイスがほしい時は，保護者に相談し，保護者の許可が得られたら，直接，電話をかけたり，場合によっては学校関係者が主治医に会いにいくことも可能になると思います。授業を中心とした学校生活で配慮することや，体育祭，遠足，修学旅行などの学校行事への参加など，主治医の指示で対応するほうが安心です。必要に応じてこまめに連絡することは，保護者との信頼関係が深まるだけでなく，主治医との信頼関係もできてくると思います。

Q32 精神科に通院している子どもの情報を提供したがらない保護者には，どのように対応したらよい？

A 　子どもが精神科に通院していることを恥のように思っている保護者も少なくありません。精神疾患へのスティグマから，保護者は精神科の通院を隠そうとする場合がありますが，学校生活を送る上で，子どもの状況を把握するのは大事なことです。「何かあったら学校が困る」という対応ではなく，「子どもが困らないようにするために」という姿勢で話をすれば情報がもらえるのではないかと思います。また，精神科や心療内科に通院することは内科や外科などと同じような診療科の1つで，特別なことではないという話もしてあげてください。「風邪は内科，骨折は整形外科，心の病は精神科や心療内科……」というような説明もよいかもしれません。
　精神科に通院している子どもがいたら，担任や養護教諭などの学校関係者が保護者から話を聞いてください。通院や服薬の状況，学校で配慮することなどの情報を保護者から得た上で，担任が定期的に保護者に連絡して学校での様子を伝えたり，家庭での状況を聞いたり，必要があれば保護者の要望を聞くなど，担任と保護者が連絡を繰り返すことでお互いの信頼関係ができてくると思います。養護教諭や他の教員が得た情報は担任へ報告し，担任を窓口として保護者からの情報を共有すれば，担任をサポートすることになると思います。入学時のオリエンテーションや保護者会，クラスの保護者懇談会など，保護者に説明する機会を通して，子どもの情報を提供していただくように促してください。その際，「個人情報の扱いについては慎重に行っている」ということも伝え，「子どものために」という教員の対応であれば，保護者は事実を話してくれるようになると思います。

Q33 精神疾患で治療中の児童生徒が進学する場合，どのように対応したらよいか？（小学校→中学校，中学校→高等学校）

A　精神疾患で治療中の児童生徒であれば，小学校から中学校へ，中学校から高等学校へと情報を知らせる必要があります。保護者の了解を得た上で，「卒業する学校」から「進学先」へ引き継ぎがなされるのが一般的だと思われます。引き継ぎがなかった場合でも，「入学時の保健調査票」等で精神疾患の治療中ということが判明したら，「進学先」から「卒業した学校」へ問い合わせを行ってください。最初は，教頭や副校長などの管理職が対応し，話ができる段階になったら担当者同士で引き継ぐ方法がよいと思います。

　高校受験の場合，内容によっては受験の前に中学校から連絡したほうがよいケースもありますが，入学前に知らせると入学が取り消されるのではないかと不安に思う保護者もいます。保護者に了解を得た上で，遅くとも入学前には高校に連絡をとり，中学校で対応していた内容や，高校で配慮してほしいことなどを報告したほうがよいと思います。学校間の連絡については，中学校の教頭や副校長から，高校の教頭や副校長に連絡して情報を提供してください。入学後は，担任を窓口として，養護教諭や教科担当者，部活動の顧問など，児童生徒を指導する教員が必要に応じた連携を図ることで，学校生活がスムーズに送れるようになると思います。

Q34 日常生活の中で（特に問題が起こっていない場合でも）教員が心がけておきたいことや，態度は？

A　「風邪をひいたら内科へ診察に行く」のと同じレベルで，「心が風邪をひいたら（メンタルヘルスの問題を抱えたら）精神科へ行く」ことは特別のことではないという感覚を持つことです。児童生徒が安心安全な学校生活を送ることができるようにするためには，全教員が温かい言葉かけや優しい対応を心がけることも必要です。教員の何気ない一言で，児童生徒の人生を変えることもあります。「１年生の時，先生が，あなたは無限の可能性を秘めているから期待している，といってくれたので頑張ることができました」など，卒業の時に伝えてくれる児童生徒もいるのではないでしょうか。多くの児童生徒に関わっていると，何をいったか覚えていないような言葉でも，児童生徒本人に大きな影響を与え，やる気につながっていることもあります。逆に，教員の一言で児童生徒がやる気をなくすこともあるので気をつける必要があります。様々な場面で，児童生徒が傷つくような言葉を使わないように，日頃から心がけておくことが大事です。まず，よいところをみつけて褒める……問題を起こすような子どもであっても，褒めるところを探してください。褒めた後に指導すると，同じ言葉でも子どもの心に響くのではないでしょうか。

Q35

学校現場でこれまで慣例とされてきたこと（指導方法，言い方など）で，メンタルヘルス教育の視点から注意すべきことはあるか？

A

　心の健康問題は誰にでも起こりうることなので，精神疾患に対する差別や偏見を持たないことや思い込みに気をつけてほしいと思います。職員室に生徒が来た時，大声で「何か，用か」といわれたりすると，「いいです」といって帰ってしまいます。そんな時は，優しく「どうしたの？」というような声をかけると，「じつは……」ということになり，精神疾患だけでなく，様々な課題の早期発見につながるのではないでしょうか。また，何か問題を起こした時でも，すぐ叱るのではなく，「なぜ，そんなことをしたのか？」「何か原因があったのか？」など，問題を起こした理由を聞いてあげると「この先生は，自分のことを理解してくれる」と心を開き，効果的な指導につながると思います。そのためには，教員自身が普段から話しやすい雰囲気を出していることも大事です。

Q36

保体教諭・養護教諭以外の一般教員が，最低限注意しておくべきことは？

A

　精神疾患の基礎知識や対応，早期発見の仕方などを身につけておいたほうがよいと思いますが，これらは一部の教員が知っていればいいということではなく，管理職も含めた全教員に求められることです。そのためには，精神科医などの専門家を講師として校内の研修会を企画したり，教育委員会や外部機関が主催する研修会に参加したり，全教員が勉強する必要があります。精神疾患に対する誤解や偏見を防ぐためにも，精神疾患に対する理解が重要です。精神疾患は特別の病気ではなく，何らかのきっかけで，誰でもかかる可能性があることを念頭におき，二次予防（＝早期発見・早期治療，⇒参考 1-1-① メンタルヘルス教育の現状）の考え方で対応してほしいと思います。

　基礎的な知識を身につけることができたら，次に大事なことは日常の観察です。児童生徒の小さな変化に気づき，早期に対応することができれば，重症にならずに済むケースもあります。

　そして，もう1つ大事なことは，変化に気づいたらどう動くかということです。担任の立場であれば，学年主任や管理職，養護教諭や教育相談担当などに相談し，周りの力も借りながら複数で対応してください。心の健康課題を抱えた児童生徒にはどのように接していくのか，保護者にはどのように伝えるかなど，当該児童生徒にとって最もよい方法を考えながら対応してくださることを願っています。

〈竹下君枝〉

第3部 文献

〈第3部共通〉
- ⅰ） 公益財団法人日本学校保健会：精神疾患に関する指導参考資料．公益財団法人日本学校保健会，2021
- ⅱ） 衞藤隆，友添秀則他：高等学校保健体育教科書　現代高等保健体育．pp.36-43．大修館書店，2022
- ⅲ） こころの健康教室サニタ　https://sanita-mentale.jp/index.html（2023年6月6日確認）
- ⅳ） 国立精神・神経医療研究センター　精神保健研究所　地域精神保健・法制度研究部：メンタルヘルスリテラシーについて　https://www.ncnp.go.jp/nimh/chiiki/about/mhl.html（2023年1月26日確認）

〈第1章〉
①小学校体育科（保健領域）指導案
- ・ 文部科学省：小学校保健教育参考資料 改訂「生きる力」を育む小学校保健教育の手引，2019
- 1） 文部科学省：小学校保健教育参考資料「生きる力」を育む小学校保健教育の手引，2013

③中学校保健体育科（保健分野）指導案
- 1） 文部科学省：中学校学習指導要領，2017
- 2） 水野雅文：高等学校学習指導要領改訂と精神保健教育．精神神経学雑誌．120：979，2018
- 3） 水野雅文：精神科領域における早期介入の伸展—日本における課題と展望—．精神神経学雑誌．121：208-212，2019
- ・ 大修館書店：最新中学校保健体育—授業展開研究編①—．pp.132-149，2021
- ・ 文部科学省：中学校保健教育参考資料 改訂「生きる力」を育む 中学校保健教育の手引，2020
- ・ 上記ⅰ）
- ・ 上記ⅱ）

④高等学校保健体育科（科目保健）指導案
- 1） 厚生労働省：令和4年版自殺対策白書，2022
- ・ 小塩靖崇，水野雅文：高等学校保健における「精神疾患の予防と回復」の扱い　https://sanita-mentale.jp/pdf/material/shido-manual.pdf（2023年6月5日確認）
- ・ 水野雅文：心の病、初めが肝心　早期発見，早期治療の最新ガイド．朝日新聞出版，2015
- ・ 厚生労働省：こころもメンテしよう〜若者を支えるメンタルヘルスサイト〜　https://www.mhlw.go.jp/kokoro/youth/（2023年6月5日確認）
- ・ 上記ⅰ）
- ・ 上記ⅱ）

〈第2章〉
①英　国
1） Vanheusden, K., Mulder, C.L., Van, D.E.J., et al.: Young adults face major barriers to seeking help from mental health services. Patient Educ Couns, 73: 97-104, 2008
2） Corrigan, P.W., Watson, A.C.: How children stigmatize people with mental illness. Int J Soc Psychiatry, 53: 526-546, 2007
3） Henderson, C., Corker, E., Lewis–Holmes, E., et al.: England's time to change antistigma campaign: one–year outcomes of service user–rated experiences of discrimination. Psychiatr Serv, 63(5): 451–457, 2012
4） Department for Education: Statutory guidance on relationships education, relationships and sex education (RSE) and health education, 2021
5） DiPlacido, J., & Fallahi, C.R.: Stigma and sexual and gender minority mental health. The Oxford handbook of sexual and gender minority mental health. Oxford University Press, Oxford, pp.419-428, 2020
6） Department for Education https://www.gov.uk/government/organisations/department-for-education/（2023年6月18日確認）

7）文部科学省：諸外国の教育統計 令和3（2021）年版，2021

8）Ofsted: School inspection handbook September, 2018

9）Wyn, J., Cahill, H., Holdsworth, R., et al.: MindMatters, a whole-school approach promoting mental health and wellbeing. Aust N Z J Psychiatry, 34: 594-601, 2000

10）Child and Adolescent Mental Health Services (CAMHS) in Schools – Islington https://www.healthylondon.org/resource/schools-mental-health-toolkit/practice-examples/camhs-in-schools-islington/（2023年6月18日確認）

11）PSHE association https://pshe-association.org.uk/topics/mental-health/（2023年6月18日確認）

12）吉村優作：英国における中高生に対する精神保健教育．精神医学．64（9）：1239-1240，表1-3，2022

13）Collins Wellbeing Packs https://collins.co.uk/pages/pshe-student-wellbeing-packs/（2023年6月18日確認）

14）MindEd https://www.minded.org.uk/（2023年6月18日確認）

②カナダ

1）Wei, Y., Kutcher, S., & Szumilas, M.: Comprehensive school mental health: An integrated "School-based pathway to care" model for Canadian secondary schools. McGill Journal of Education / Revue Des Sciences De l'éducation De McGill, 46(2), 2011.

2）TeenMentalHealth.org: https://mentalhealthliteracy.org/（2023年1月26日確認）

3）TeenMentalHealth.org: The Mental Health & High School Curriculum Guide (the Guide), https://mhlcurriculum.org/about-the-guide/download-the-guide/（2023年1月26日確認）

4）国立精神・神経医療研究センター 精神保健研究所 地域精神保健・法制度研究部：スティグマ https://www.ncnp.go.jp/nimh/chiiki/about/stigma.html（2023年1月26日確認）

5）Milin, R., Kutcher, S., Lewis, S. P., et al.: Impact of a Mental Health Curriculum on Knowledge and Stigma Among High School Students: A Randomized Controlled Trial. Journal of the American Academy of Child and Adolescent Psychiatry, 55(5), 383-391.e1, 2016.

6）Wei, Y., Church, J., & Kutcher, S.: Long-term impact of a mental health literacy resource applied by regular classroom teachers in a Canadian school cohort. Child and adolescent mental health, 10.1111/camh.12597. Advance online publication, 2022.

7）厚生労働省：ゲートキーパーになろう！ https://www.mhlw.go.jp/stf/seisakunitsuite/bunya/hukushi_kaigo/seikatsuhogo/gatekeeper.html（2023年1月26日確認）

8）Wei, Y., Kutcher, S., Baxter, A., et al.: The program evaluation of 'Go-To Educator Training' on educators' knowledge about and stigma toward mental illness in six Canadian provinces. Early intervention in psychiatry, 15(4), 922–931, 2021.

9）Wei, Y., & Kutcher, S.: Innovations in Practice: 'Go-to' Educator Training on the mental health competencies of educators in the secondary school setting: a program evaluation. Child and adolescent mental health, 19(3), 219-222. 2014

10）Baxter, A., Wei, Y., Kutcher, S., et al.: School-based mental health literacy training shifts the quantity and quality of referrals to tertiary child and adolescent mental health services: A Western Canada regional study. PloS one, 17(11), e0277695, 2022.

〈第3章〉
②メンタルヘルス教育の評価測定のためのスケール

1）Tanaka, G.: Development of the mental illness and disorder understanding scale. International Journal of Japanese Sociology, 12: 95-107, 2003.

2）Yamaguchi, S., Koike, S., Watanabe, K., et al.: Development of a Japanese version of the reported and intended behaviour scale: reliability and validity. Psychiatry and clinical neurosciences, 68(6): 448-455, 2014.

〈第4章〉

①学校でのメンタルヘルス対応の基本

　1）　文部科学省：現代的健康課題を抱える子どもたちへの支援〜養護教諭の役割を中心として〜，2017
　2）　中央教育審議会答申：チームとしての学校の在り方と今後の改善方策について，2015
　3）　「学校保健安全法」第8条（健康相談），第9条（保健指導），平成20年法第76号，2008
　4）　文部科学省：教職員のための子どもの健康相談及び保健指導の手引き，2011
　5）　公益財団法人日本学校保健会：学校保健の課題とその対応〜養護教諭の職務等に関する調査結果から〜令和2年度改訂版，2021
　6）　教育相談等に関する調査研究協力者会議：児童生徒の教育相談の充実について〜学校の教育力を高める組織的な教育相談体制づくり〜（報告），2017
　7）　公益財団法人日本学校保健会：保健主事のための実務ハンドブック－令和2年度改訂版，2021

②メンタルヘルス教育Q&A

　1）　文部科学省：教職員のための子どもの健康観察の方法と問題への対応，2008
　2）　公益社団法人日本学校保健会：保健主事に関する状況調査報告書，2014
　3）　文部科学省：教師が知っておきたい子どもの自殺予防，2009
　4）　公益社団法人日本学校保健会：子どものメンタルヘルスの理解とその対応，2007

第4部
コラム編

第1章
メンタルヘルス教育に期待を寄せて

① 統合失調症・当事者からのメッセージ
② 家族の立場から
③ スポーツとメンタルヘルス
④ ピアサポートについて
⑤ 学校以外の「居場所」でつながろう

統合失調症・当事者からのメッセージ

お笑いコンビ「松本ハウス」のボケ担当・ハウス加賀谷さんは，自身が統合失調症であることを公表して芸能活動をしています。統合失調症の症状悪化により，一時は活動を休止しましたが，2009年から活動を再開。現在はコンビでの活動の他，講演や書籍出版，SNSなどを通じて，精神疾患当事者としての体験や想いを積極的に発信しています。そんなハウス加賀谷さんに，学生時代の体験や，活動の原動力，学校現場へのメッセージを聞きました（聞き手・編集部）。

●ハウス加賀谷さんは，小学生時代には進学塾に通われたり，17歳でお笑いコンビ「松本ハウス」としてデビューされたりと，非常に活発な思春期を過ごしておられました。症状（幻聴，幻覚など）が表れ，初めてご自身の体調の異変に気づいた時，どんな気持ちでしたか？

当時は中学2年生でした。夏に，クラスの後ろの方から「臭い」という声が聞こえてきて，それを「自分が臭いといわれているんだ」と思ってしまった。後になってこの声が幻聴で，統合失調症の症状だということがわかるのですが，当時はインターネットもない時代ですから，「精神疾患」という言葉すら聞いたことがなかった。

この「自己臭恐怖」はとても強固で，10代の頃は思春期精神科でカウンセリングを受けたこともあったのですが，「自分が臭いというのは思い込みで，精神疾患の症状であり，脳の誤作動によるものだ」といったような，僕が納得できる論理的な説明をしてくれる人が周りにいなかった。それで，僕としては臭いという声が聞こえるという『現実』を知っているので，「この人はわかっていないだけだ」と思ってしまって，やっぱり周囲から臭いと思われているという恐怖が拭えず，苦しかったですね。

あとは，僕らのお笑いライブに自己臭恐怖を持つ人がお客さんとして来てくれることがあるのですが，同じ経験を持つ僕が「臭くないですよ」と伝えると納得してもらえることもあって，当事者同士だからこそわかり合えることもあるんだと思っています。

●ご自身の体験では，発症された当時の，学校生活での「腫れ物に触るような」周囲の人々の対応がつらかったというエピソードがありました。「学校がこんな風だったらよかった」といったことがあれば，教えてください。

場合によってはいじめなどにも発展しかねないような状況だったと思うのですが，幸運なことに僕のクラスにそういう人はいませんでした。クラスメイトのみんなは「明るかった加賀谷くんが，中学校に入ってから急に暗くなってしまった，どうしたんだろう」という感じで。僕自身もですが，友だちも何が起こっているのかわからず，戸惑っていたんだと思います。

今になって思うのは，僕としてはやっぱり，何より「正しい知識」がほしかったです。当時はまさか自分が精神の病気だなんて，考えも及びませんでした。正しい知識があれば，そういうことは僕にも起こりうるし，もしかしたら…と気づけたかもしれません。

学校には，今はスクールカウンセラーの先生がいるんですよね。まず，スクールカウンセラーや担任の先生，親など，話しやすい誰かに「何かおかしい」「不安なことがある」といった声を挙げることは，決して恥ずかしいことではないと伝えたいです。それが，適切な医療や支援につながる第一歩になるし，もし精神疾患だと診断されても「人生終わりだ」なんてことはない。

それから，精神疾患患者に対する差別的な言葉を使う人が若者にもいますが，そうした病気で苦し

んでいる，でも懸命に生きている人たちが「実際にいる」という事実をすべての人に知ってもらいたいし，思いを馳せてもらいたいですね。

● ハウス加賀谷さんの，病気の治療や社会復帰に対する「焦らない，あきらめない」という言葉が印象的です。そのように前向きに考えられるようになったきっかけはなんでしょうか？

　たくさんの失敗をしたからだと思っています。たくさんチャレンジして，ほとんど失敗してきました。でも，あきらめなければ「次」があるんだ，ということを実体験してきたんです。
　「焦らない」という言葉は「人と比べない」という意味合いも込めて使っています。誰かと比較して焦るのではなく，自分の人生を，自分自身でどう生きるかが大事だと思っています。
　きちんと治療を受けた上で，それでも落ち込んだり，頭がモヤモヤしたりする時は「体に聞いてみる」ことにしています。頭に聞いても解決しない時，踏み台を昇り降りするなどの簡単な運動でも，30分もするとすっきりと解決することが多いです。体はいくつになっても成長するし，小さな成功体験を積み重ねられるので，おすすめです。

● 体験をまとめた本の出版や，講演活動，SNSなども含め，統合失調症の当事者としての情報発信を積極的に行っておられますが，ご活動の原動力は何でしょうか？

　無理をしていないから続けられているのだと思います。「無理して頑張っている」のではなく，ただ僕が「普通に生きている」ことを知ってほしい。精神疾患は誰でもなりうる病気です。精神疾患を持っている人でも，例えば僕はお笑い芸人として社会とつながっているし，他のみんなと同じ「社会の一員なんだ」ということを伝えたいと思って活動しています。

● 2022年度から高等学校の保健体育の授業で，精神疾患の学習が行われるなど，メンタルヘルス教育が一層推進されています。学校の先生・関係者に向けて，メッセージをお願いします。

　統合失調症でいえば，高校生ですでに発症している人もいると思います。僕の経験からいっても，早期発見・早期治療は本当に効果的なんです。学校の先生方にはそれぞれの立場から，可能性のある子どもを，早期に医療や支援につなげるようにしてほしいと思います。また，先生方もお忙しく，ストレスも大きいと思いますので，ぜひご自身もねぎらってあげてください。
　精神疾患にかかったら，人生終わりだと思うかもしれません。実際，僕も2000年に症状が悪化して入院した時は「終わった」と思いました。でも，終わったと思っても，終わったところから始まる人生があるんです。たとえ病気で学校に行けなかったり，退職したりして，終わりだと思っても，絶望しなくていい。絶望するような人生じゃなくて，楽しいことがたくさんある人生だよ，って伝えたいです。そしてぜひ，精神疾患の当事者がそういってたよって，児童生徒の皆さんにも伝えてください。

| このコラムを書いた人 | ハウス加賀谷

　1974年生まれ，東京都中野区出身。サンミュージック所属。お笑いコンビ・松本ハウスのボケ担当。1990年代に「タモリのボキャブラ天国」「進め！電波少年」などの人気番組に数多く出演するも，統合失調症悪化により1999年に活動休止。症状寛解から，2009年に活動を再開し，現在は統合失調症の当事者としての情報発信も行っている。著書に『統合失調症がやってきた』（幻冬舎），『相方は，統合失調症』（幻冬舎，相方・松本キックとの共著）がある。

② 家族の立場から

　家計を破綻させるほどの過食嘔吐，感情の乱高下と大量服薬，生命を危うくした水中毒と大量の飲酒——。摂食障害やアルコール依存症を患う妻との20年間を2022年春，『妻はサバイバー』（朝日新聞出版）として出版しました。妻の症状だけでなく，妻への怒りを自制できなくなった私自身の姿もありのままに描いています。1年たった今も読者から「壮絶だ」「言葉を失う」などの声が寄せられます。

　しかし，妻の症状がはじめから「壮絶」だったわけではありません。拙著ではあまり描いていませんが，1999年に結婚して最初の3年間，じつは何も異常がなかったのです。彼女は明るく，おだやかで，2人で旅行やグルメを楽しむことができました。

　あの3年はいったい何だったのか。その後の症状が激しかっただけに，私にはずっと謎でした。

　3月に朝日新聞のイベントで対談した精神科医松本俊彦さん（国立精神・神経医療研究センター精神保健研究所薬物依存研究部部長）の診立ては明快でした。「安心な環境になるとトラウマのふたが開く。安心できると感じるまでに3年かかったのでしょう」。妻自身は決して意識的ではなかったでしょうが，彼女にとって3年間はトラウマのふたを開けて症状をオープンにするかどうかの「お試し期間」だったということです。

　さらにいえば，それまでも症状を人目にさらしたことなどありませんでした。妻は「食べ吐きしてたことも，手首を切ってたことも，親や先生は誰も気づいてなかった」と振り返ります。家庭も学校も「安心な環境」ではなかったのです。

　そんな人は珍しくないようです。2012年に摂食障害の連載記事を書いた際，共感の手紙やメールをくれた当事者の多くが家族に隠れて食べ吐きしていました。リストカットもこっそりと行われるのがふつうだと聞きます。

　高等学校保健体育科の新学習指導要領に基づき，2022年度から精神疾患の授業が1年生向けに行われています。その教室には，かつての妻のような生徒が必ずいるはずです。

　生きることがつらい。家庭でも学校でも安心できない。リストカットや過食嘔吐，あるいは薬物摂取だけをひそかな安らぎにしている。でも，人前でその姿は絶対にみせない。

　みせたらどうなるでしょうか。まず大人は驚くでしょう。「そんなことをしちゃいけません」「自分を傷つけないで」と頭ごなしに叱責するかもしれません。そのことが容易に想像できるから，その子たちは人知れず食べて吐き，部屋にこもって手首を傷つけます。妻も結婚生活に安心感を得るまで秘密にし続けました。

　精神疾患の授業を最も必要としているのは，そんな子どもたちではないでしょうか。授業がきっかけになって，大量の食べ物やカッターナイフに頼らなくても人に助けを求めるという方法があることを学べば，その子は妻のような苦しい人生を送らずに済むかもしれません。

　しかし，学校は，生きづらい子どもたちが安心して助けを求めることができる場になれるでしょうか。簡単ではないような気もします。

　妻のサポートを続けてきて一番困ったのが，自分の道徳に基づいて彼女を正そうとする人でした。それも医療機関の援助職にさえいました。

　10年ほど前，精神科病院に入院中のことです。妻が幼少時の虐待被害についてベテランの女性看

護師に打ち明けたところ，この看護師から「子育てがどれだけ大変かわかっているの？」「感謝の気持ちを持ちなさい」と諭されました。

病棟では主治医よりも看護師と接する時間の方が長くなります。妻は「毎日そんなことばかりいわれて，病院じゃなくて刑務所みたい」と私に憤懣をぶつけました。彼女は入院中だけ優等生患者を装いましたが，退院後は以前よりも感情が不安定になり，家じゅうの物を手当たり次第に投げつけるなど行動が荒れました。看護師の言動だけが原因だというつもりはありませんが，少なくとも本人が当時取り組んでいたトラウマ治療の心理療法にはマイナスになり，担当の臨床心理士は頭を抱えました。せっかく作られつつあった「安心な環境」が切り崩されかけたのです。

道徳的判断はわきにおいて本人の生きづらさに寄り添ってほしいと家族として願いますが，一方，道徳で症状を断罪する愚は私自身もたびたび犯してきました。「どれだけ迷惑をかけたら気が済むんだ」と怒鳴ってしまったこともあります。私が参考にしてきた米国由来の家族プログラム解説書『アルコール・薬物・ギャンブルで悩む家族のための7つの対処法CRAFT』（吉田精次＋ASK著）では，「『正したい』衝動に注意！」と1ページを割いて呼びかけています。それぐらい家族も援助職も正しさ（だとその人が考えているに過ぎないこと）の罠にはまってしまい，回復に有効かどうかという視点を見失ってしまいがちです。

まして，学校は道徳を教える場とされています。過食嘔吐も，自傷行為も，薬物乱用も，少なくとも道徳的には正しいとはされていません。教育現場においては「問題行動」です。保健体育の先生が「心がつらくなったら，まず相談を」と授業で教えても，同じ先生が実際に相談を受けると生徒を叱ってしまうかもしれません。

では学校が「安心な環境」なんて，ないものねだりでしょうか。そんなことはないと思います。

妻が入退院を繰り返していたころ，親身にそばにいてくれる看護師もいました。ベッドに来てくれて，時間をかけて話を聞いてくれました。妻は「あの人がいてくれたから，つらい入院生活を乗り切れた」と話しました。しだいに彼女は不調になると自ら入院を希望するようになり，主治医は「前向きな変化だ」と評価しました。その変化の背景にこの看護師の支えもあったのではないかと私は想像します。

PTSD（心的外傷後ストレス障害）の発症にはトラウマ体験の過酷さだけでなく，身近な人による支えがどれだけあったかも関係するといいます。学校をあげて今すぐに「安心な環境」というのは難しくても，生徒の話にただ耳を傾けてくれる先生が1人でもいれば，子どもの人生は何かが変わるかもしれません。

『妻はサバイバー』を企画した際，妻は「私みたいな人を出したくないから，書いてほしい」と私の背中を押してくれました。彼女の願いをかなえるために学校ができることは，決して小さくないはずです。

このコラムを書いた人｜永田豊隆

1968年生まれ。読売新聞西部本社をへて，2002年朝日新聞社入社。岡山総局，大阪本社生活文化部などをへて，現在，大阪本社ネットワーク報道本部記者。『妻はサバイバー』は2022年Yahoo!ニュース本屋大賞ノンフィクション本大賞にノミネートされ，記者として3回目の貧困ジャーナリズム賞を受賞した。

③ スポーツとメンタルヘルス

　筆者は，学校でのメンタルヘルス教育プログラムの開発を専門に研究してきました。ここ数年は，少しだけ手を広げて，スポーツ界のメンタルヘルスについて，日本ラグビーフットボール選手会の皆さんと共に研究と実践に取り組んでいます。この新しい領域へのご縁をつないでくださったのは，高等学校の保健体育科の先生でした。彼は元ラグビー選手でアスリートでした。ご自身の経験，周囲の選手やスタッフの話を含め，スポーツ界におけるメンタルヘルス課題を教えてくださいました。読者の保健体育の先生の中には，競技スポーツをされていた方，スポーツ愛好家の方も多いように思います。

　さて，スポーツ界のメンタルヘルスは，ここ数年で関心が高まっている分野です。日本では，東京2020オリンピック・パラリンピック前後の，アスリートによるメンタルヘルス不調の告白を契機に話題になりました。国内外の調査研究から，アスリートも一般人と同様に，メンタルヘルス不調を経験することが明らかになっています。日本においては，私たちがラグビー選手会と共に行った調査から，日本のラグビー選手で「1ヵ月間で，42％が不調を経験していたこと，10％は専門的支援が必要な状態で，7.6％は死ぬことを考えたことがある。」という知見を公表しました[1]。屈強な身体で強靭な精神を備えると信じられているアスリートであっても，「メンタルヘルスは自分事」です。

　「メンタルヘルスは自分事」。メンタルヘルスに関するあらゆる取り組みの中で，前提として認識すべき重要なポイントかもしれません。しかし，実際には，不調や病を経験して初めて「自分事」になる場合が多く，「できれば関わりたくない，他人事」と考える人が，一般人でもアスリートでも，多いのが実状でしょう。

　このような状況を変えるべく，私たちはアスリートと共に普及啓発に取り組んでいます。この活動を中心に行なっているのが，ラグビー選手会と共に立ち上げた「よわいはつよいプロジェクト」です[2]。このプロジェクトでは不調を含め心の状態を受け入れる，つらさを周囲の人と支え合う，という心のあり方を共有する大切さを発信しています。現在では，ラグビー選手以外にも多くのアスリートから賛同を得て規模を拡大し，主にホームページにおけるアスリートや専門家のインタビュー・対談などのコンテンツの掲載，SNSを活用した情報発信を行っています。

　例えば，ラグビー日本代表として活躍する堀江翔太選手や姫野和樹選手が自身の心の状態について語った記事を公開しています。こうした情報発信に対し，数多くの反響がありました。ラグビー選手だけでなく，他競技アスリートや周囲のスタッフ，ファンもコメントするなど，「強くなければならない」という信念が残る，いわゆる体育会系コミュニティでは扱いづらいと思われていたメンタルヘルスについて語られる機会となったと考えています。SNSやホームページを通じて寄せられたコメントのほとんどが好意的で，メンタルヘルスを他人事でなく自分事として捉えたコメントをしているものが多くありました。よろしければホームページをご覧いただき，メンタルヘルスについて考える機会としていただきたいです。

　また，最近では，対面によるメンタルヘルス啓発活動も始めました。例えば，小学校の授業の中でワークショップを開催し，心の健康や心の様子を人に話すこと，表現することを学ぶ機会を作っています。今後も学校や職場，地域等の現場にアスリートが訪問してメンタルヘルスに関するワークショップを展開する企画を計画しています。

他にも，様々な機会で，アスリートがメンタルヘルスについて自身の経験を含めて話す講演やワークショップが開催されることが増えています。2020年から，10月10日の世界メンタルヘルスデーに合わせ，現役・引退後のアスリートによるメンタルヘルスをテーマにした対談の企画やメッセージの発信が行われています[3]。アスリートの姿や言葉に勇気づけられてきた経験を持つ人も多く，私たちは，様々な場面でアスリートやスポーツの価値を感じる場面に遭遇してきました。アスリートは，人々の考え方や行動に影響を与え得る存在といえるかもしれません。

読者の先生方には，学校の体育活動や部活動指導の中で，児童生徒が安心して心の様子を言葉にして，他者に共有できるような環境を作っていただきたいという思いがあります。思春期は，自分の考えや感情などの心の様子を言葉にして表現したり，他人に共有することに対して，抵抗を持ちやすい時期です。そのことを理解していただいた上で，次のようなアクションを期待しています。

第一には，先生が自分自身の体験や心の様子を率先して話してみることです。アスリートが自身の経験を言葉にして話すことと同じような影響力があると思われます。

第二には，児童生徒の話し相手としていつでも門戸を開いて待っていることです。場合によっては，話しやすい環境を作った上で「どうした？」といった声かけをすることも必要です。部活動では，大変残念ではありますが，こんな場面に遭遇することがあります。ある生徒が勇気を出して，「監督，練習前になると吐き気がしてつらいです」と話をすると，「甘えるな。いいから走ってこい！」といわれてしまう光景です。そうではなく，「どうした？　話聞こうか」というような，生徒に寄り添った対応が求められます。学校や部活動が，児童生徒にとって安心して過ごせる居場所であることは多くの人が願っていることでしょう。

現在，学校や部活動の存在意義が問われています。特に，部活動はハラスメントの温床だといわれ問題に挙げられることも多いのが事実です。実際に起きているニュースをみるにつけて，児童生徒の健全な成長発達を脅かすリスク要因として捉えられていることも認めざるを得ないでしょう。

しかし，保護要因として機能していることも事実です。児童生徒が学校や部活動の中で所属感を感じられ，存在を認めてもらえる，安心できる場所・環境であることが望まれます。スポーツ界で始まった，アスリートが「メンタルヘルスを自分事」として捉え，心の様子を言葉にする，周囲と支え合おうとする取り組みは，教育界においても参考にしていただけるかもしれません。

文献
1) Ojio Y, Matsunaga A, Hatakeyama K, et al.: Anxiety and Depression Symptoms and Suicidal Ideation in Japan Rugby Top League Players. Int J Environ Res Public Health. 2021, 18(3): 1205.
本論文に関するプレスリリース　https://www.ncnp.go.jp/topics/2021/20210204p.html（2023年6月20日確認）
2) よわいはつよいプロジェクト　https://yowatsuyo.com/（2023年6月20日確認）
3) 厚生労働省：世界メンタルヘルスデー2022 ～つながる，どこでも，だれにでも～「第1部　アスリートなどによる対談」https://youtu.be/VHC73VKXDGo（2023年6月20日確認）

このコラムを書いた人 ｜ 小塩靖崇

メンタルヘルス領域の健康教育学・行動科学を専門に研究をしている。学校でのメンタルヘルス教育ツールの開発，また，アスリートとの協働で進めるメンタルヘルス啓発プロジェクト（よわいはつよいプロジェクト）に研究の観点から関わる。若年層が健康かつ幸せに育つ社会を目指して，研究と実践の橋渡しに取り組んでいる。国立精神・神経医療研究センター 精神保健研究所 地域精神保健・法制度研究部 研究員（教育学博士，看護師，保健師）。

④ ピアサポートについて

ピアサポートとは

　皆さんは,「ピアサポート」という言葉を聞いたことがありますか。「ピア (peer)」という言葉は,仲間や同輩などの意味があります。ピアサポートとは,同じような,または似たような経験をした仲間同士が支え合い,サポートし合う関係のことを指す言葉になります。学校生活の中でもピアサポートは存在しています。例えば,部活のことで悩みや困っていることがある場合に同じ部活の仲間に相談をすると,「自分も同じことで悩んだことがあるよ！」「そういう時って落ち込むよね。でも,私はこういう方法を試して乗り越えたよ！」といったように,仲間たちが経験を話してくれることがあるかもしれません。これがピアサポートになります。

　では,メンタルヘルスの領域での「ピアサポート」とはどういうことを指す言葉なのでしょうか。メンタルヘルスの領域でのピアサポートの意味も先ほど示した意味とほぼ同じですが,ここでの経験とは「メンタルヘルスの壁にぶつかった経験」を指します。メンタルヘルスの壁にぶつかった時,気持ちが落ち着かずソワソワすることもありますし,今まで聞こえなかった音や声がある日突然聞こえることがあるかもしれません。そのような経験も,ピアサポートを行っていく上で非常に役に立っていきます。

ピアサポーターになったきっかけと仕事について

　私自身は,精神疾患を抱えながら日々生活をしています。10代の頃に発症したのではないか,と思っています。きっかけは色々あったと思いますが,中学校,大学と不登校を経験しています。その時の経験が,今自分自身の役に立っています。私は,自分の経験を話したり,それを基に似たような経験を今現在している方々をサポートする仕事をしています。私のように,メンタルヘルスの壁にぶつかった時の経験を基にサポートの仕事や活動をしている人たちのことを,「ピアサポーター」や「ピアスタッフ」等と呼んでいます。

　私がこのピアサポーターという仕事に就いたのは,今から10年以上前のことになります。当時の私は,勤めていた仕事を辞め,自宅にひきこもっていました。自宅の近くに以前通っていたデイケアがありましたが,なかなか足が向かずにいました。そんな時に,ピアサポーター(後の職場の先輩)と看護師さんが訪問に来てくれ,ピアサポーターが時々来る少人数のデイケアに行くことを勧めてくれました。勧められるがまま少人数のデイケアに顔を出し,少しずつ通っていくうちに半年間毎日デイケアに通うことができるようになりました。ピアサポーターも,時々顔を出してくれました。その時に他のメンバーと話していたり自分の経験を語る姿をみて,「何かかっこいいな」と思うようになりました。しばらくすると,どうしても仕事に就かないと生活ができない状況になり,どうしようかと考えていた時,「ピアサポーターって私にもできるのかな」と思い,以前訪問に来てくれた看護師さんにそのことを話しました。すると,「せっかくだったらやってみたらいいじゃない！」といってくれ,背中を押してくれました。その後,ピアサポーターとしての仕事を始め,現在に至っています。あの時,先輩のピアサポーターに出会わなければ,看護師さんに背中を押してもらわなければ,私はピアサポーターになっていませんでした。きっかけは何であれ,今ピアサポーターの仕事ができていてよ

かったな，と思っています。

ピアサポートの意義

　ピアサポーターの仕事，活動内容は様々ありますが，似たような経験をされている人々に寄り添い，自分の経験を基に話をしたり相談に乗ることが主な活動になります。精神疾患は目にみえるものではないので，自分が今思っていることや気持ち，経験していることへの理解が周りから得られにくいこともあります。そうなると，自分から周りの人たちから離れていくなど孤立してしまうことが多々あります。その時の思いや気持ち，経験していることへ理解を示せるのがピアサポーターの強みではないか，と私は常々思っています。皆さんも，ご自身が経験したり体験したりしたことに対しては自信をもって伝えることができますよね。それは，ピアサポートも同じなのです。経験者だからこそわかることは，たくさんあります。同じ経験ではなくても，そういう方から話を聞くと「自分のことを話してもいいんだ」「自分だけじゃないんだ」と，安心できると思います。そのような語れる場の安心感を提供することも，ピアサポートだからこそできることだと思います。

　ピアサポートは，じつは様々な場所に存在しています。先にもお話したとおり，学校の中にもピアサポートは存在しています。友だち同士，部活の仲間，同じクラスのメンバーなど，同世代，同じ環境にいる人たちの中にもあります。もし，その中の誰かが悩みを抱えていたら，どうしますか？　大体の方は，悩みを持っている人の話を聞いたりアドバイスをすると思います。その時は安心できる場所に移動したり環境を整えたりなどもするでしょう。ピアサポートも全く同じです。何も特別なことをする必要はないのです。話を頷きながら聞く，時には「そういうこともあるよね」と共感もするでしょう。このようなことを自然にできることが，ピアサポートの意義なのではないかと考えます。

メンタルヘルス教育をする大切さ

　中学生から高校生にかけて，様々な経験を通して大人になっていく段階を踏んでいきます。その多感な時期に，メンタルヘルスの悩みを抱える人たちもたくさんいます。特にこの時期にそのような悩みを抱え始めると，周りの友だちにできていることができない自分への劣等感を感じたり，周りとうまくいかないことへの苛立ち，悲しみなどを感じやすく，大人になってもその時感じた思いは消えることがありません。私も悩みを抱え始めた時に，自分に何が起こっていてどうしたらよかったのか，など，少しでも何か知っていれば安心できたのではないか，と今でも思うことがあります。メンタルヘルスの悩みは非常にデリケートなので，周りに相談することに対するハードルも非常に高いのです。私が学生だった時は，メンタルヘルスの悩みを同級生や先生に相談することはできませんでした。カウンセリングがあると聞いて思い切って相談をした大学生の時でも，カウンセリング前の面談で「もう少し頑張ってみたら」といわれていました。メンタルヘルスのことを誰かが少しでも知って理解しているだけでも，相談するハードルはぐっと下がります。学校の中で少しでも話題にしていただき，みんなで一緒に考えていくことが，とても大切だと思います。メンタルヘルスの悩みは誰にでもあり，話してもいいことなんだ，と皆が感じられ，悩みを1人で抱え込まないような環境を作っていってほしいと思っています。

| このコラムを書いた人 | 櫻田 なつみ |

　精神疾患の経験がある当事者。日本メンタルヘルスピアサポート専門員研修機構理事。現在，就労支援を行っている事業所（株式会社MARS）で，ピアサポーターとサービス提供を行う責任者として勤務。事業所の利用者に，就職までの道のりの中で自身の経験を伝えるなどの業務に当たっている。

⑤ 学校以外の「居場所」でつながろう

　ここでは，「あだち若者サポートテラスSODA」という若者に向けた相談窓口へ来所した相談者の言葉や支援の経験から，「居場所」について考えたいと思います。SODAは，2019年より厚生労働省の研究事業の一環として開所し，2022年7月からは東京都足立区の窓口として運営しています。メンタルヘルスのことに限らず，若者の困り事はどのようなことでも受けつけ，精神科医・精神保健福祉士・公認心理師の専門職がチームで問題解決に向けてサポートしています。これまでに延べ10,000名以上の若者から相談が寄せられています。

居場所とは

　「自分の居場所はありますか？」と聞かれて，皆さんは何と答えるでしょうか。家庭，学校，職場，友だちや先生などの集団や個人の名前を思い浮かべる人がいるかもしれませんし，家族がいて学校に通っていても，自分の居場所はないと感じる人もいるかもしれません。「居場所」とは何か，若者たちに質問をしたところ，このような答えが返ってきました。

①あなたにとって居場所とは何ですか？…「自分を偽らずに自分のままでいいと思える場所」「自分のことを受け入れてくれる場所」

②どんな時，ここが居場所であると感じますか？…「自分の思っていることを話しても頭ごなしに否定されない」「他愛もない話ができる」「放っておいてくれる」「自分に寄り添って考えてくれる」「自分が必要とされていると感じる」といった時

③居場所はどんな時に必要ですか？…「不安な時」「壁にぶつかった時」「心が折れそうになった時」

　このように，ここが居場所であると感じる瞬間は人によって様々です。いずれにしても，居場所と認識するには「自分の考え方や在り方を受け入れてもらえていると感じるかどうか」という心理的な要素が大切であることがわかります。居場所は自分の人生を歩んでいく上で，いざとなった時に帰ってくることのできる「安全基地（心の拠り所）」といえるかもしれません。

なぜ居場所が必要か

　思春期は体も心も大きく成長し，人生の中で最も変化する時期です。自分とは何かを自問自答したり，周りの評価を気にしたり，親に甘えたい気持ちと自立したい気持ちの狭間で揺れ動いたりと，多くの葛藤を抱えながら，若者たちは「自分で悩んで，自分で選択すること」を繰り返して，心身ともに大人へと成長していきます。この過程で，自分の考え方や在り方を受け入れてもらえる居場所の存在は，客観的に自分のことを理解し，「自分らしく生きていくこと（自立）」を後押ししてくれます。

　この大変革の時はメンタルヘルスの不調を抱えやすい時期でもあります。モヤモヤや困難を抱えた際には，身近な人に相談するなどして早めに対処することが重要です。しかし，実際には「身近な人ほど相談しづらいこともある」と誰しも感じることがあるのではないでしょうか。特に思春期には，他人を強く意識し，周りと自分を比較して落ち込むこともあるでしょうし，理想と現実のギャップにもがきながら，自分という人間を理解しようと奮闘します。そうした中で「自分の悩みを身近な人に話す」というのはハードルが高いことも多いのです。SODAの来談者に実施したアンケートでは，

90％以上の方が「どこに悩みを相談すればよいかわからなかった」と答えています。「病んでいると思われたくない」「家のことを学校で話したくない」「周りと同じようにできないのは自分が弱いから」「話してもきっとわかってくれない」というのは来談者からよく聞く言葉です。

　学校や家庭など身近な場所以外にも，安心して過ごせる第三の居場所が必要であり，居場所を持つことは成長を支えるだけでなく，自分の心を守る上でも大切なことです。

居場所探しのヒント

　心の拠り所となる仲間やスタッフがみつかるかもしれない居場所の候補について考えてみます。

　例えば，児童家庭支援センターが実施している教育相談や適応指導教室，NPO法人などが運営している居場所や学習支援室，こども食堂，フリースクール，塾，習い事，地域のサークルなど様々な選択肢が挙げられます。同じ悩み（例えばヤングケアラーや不登校など）を分かち合えるピアサポートのグループや，オンラインで参加できるものもあります。公的なサービスだけでなく，地域の団体や近隣住民などのつながりにも目を向け，幅広く情報収集することをおすすめします。地域のボランティアを通じて「自分が役に立てている」という感覚が持てるような居場所を検討することも1つです。

　最近では，SNSやオンラインゲームなどインターネットの中に居場所を持っている方も多くいます。「SNSの友だちには本音を話すことができる」「ゲームの中だけは自分を肯定できる」という体験がきっかけとなり，自分を傷つけることをやめることや，ひきこもりから脱することができた人もいました。居場所も時代により変化しています。もちろんインターネットは使い方を間違えると危険な場合もあります。もし危険な使い方をしていると感じた際は，インターネットを無理やり遠ざけることだけに注力せず，別の安全な居場所を一緒に探していくという関わりが大切です。

学校などで周りの大人ができること

　居場所をつくるといってもあまり難しく考えず，目の前の若者がこれまでどのような世界を歩んできて，今どのような世界を生きているのかを，まずは知るつもりで話を聞いてみてください。悩みや困り事に限らず，好きなこと，楽しいと思えること，そんなやりとりをしながら「あなたにはあなたの考えがあっていい」というメッセージを届けて欲しいのです。それは，人生の地図を広げて一緒に現在地を確認するような作業です。「こうすれば早いじゃない」とつい近道を示したくなるものですが，本人が自分で現在地を知らないことには歩みを進めることができないのです。こうした関わりから，その人にとって今必要な居場所がみえてくることはよくあります。

　周囲の大人が居場所探しをサポートする場合は，案内をすることに留まらず，ぜひ人から人へつないでください。見守る大人同士が風通しのよい関係をつくることで，広い視点で問題解決の方法や適切な関わりを考えることができ，若者が安心して暮らすことのできる地域づくりにつながります。

　SODAに来所した半数以上の方は，家族，友達，学校の先生，支援機関の方から促されてつながりました。若者たちが発信したSOSをキャッチし寄り添ってくれた身近な存在のおかげで，次の行動を起こす勇気を持つことができた人が大勢います。そして，誰かに理解してもらえた経験そのものが人生を歩む力となり，いずれは自分が誰かを支える居場所となるのだと思います。

このコラムを書いた人｜小辻有美

　ソーシャルワーカーとして精神科病棟などの勤務を経て，2019年7月より東京足立病院と東邦大学が共同で開設した「あだち若者サポートテラスSODA」に勤務。精神疾患の予防を目指した早期相談支援窓口づくりに取り組んでいる。東京足立病院／あだち若者サポートテラスSODA主任（精神保健福祉士，社会福祉士，公認心理師）。

執筆者一覧

編著者

| 水野雅文 | 東京都立松沢病院院長 | はじめに，1-1-① |

精神科医，博士（医学）。慶應義塾大学医学部卒業，同大学院博士課程修了。イタリア政府国費留学生としてイタリア国立パドヴァ大学留学，同大学心理学科客員教授，慶應義塾大学医学部精神神経科専任講師，助教授を経て，2006年から21年3月まで，東邦大学医学部精神神経医学講座主任教授。21年4月から現職。
著書に『心の病、初めが肝心』（朝日新聞出版），『ササッとわかる「統合失調症」』（講談社）他。

| 森良一 | 東海大学体育学部体育学科教授 | 1-1-②，3-3-① |

東邦大学大学院医学研究科社会環境医療系精神神経医学専攻修了，博士（医学）。栃木県教員，栃木県教育委員会指導主事等を経て，国立教育政策研究所教育課程調査官，文部科学省やスポーツ庁の教科調査官として，2017年及び2018年告示の学習指導要領及び解説の作成編集を担当。また，文部科学省の健康教育調査官として精神保健を含む健康教育全般を担当した。18年より現職。

| 竹下君枝 | 東京学芸大学教育学部講師 | 3-4-② |

東京都立第五商業高等学校，東京都立桜水商業高等学校，東京都立九段高等学校，東京都立新宿山吹高等学校の養護教諭（主幹教諭）として勤務した後，秀明大学学校教師学部講師を経て，2015年4月より現職。「学校保健・学校安全に関する文部科学大臣表彰」など多数受賞。著書に『思春期の精神疾患』（少年写真新聞社）他。

執筆者

内野敬	東邦大学医学部社会実装精神医学講座助教	1-1-③
藤井千代	国立精神・神経医療研究センター精神保健研究所地域精神保健・法制度研究部部長	1-1-④
多田光宏	東京都済生会中央病院精神科（心療科）副医長	2-1-①（分担執筆）
仁王進太郎	東京都済生会中央病院精神科（心療科）医長	2-1-①（分担執筆）
根本隆洋	東邦大学医学部精神神経医学講座・社会実装精神医学講座教授	2-1-②
新村秀人	大正大学心理社会学部教授	2-1-③
中尾智博	九州大学大学院医学研究院精神病態医学教授	2-1-④
西園マーハ文	明治学院大学心理学部教授	2-1-⑤
宮田聖子	名古屋大学大学院医学系研究科精神医療学寄附講座講師	2-1-⑥（分担執筆）
岩本邦弘	名古屋大学大学院医学系研究科発達老年精神医学准教授	2-1-⑥（分担執筆）
尾崎紀夫	名古屋大学大学院医学系研究科精神疾患病態解明学特任教授	2-1-⑥（分担執筆）
舩渡川智之	東邦大学医学部精神神経医学講座講師	2-1-⑦
日野恒平	東京都立松沢病院精神科医長	2-2-①
小林桜児	神奈川県立精神医療センター副院長兼医療局長	2-2-②
成瀬暢也	埼玉県立精神医療センター副病院長	2-2-③
稲熊徳也	東京都立松沢病院医員／思春期精神医療クリニカル・フェロー	2-2-④
三角純子	東京都立松沢病院精神科医長	2-3-①
森田展彰	筑波大学医学医療系准教授	2-3-②
高橋秀俊	高知大学医学部寄附講座児童青年期精神医学特任教授	2-3-③
松本和紀	こころのクリニックOASIS院長	2-3-④（分担執筆）
柏葉祐佳	こころのクリニックOASIS非常勤心理士, 仙台白百合学園中学・高等学校スクールカウンセラー	2-3-④（分担執筆）
平間亜由美	こころのクリニックOASIS常勤心理士	2-3-④（分担執筆）
濱家由美子	東北大学災害科学国際研究所災害医学研究部門災害精神医学分野助教, こころのクリニックOASIS非常勤心理士	2-3-④（分担執筆）
増嶋広曜	東京都台東区立谷中小学校校長	3-1-①
飯嶋孝行	北海道札幌市立向陵中学校保健体育科教諭	3-1-②
山合洋人	筑波大学附属駒場中・高等学校保健体育科教諭	3-1-③
佐藤真一	福島県立白河旭高等学校教頭	3-1-④（分担執筆）
霜村誠一	学校法人桐丘学園桐生第一高等学校保健体育科教諭	3-1-④（分担執筆）
吉村優作	医療法人勲友会味野医院副院長	3-2-①
小塩靖崇	国立精神・神経医療研究センター精神保健研究所地域精神保健・法制度研究部研究員	3-2-②,3-3-②,4-1-③
清末昭子	鳥取県立鳥取商業高等学校養護教諭	3-4-①
ハウス加賀谷	株式会社サンミュージックプロダクションお笑いタレント	4-1-①
永田豊隆	朝日新聞大阪本社ネットワーク報道本部記者	4-1-②
櫻田なつみ	株式会社MARS就労支援事業所co opusサービス管理責任者／ピアサポーター	4-1-④
小辻有美	東京足立病院／あだち若者サポートテラスSODA主任	4-1-⑤

学校におけるメンタルヘルス教育の進め方
©Masafumi Mizuno, Ryoichi Mori, Kimie Takeshita, 2023
NDC374/ix, 197p/26cm

初版第 1 刷発行———2023 年 10 月 1 日

編著者————————水野雅文・森良一・竹下君枝
発行者————————鈴木一行
発行所————————株式会社 大修館書店
　　　　　　　　　　〒 113-8541　東京都文京区湯島 2-1-1
　　　　　　　　　　電話 03-3868-2651（販売部）　03-3868-2297（編集部）
　　　　　　　　　　振替 00190-7-40504
　　　　　　　　　　［出版情報］https://www.taishukan.co.jp/

装丁・本文デザイン———石山智博
組　版————————加藤　智
印　刷————————横山印刷
製本所————————牧製本

ISBN978-4-469-26963-5　　　　　Printed in Japan

Ⓡ本書のコピー，スキャン，デジタル化等の無断複製は著作権法上での例外を除き禁じ
られています。本書を代行業者等の第三者に依頼してスキャンやデジタル化することは，
たとえ個人や家庭内での利用であっても著作権法上認められておりません。